U0795503

现代企业财务共享应用与发展

陶丽君　郝敬豪　孙启明　主编

北京交通大学出版社
·北京·

图书在版编目（CIP）数据

现代企业财务共享应用与发展 / 陶丽君，郝敬豪，孙启明主编．—北京：北京交通大学出版社，2024.6.—ISBN 978-7-5121-5266-3

Ⅰ. F275

中国国家版本馆 CIP 数据核字第 20244BA945 号

现代企业财务共享应用与发展

XIANDAI QIYE CAIWU GONGXIANG YINGYONG YU FAZHAN

责任编辑：高振宇　　助理编辑：陈成梅

出版发行：北京交通大学出版社　　电话：010－51686414　　http://www.bjtup.com.cn

地　　址：北京市海淀区高梁桥斜街 44 号　　邮编：100044

印 刷 者：北京虎彩文化传播有限公司

经　　销：全国新华书店

开　　本：185 mm×260 mm　　印张：14.25　　字数：323 千字

版 印 次：2024 年 6 月第 1 版　　2024 年 6 月第 1 次印刷

定　　价：58.00 元

本书如有质量问题，请向北京交通大学出版社质监组反映。对您的意见和批评，我们表示欢迎和感谢。

投诉电话：010－51686043，51686008；传真：010－62225406；E-mail：press@bjtu.edu.cn。

编 委 会

主　编　陶丽君　中铁第一勘察设计院集团有限公司

　　　　郝敬豪　中铁二十一局集团有限公司

　　　　孙启明　中国农业大学

副主编　吴纯敏　广州帛铎工程技术咨询有限公司

　　　　李艳蒙　广州帛铎工程技术咨询有限公司

编　委　王华宾　中国水利水电第九工程局有限公司

　　　　陈　寅　宁波吉烨汽配模具有限公司

　　　　马晓辉　中铁十二局集团第二工程有限公司

　　　　郑鸿嘉　湖南省交通规划勘察设计院有限公司

PREFACE

前　言

财务作为企业重要的核心管理部门，需要具备对业务快速反应、适时调整、监控到位、评估风险和预测发展等能力，而财务共享能较好地满足相关要求。财务共享服务是建立在信息资源共享基础上的共享服务理念。共享服务是指企业将现有分散的经营信息通过整合或合并的方式进行重新集中配置，促使信息资源在不同业务单元、不同经营事务、不同专业技能和不同人力资源之间进行共享的活动。

财务共享服务的应用，为现代企业优化管理模式，完善财务信息资源共享起到了重要作用。近年来，越来越多的大型企业、企业集团逐步建立并运营财务共享服务中心。财务共享服务中心是一个信息平台，以会计集中核算为目的，通过信息流程，把财务流程和业务流程再造，将简单、流程化的财务环节（如核算、单据审核、费用控制、银行支付等），集中到集团财务平台处理。财务共享服务中心通过整合所需资源上“云”运作，逐步实现财务共享云端服务模式，为财务管理集中化、标准化、路径扁平化、成本低廉化及集团管控的战略定位的实现提供了路径。

近年来，在国务院国有资产监督管理委员会、财政部的政策引导下，基于财务会计转型及管理会计实践的自身要求，国内很多高科技企业、集团公司和跨国公司纷纷建立财务共享平台，期望通过财务共享平台高效、标准的管理服务，达成企业的战略目标。

本书以现代企业的财务共享为研究对象，主要分为财务管理的数字化转型趋势、财务共享的技术支撑、财务共享服务中心概述、财务共享服务中心建设规划、财务共享服务中心流程管理、财务共享服务中心制度管理、财务共享服务中心组织人员管理、财务共享服务中心质量管理、财务共享服务中心绩效管理、财务共享服务中心风险管理和财务共享的未来发展 11 个章节，首先介绍了财务管理的数字化趋势及其技术支撑，然后对财务共享服务中心的建设规划和管理进行了探讨，最后对财务共享的未来进行展望。本书可为财务管理领域的相关人员提供工作参考。

本书在编写过程中参阅了大量国内同行的相关教材与著作，引用了相关案例进行分析，在此表示衷心的感谢。

由于篇幅较大，涉及内容较多，且现代财务管理技术更新较快，加之编者学识和经验有限，书中难免存在疏漏或不妥之处，敬请读者与同行批评指正。

编者

2024 年 6 月

CONTENTS

目 录

第 1 章　财务管理的数字化转型趋势

1.1　财务管理的内涵、原则及环节

1.1.1　财务管理的内涵

企业是指以营利为目的，从事商品生产与销售、劳务供应与协作的经济组织，是按照经济核算制原则建立起来的基本生产经营单位。市场经济体制下，价值规律依然发挥着重要的作用。企业要生存和发展，必须按经济规律办事，在国家宏观政策调控下，以市场为导向，努力增产节约、增收节支，不断提高企业的经济效益和社会效益，实现企业的自我完善、自我发展。为此，企业必须加强经济核算和生产经营管理能力，其中重要的一项内容就是财务管理工作。

1. 企业财务与财务管理

财务管理是财务活动和财务关系的统一。概括来说，企业财务是指企业生产经营过程中的资金运动，即有关的资金筹措和投放、资金的耗费和收回，以及资金的循环和周转等，它体现了企业同各方面的经济关系。

从现象形态上看，财务是企业的资金运动；从内容实质上看，财务体现了企业同各方面的经济关系。考查企业的财务活动，离不开企业的再生产过程。社会再生产过程是由生产、分配、交换和消费四个环节组成的，企业的再生产也体现了这四个环节的统一。首先，生产过程既是产品的生产，也是产品的消费；其次，销售和供应过程是交换的两个不同阶段；最后，对于生产过程中生产出来的产品，在其销售以后，要进行各种扣除，要扣除产品成本，支付各种费用（如销售费用、管理费用、财务费用等），交纳税费。余下部分构成企业利润，要按有关规定在投资者、企业、职工和国家之间进行分配。由此可见，销售、生产和供应过程的活动构成了企业的经济活动。

我国现阶段实行的是社会主义市场经济，企业生产的产品具有商品性质。凡是商品必然是使用价值和价值的统一体，企业再生产过程也必然具有双重属性，既是使用价值的生产和交换过程，又是价值的形成和实现过程。因此，企业再生产过程必须使用货币作为价值的计量和交换工具。这也就说明，企业在组织生产和进行分配与交换过程中，必然存在筹措、投放、耗费、收回和分配资金的活动，从而构成了企业的财务活动。财务活动中发生的各种经济关系即为财务关系。

综上所述，企业财务是指企业生产经营过程中的价值方面资金运动及其产生的经济

关系。而财务管理（financial management）就是指在一定的整体目标下，关于资产的购置（投资），资本的融通（筹资）和经营中的现金流量（营运资金）以及利润分配的管理。财务管理是企业管理的一个组成部分，它是根据财经法规制度，按照财务管理的原则，组织企业财务活动，处理财务关系的一项经济管理工作。

简单地说，财务管理是组织企业财务活动，处理财务关系的一项经济管理工作。

2. 财务管理的内容

财务管理的对象是资金（或现金）的循环和周转，财务管理的主要内容是管理筹资、投资、营运和分配等财务活动，以及协调由此衍生的财务关系。

（1）财务活动

企业的财务活动也是不断进行的。企业的财务活动是企业生产经营过程中的资金运动。

① 企业筹资引起的财务活动。

企业的资金是指企业生产经营过程中以货币表现的，用来进行周转、创造社会物质财富的价值。无论是新建立的企业还是持续经营的企业，都必须筹措一定数量的资金。筹资管理既是企业资金运动的起点，也是财务管理最原始、最基本的职能。

按照规定，企业的资金来源主要有所有者权益（权益资本）和负债（债务资本）两大类。所有者权益是投资者对企业净资产（资产减去负债）的权利，包括投资者投入企业的资本金及持续经营过程中形成的经营积累。该类权益资本可以通过吸收直接投资、发行股票、企业内部留存收益等方式取得。负债是指企业承担的能够以货币计量、需以资产或劳务偿付的债务，分为流动负债和非流动负债。该类债务资本可以通过向银行借款、发行债券、应付款项等方式取得。

筹资管理的内容主要包括以下几个方面：预测企业资金需要量，测定筹资额度；规划企业的筹资渠道，合理筹措资金；研究最佳的筹资方式，使筹资成本最低；确定企业综合资本成本与最优资本结构；保持企业一定的举债余地和偿债能力，为企业持续稳定的发展创造条件。

② 企业投资引起的财务活动。

企业从不同来源取得的资金，投放至企业再生产过程，并分布在企业再生产过程的各个阶段中，且不断发生形态的改变。企业的资金大部分处于财产物资形态，小部分处于货币形态。凡是占用在房屋建筑物、机器设备等方面的资金称为固定资金；凡是占用在原材料、未完工产品、产成品、货币资金和应收款项等方面的资金称为流动资金。此外，企业还可以用现金、实物或无形资产采用一定的方式对外投资，形成短期投资和长期投资。

投资可以分为广义和狭义两种。广义的投资是指企业将筹集的资金投入使用的过程，既包括企业内部使用资金的过程，如购置流动资产、固定资产、无形资产等，也包括对外投放的过程，如投资购买其他企业的股票、债券或与其他企业合资联营投资。狭义的投资仅指对外投资。财务管理所指的投资通常是广义的投资。

投资是资金运动的中心环节，它不仅对资金筹集提出要求，而且是决定未来经济效益的先天性条件。企业在投资前，应当采用正确的方法对投资项目进行可行性分析，正确选择投资方向和投资方式，提高投资效益，降低投资风险。

③ 营运资金日常管理活动。

企业在财务活动管理过程中，对短期的营运资金管理是经常性的管理，日常周转的营运资金有期限短、周转快、灵敏度高的特点。从营运资金的存在形态和用途上看，它包括货币资金、应收账款、存货，以及支付的工资和日常的管理费用等。

企业营运资金日常管理的主要内容包括：合理确定货币资金的存量，平衡现金的日常收支，正确处理现金的流动性与盈利性的关系；研究商业信用政策，制定适宜的信用标准，按收款政策取得应收账款，以较低的信用成本收回较多的应收账款；确定存货的批量成本，在满足经营需要的条件下，努力使采购成本和储存成本最低。加速营运资金周转，提高营运资金使用效果。

④ 收益分配活动。

企业以营业收入取得的货币资金，体现了已实现的产品的全部价值和提供劳务的价值。另外，企业还可能取得投资收益。企业以营业收入抵补生产经营过程中的产品成本（制造成本），支付各项费用（销售费用、管理费用和财务费用），交纳流转税，余下部分再加上投资收益，为企业的营业利润。营业利润加上营业外收支净额构成企业的利润总额。利润总额首先要按规定缴纳所得税，税后利润按规定顺序进行分配。

收益分配应着重处理好四个方面的关系：企业与投资者及投资者之间的分配关系；短期利益与长远利益的关系；分配与再融资的关系；财务资本投入者和人力资本投入者的分配。企业按一定比例从净利润中提取盈余公积金；根据投资比例或投资协议向出资者进行分配；尚有剩余的部分为企业未分配利润。提取的盈余公积金和未分配的利润为企业的内部积累。

上述企业的筹资活动、投资活动、营运资金日常管理活动和收益分配活动之间是密切联系的，规划、组织财务活动需要从这四个方面综合地着手进行。当然，在财务管理的不同时期，重点有所不同。

（2）财务关系

企业生产经营过程中的资金运动，体现了企业和各方面的经济关系，即财务关系。企业财务关系主要包括以下几个方面。

① 企业与税务机关之间的财务关系。

企业应按照税法规定向国家缴纳各种税款，包括流转税、所得税和计入成本费用的税金。向国家缴税，以满足国家财政的需要，这是企业必须承担的经济责任和义务。企业与税务机关之间的财务关系属于强制与无偿的经济利益关系。

② 企业与投资者、受资者之间的财务关系。

企业吸收投资者投入的资金，进行生产经营活动，并将所实现的利润按各出资者的出资额进行分配。企业还可将资本投入其他企业单位（即受资者），受资者应向企业分配投资收益。企业与投资者、受资者之间的关系，即投资同分享投资收益的关系，在性质上属于所有权关系，处理这种财务关系时必须维护好投资方与受资方的合法权益。

③ 企业与债权人、债务人、往来客户之间的财务关系。

企业在生产经营过程中，由于对资金的需要、往来结算等原因，经常与银行等金融机构发生经济关系。首先，这是企业和银行之间借款与还款的关系。

企业根据业务需要，可以从银行取得短期借款和长期借款，也可以通过银行等金融机构发行债券或通过其他筹资方式向社会筹措资金，但企业必须保证按期归还借款并支付利息。

进行社会化大生产的各个企业，存在大量的经济联系，发生广泛的经济协作。企业之间相互提供产品或劳务而发生货币资金结算关系，这种货币资金结算关系必须按照等价交换的原则进行，严格遵守国家的财经政策、财经法规和结算纪律。企业一方面要对自己的债权负责，另一方面要对自己的债务负责，以保证经济秩序的稳定。

企业与债权人、债务人、往来客户之间的财务关系，在性质上属于债权债务关系、合同义务关系。

④ 企业内部的财务关系。

企业所属各职能部门之间的协调，直接关系企业的发展和经济效益的提高。

首先，企业内部除了基本生产以外，还有基本建设、福利事业等部门，它们的业务不同，资金的取得和使用也就不同，这就产生了企业基本生产与其他各部门之间的资金结算关系；其次，企业内部各部门（如计划、供应、生产、销售等）、各级单位（总厂、分厂、车间、班组）在企业生产经营过程中，也发生着资金分配和结算关系；最后，由于企业内部贯彻经济责任制，分级管理，划小核算单位，内部各部门随着这种体制和经济关系的变化会产生资金和财务成果的再分配关系。

⑤ 企业与职工之间的财务关系。

根据职工的工作业绩、劳动表现，以货币形式支付职工劳动报酬（包括工资、奖金、津贴等）。这种企业与职工之间的货币结算关系，体现了职工个人和集体在劳动成果上的分配关系。

1.1.2 财务管理的原则

财务管理的原则是指企业组织财务活动、进行财务管理的基本准则。财务管理的原则是对企业财务管理实践经验的高度概括，是企业财务活动的行为规范，体现了财务管理的基本要求。从财务管理具体实施的角度来讲，其主要应遵循以下几项原则。

（1）资金合理配置原则

资金合理配置是指通过资金活动的组织和调节来保证各项物质资源具有最优化的结构比例关系。企业的财务管理主要是围绕企业全部资金的运用而展开的，通过对资金的管理，形成企业各种各样的物质资源，其目标是使各种物质资源具有最优化的结构比例关系。从资金的占用形态来看，资金先从货币资金开始，然后依次转化为储备资金、生产资金、成品资金、结算资金，最后又回到货币资金的形态，它的每一次转化都是一种形态的结束和另一种形态的开始。因此，资金的运动具有继起性的特点。从资金的占用形态分布在不同的空间上来看，各种形态的资金同时分布在供、产、销各个生产经营过程中，这是由生产经营的连续性决定的，由此可知，资金的运动又具有并存性的特点。

如上所述，资金在占用形态上和空间上体现出的继起性和并存性，是企业资金运动的一项重要规律。只有将企业的资金按合理的比例配置到不同的生产经营环节，才能保证资金运动的继起和并存，才能保证生产经营活动的顺利进行。如果企业的银行存款过多、库存产品滞销、应收账款迟迟不能收回，企业又未能及时采取有效的措施进行调整，那么企业的生产经营就不能顺利进行，企业的发展必然受到影响。因此，通过资金的合理运用，实现企业资源的优化配置，是企业财务管理的一项基本原则。

（2）成本效益原则

财务管理的成本效益原则是指对企业经济活动中的花费与所得进行比较分析，对经济行为的得失进行衡量，使成本与收益成正比。市场经济条件下，企业财务管理的目的在于追求企业价值最大，即经营活动需要获得最大化的经济效益。财务管理要为这个目的服务，必然要讲求成本效益，树立成本效益观念。所谓成本效益观念，就是财务管理要从“投入”与“产出”的对比分析来看待投入（成本）的必要性、合理性，即考查成本高低的标准是产出（收入）与投入（成本）之比。该比值越大，说明成本效益越高；反之，说明成本效益越低。考查成本应不应当发生的标准是产出（收入）是否大于为此发生的成本支出，如果大于，则该项成本是有效益的，应该发生；否则，不应该发生。举例来说，企业在筹资活动中，有资本成本大小的比较问题；企业在投资决策中，有投资报酬率的对比分析问题；企业在日常经营活动中，有营业成本与营业收入的对比分析问题。企业的一切成本、费用的发生，最终都是希望获得收益，通过它们的对比分析，从而进行财务决策。因此，成本效益原则在企业财务管理活动中广为应用。

（3）收益风险均衡原则

收益风险均衡原则就是要求企业全面分析每一项具体的财务活动的收益性和安全性，按照风险和收益适当均衡的要求制订财务方案，在实践中趋利避害，力争做到将风险降低的同时取得较多的收益。在市场经济条件下，企业财务活动不可避免地会遇到各种各样的风险。一般而言，低风险只能获得低收益，高风险则往往可能得到高收益。例如：在流动资金管理方面，持有较多的现金可以提高企业的偿债能力，减少债务风险，但银行存款的利息很低，基本上没有收益；在企业对外投资活动中，投资债券要比投资股票的风险低，但投资债券取得的收益往往低于投资股票取得的收益。因此，不管是对投资者还是对受资者来说，都要求收益与风险对等，即风险越大，要求的收益也越高。企业财务管理中应对决策项目的风险和收益进行全面的分析和权衡，以便选择最有利的方案，提高企业的经济效益。

（4）利益关系协调原则

在企业的财务管理中，财务活动与财务关系密不可分。不同的财务活动中存在着不同的财务关系，如企业在筹资活动中，可能涉及与投资者或债权人的利益关系；在投资活动中，涉及与受资者的利益关系；在经营活动中，涉及与经营者或其他利益相关者的利益关系。因此，企业在实施财务管理活动过程中，应当协调好投资者、债权人、债务人、经营者等的经济利益关系，在维护有关方合理权益的同时，充分调动其积极性，使各方步调一致地为实现企业的财务目标而努力。值得注意的是，在处理好各利益相关方的经济利益关系时，一定要保证企业的生产经营能够顺利、高效地运行，同时以遵守国家法律、法规，认真执行政策为前提。

1.1.3 财务管理的环节

财务管理环节是根据财务管理工作的程序及各部分之间的内在关系划分的，可分为计划与预算、决策与控制、分析与考核三大部分，财务预测、财务计划、财务预算、财务决策、财务控制、财务分析和财务考核七大环节。财务管理的各个环节相互连接，形成财务管理工作的完整过程，被称为财务管理循环。

1. 计划与预算

（1）财务预测

财务预测是根据企业财务活动的历史资料，考虑现实的要求和条件，对企业未来的财务活动做出较为具体的预计和测算的过程。财务预测的方法主要有定性预测和定量预测两种。作为整个现代企业财务管理过程的首要环节，财务预测是进行财务决策的基础、编制财务计划的前提、实施财务控制的标准、开展财务分析的根据。财务预测可视为一个系统，包括输入、处理、输出、反馈等环节。其工作程序为：①明确预测对象和目的；②收集和整理资料；③确定预测方法，利用预测模型进行测算；④确定最优值，提出最佳预测方案。

（2）财务计划

财务计划是根据企业整体战略目标和规划，结合财务预测的结果，对财务活动进行规划，并以指标形式落实到每一个计划期间的过程。确定财务计划指标的方法主要有平衡法、因素法、比例法和定额法等。

财务计划为各项财务活动确立目标和任务，既为财务控制提供依据，又为财务分析和业绩评价提供尺度。财务计划在现代企业财务管理全过程中起着承上启下的作用，使现代企业财务管理更有秩序。编制财务计划的程序为：①分析主、客观条件，全面安排计划指标；②协调人力、物力、财力，落实增产节约措施；③编制计划表格，协调各项计划指标。

（3）财务预算

财务预算是指反映企业未来一定预算期内的预计现金收支、经营成果和财务状况的各项预算，具体包括现金预算、预计损益表、预计资产负债表和预计现金流量表。财务预算是根据财务战略、财务计划和各种预测信息，确定预算期内各项预算指标的过程。财务预算的方法主要包括固定预算与弹性预算、增量预算与零基预算、定期预算与滚动预算等。

财务预算是计划工作的成果，在企业经营管理和实现目标利润中发挥着重大作用，既是决策的具体化，又是控制生产经营活动的依据。

2. 决策与控制

（1）财务决策

财务决策是按照财务战略目标的总体要求，利用专门的方法对各种备选方案进行比较和分析，从中选出最佳方案的过程。财务决策的方法主要有两种：一是经验判断法，如淘汰法、排队法、归类法等；二是定量分析法，如优选对比法、数学微分法、线性规划法、概率决策法等。财务决策的程序为：①确定决策目标；②提出备选方案；③选择最优方案。

财务决策以资源的优化配置为目标，本着成本效益原则，主要研究现代企业经营决策中的资金筹集、投放、营运、分配的时间、方向、数量等问题，是各项经营决策的核心和综合反映。其科学性直接决定着财务预算的合理性、财务控制的有效性和财务分析的有用性。没有财务决策，其他环节的工作就失去了意义。

（2）财务控制

财务控制是利用有关信息和特定手段，对企业的财务活动施加影响或进行调节，以便实现计划所定的财务目标的过程。财务控制的方法主要有前馈控制、过程控制和反馈控制三种。它是落实计划任务、保证计划实现的有效措施，是实现现代企业财务管理目标的基本手段。

财务控制的工作程序包括以下五步。

① 制定标准。制定资金和成本费用的定额、限额和预算，并按照责、权、利相结合的原则，将计划任务以财务指标或标准的形式分解落实到车间、科室、班组及个人。

② 执行标准。企业各级部门和各级单位按照事先制定的标准对照执行。

③ 确定差异。将实际与标准进行对比，确定差异的程度和性质。

④ 消除差异。深入分析差异形成的原因，确认造成差异的责任归属，采取切实有效的措施消除差异，以便顺利实现计划指标。

⑤ 考核奖惩。考核各项财务指标的执行结果，把财务指标的考核纳入各级岗位责任制，运用激励机制，实行奖惩。

3. 分析与考核

（1）财务分析

财务分析是根据企业财务报表等信息资料，采用专门方法，系统分析和评价企业财务状况、经营成果及未来趋势的过程。财务分析的方法主要有比较分析、比率分析、综合分析等。

财务分析作为现代企业财务管理全过程的最后一个环节，标志着上一个财务管理循环的完成，也意味着下一个财务管理循环的开始，是两个循环交替的转换点。财务分析的工作步骤为：①收集资料，掌握信息；②指标对比，查找问题；③分析原因，明确责任；④提出措施，改进工作。

（2）财务考核

财务考核是将报告期实际完成数与规定的考核指标进行对比，确定有关责任单位和个人是否完成任务的过程。财务考核的形式是多种多样的，可以用绝对指标、相对指标和完成百分比考核，也可以用多种财务指标进行综合评价考核。

1.2 财务管理面临的机遇与挑战

随着互联网、云计算以及智能化管理的不断推进，财务管理也面临着转型，这既是机遇也是挑战，而且是实现企业数字化转型的重中之重。同时，企业财务管理的转型是由内部需求为主要驱动，在新一轮的产业升级中，技术的快速迭代与变革，以及政策的扶持与鼓励，都为财务管理的转型做好了准备。

1.2.1 财务管理面临的机遇

1. 数字经济的发展

数字经济是指利用数字技术和数字化的方式来创造、生产、分配和消费商品和服务的经济活动，是一种快速经济，通过网络化的平台，克服时间和空间的限制，直接使信息传递和经济活动快速推进。它包括数字化的产业、数字化的商业模式，以及数字化的商业生态系统。在数字经济时代背景下，应用信息化技术不仅可以给企业的决策者提供有效的信息，还可以加速企业财务管理工作的转型。传统的财务管理工作较为复杂，已经不能满足当前时代的需求，企业想要在激烈的市场竞争中脱颖而出，就要适时而变，对管理模式进行优化和创新。

2. 新一轮的产业升级

产业升级是社会发展与变革的必然产物，新一轮的产业升级是促进财务管理转型过程中一个非常重要的因素。企业在新一轮的产业转型中，当务之急就是对财务工作提出新的要求，即让原来的财务集中转变为财务共享的模式，使财务与业务进行有机的融合，让财务共享服务中心逐渐走向普及，并且为财务管理工作的创新打下坚实的基础。

3. 企业内部管理的升级

企业在发展过程中，会随着市场与业务的发展而不断进行优化，尤其是企业内部的管理工作，往往能最先感受到变革的需求，成为拉动财务升级与变革的另一只手。也就是说，企业内部的管理需求要求财务、业务甚至企业发展战略成为统一体。在日益严峻的经济压力下，企业战略转型和精细化管理、风险管控和优化产业结构的需求都显得更加迫切，而财务管理升级也促使财务管理部门的职能发生了较大的变化，进而在推动企业技术创新、管理创新、资源优化配置等方面发挥出重要作用。

当今社会，企业管理正朝着精细化管理的方向快速发展，这就促使财务管理必须适应和满足企业发展的速度。具体而言，就是要加速业财融合、管控升级、消除冗余、自动核算，以及提升效率，使财务管理过程逐渐实现标准化、流程化、自动化和智能化，进而推动财务职能的转型。

4. 政治环境的支持

2015 年，为了改善不良产能，扭转低端供给局面，加快调整供给结构，并寻求新的增长点，我国提出深入推进供给侧改革的实施意见。2020 年 10 月，党的十九届五中全会提出，“十四五”时期经济发展要以推动高质量发展为主题。2022 年 10 月，党的二十大报告提出，高质量发展是全面建设社会主义现代化国家的首要任务。在这样的大背景下，企业财务管理理念也随之发生了改变，从原有的程序化的单一管理模式，逐渐向着精细化、风险防控和优化资本结构的方向转型。

5. 新技术的有力支撑

（1）技术推动下的三个阶段

新技术的不断推陈出新，尤其是“互联网 +”时代的到来，使各行各业都遇到了前所未有的发展机遇。具体到财务管理来说，新技术为财务职能的转型和变革提供了强有力的技术支撑，极大地促进了财务管理的升级迭代过程。大体上，这一过程经历了三个阶段。

① PC（personal computer，个人计算机）时代：以单机版的会计电算化为主。

② 互联网时代：以集团财务支撑企业的规模化经营和管控。

③ 云计算 + 大数据时代：以管控服务型的财务共享和管理会计为代表，在这一阶段，财务管理进入互联、共享、智能的新时代。

经过以上三个阶段，财务管理的模式和工作重点发生了颠覆性的变化，不仅在流程上进行了变革，而且在财务职能的层面发生了明显的转变，并逐渐体现出专业化和精细化的特点。

（2）大数据点燃财务管理变革之火

近年来，大数据作为一个热门概念被人们多次提及。大多数人第一次听见大数据这个词，往往会按照字面意思去理解，认为大数据就是大量的数据，大数据技术就是存储大量数据的存储技术。其实不然，大数据是指无法在一定时间范围内用常规软件工具进行捕捉、管理和处理的数据集合，是利用新的手段存储并分析海量数据后，挖掘出数据价值。

1.2.2　财务管理面临的挑战

1. 财务人员的转型挑战

（1）知识结构的转型

在社会背景、科技迭代以及企业内部发展需求的多重因素下，财务管理的转型面临着新的机遇。然而，财务管理的改革必然需要财务人员的转型，原有工作流程下的财务人员的知识储备与技能都已无法满足财务转型的需要。原来的财务人员只要掌握一定的专业财务知识和技能，会使用基本的办公软件就可以完成绝大部分的财务工作。在数字化和互联网 + 时代，财务管理职能的转变也意味着财务人员只有拓宽知识结构，掌握更多的新技能，才能胜任更高级、更深入、更全面的财务工作体系。

（2）技术能力的更新

除了意识和理念的改变之外，具体到技术操作层面，当今的财务人员不仅需要掌握财务专业知识和基本的办公软件操作技能，还需要熟练掌握数据分析的能力。在大数据时代，只有掌握了数据分析能力，才可以对各行业的商业发展具有洞悉本质的能力。具体到操作层面，则要求财务人员掌握大量的Excel公式、规划求解、宏和VBA（visual basic for applications，是一门标准的宏语言）编程的能力，还要能够编写一些基本的结构化语言，如SQL（structured query language，结构化查询语言）语句。信息化应用则包含ERP（enterprise resource planning，企业资源计划）系统的熟练操作，国际上比较知名的有甲骨文，国内具有代表性的是浪潮。

（3）综合能力的提升

当前发展趋势下，企业需要的财务人员是更高级、更全面的高端人才，企业对财务人员的要求是创造更多价值，而不是执行基础的职能。因此，财务人员面临着前所未有的挑战，需要在总体能力上实现跃迁。财务管理人员需要过渡和升级为企业的管理顾问，肩负着识别企业运营中潜在风险的责任，并且具有一定的全局视角、组织能力和策划能力，能够紧跟社会发展的步伐，不断学习和自我更新，不仅要具备专业的研判能力，还应具备综合决策能力、协作能力等。普通的财务人员则需要成为专业化、精细化的高级人才，肩负起企业快速发展过程中的核心支撑力量。

总之，财务人员的转型与提升将直接决定着企业财务管理的转型速度与质量，这是当前财务人才面临的重要挑战。

2. 发达国家的战略转移

随着产业升级的推进，经济发达国家在全球范围内对其价值链组合进行了优化处理，除了把大部分的设计与研发工作保留在本国之外，将生产与服务性作业都分批次地转移到发展中国家。然而，随着国际关系的不断变化，近年来，发达国家又将这部分业务从中国转向越南、泰国等东南亚国家的趋势，但是，工厂的转移只是外显部分，更重要的是管理、财务等工作。为了把这部分的损失降到最低，我们必须从更具有科技含量和技术难度的共享服务角度入手，建立起具有后台支持的共享服务系统，从而实现全方位的碾压式优势，以促进我国的经济发展。

3. 财务业务的发展顺序

在发展财务共享服务的过程中，需要对所要处理的财务业务进行选择。需要指出的是，财务共享服务所能提供的服务，尤其是在初期阶段，未必能满足高级财务管理活动的要求，可能更适合提供基础的业务服务。在面对机遇的时候，不仅需要大胆迎接挑战，还需要冷静分析各种利弊和条件限制的情况。需要明确的是，财务共享服务处理的是适合标准化的业务，对于极具个性化的高级财务管理活动，并不适合使用共享服务的管理模式。

在基础业务中，共享服务被分为基础业务处理和基础决策支持两个层次。其中，业务处理处于阶梯的下层，决策支持则处于阶梯的高层。可见，共享服务提供的是一个阶梯状的服务，从基础服务到高级服务，需要一步一步慢慢发展。

美国通用电气公司（General Electric Company，GE）借助共享服务有效地控制了企业运营。GE 亚太全球业务服务总经理吉利安表示："GE 早在 30 年前就开始尝试共享服务。"共享服务为 GE 节约了大量成本，而吉利安认为有效控制企业运营是其关键的作用。

"整合过的共享服务平台避免了企业部门的重复建设，并使办公程序做到最简化。"埃森哲（Accenture）公司的财务与运营管理部合伙人克里斯·鲁特莱（Chris Rutledge）表示。埃森哲的一份统计资料显示，共享服务能够降低 55% 的会计成本、45% 的报销成本、35% 的工资制作成本，这些数字中除了包括减少的劳动力成本外，还包括技术服务部门的基础设施建设及各种各样的企业管理费用。

建立共享服务平台的最大好处是控制成本，提高生产率，然而，这并不是 GE 的最终目的。GE 的目标是希望通过共享服务建立一个正确的基础架构，从而有效地控制企业经营。GE 在财务共享服务中设计了一个很"高级"的应用，GE 员工在出差前会收到 GE 全球共享服务中心（Global Business Services，GBS）的一张信用卡，员工在出差期间所产生的全部费用用这张信用卡结算，第二天消费明细就会出现在 GBS 的信息系统上，既明晰，又方便结算，GBS 在与银行结算时也会更加便捷。公司不仅可以及时掌握准确的财务数据，还能减少烦冗的申领和报销程序，从而精简组织结构，提高效率。

GE 引入共享服务以来，整个公司在组织、技术和流程等各个层面都发生了改变。如今，共享服务已不再是简单的业务集中。经过多年的摸索，共享服务逐渐发展为把各个支持部门定位为服务供应商。并且，结合其他先进技术的支持，共享服务能够远程提供一系列高质量的服务项目。

共享服务创建了一个标准化的服务体系。在共享服务的系统性管理框架下，GBS 把 GE 公司现有的所有空缺岗位进行分析后，直接公布在网上。看到信息的相关人才可以直接填写电子申请表，这些信息会在第一时间被传送到 GBS 的人力资源部门，所有的申请者会经过统一的审核与测试，最终筛选出最优秀的人选推荐给具体的部门做最后决定。这一功能极大地提高了招揽人才的效率，既减少了招聘程序，又精简了人力资源部门，同时还建立了标准化的企业员工管理。在共享服务的支持下，GE 的各个不同业务部门可以同时共享有关人力资源、财务税收、信息系统、物流管理、客户服务和法律事务等方面的服务和资源。

一些早期就发展共享服务的公司，由于具备先发优势，它们已经发展出十分成熟、完善的服务项目。因此，有些公司还对外开放了自己的共享服务平台，为公司创造了新的利润渠道，比如 GE 成立的 GE 金融国际服务集团 GECIS（GE Capital International Services）就是成功的典范，其 60% 的股份已经出售给美国的两个私人证券公司。尽管是盈利的服务项目，但由于成本较大，GE 认为这些成本不需要完全在公司内部消化，于是出售了部分股权。GE 认为共享服务为公司带来巨大的收益，但同时他们也不想把过多的精力花费在运营共享服务方面，因此出售股权，与他人共同运营是一个不错的选择。

4. 亚太地区的特殊情况

并不是所有的公司都能建立共享服务平台。埃森哲公司在一份研究报告里，列举了适合建立共享服务平台的企业特征，具体如下。

（1）跨区域经营并拥有各自独立服务部门的企业。

（2）拥有多个业务领域，且分别具有独立的服务部门。

（3）位于高成本区域的雇员多于低成本地区雇员。

（3）财务交易种类和项目繁多。

（4）管理人员与普通职员的比例偏高。

（5）希望通过并购、合资等形式获得成长的企业。

综观共享服务在全球的发展状况，由于北美地区在技术、语言、文化和法规等方面的优势，共享服务在推广方面显得更有成效、更为顺利；但是在亚太地区就是另外一番景象：发展迟缓且共享服务为企业节约的成本也并不明显。这是因为在亚太地区，劳动力和基础设施的成本本身已经很低，共享服务所能施展的空间显得很有限。因此，这也是亚太地区广泛发展共享服务的一个挑战。

但是，不可否认的是，财务共享是大势所趋，它不仅能够为企业节约成本，而且是促进企业标准化、规模化发展的重要因素。同时，共享服务的价值还体现在服务水平的提高上，以及高效率的服务模式为企业决策提供更多信息。

由于共享服务都是跨区域管理，企业的首席财务官通常是共享服务中心的监管人，对于一家庞大的企业来说，这很可能又带来管理者的高度控制的问题。为此，企业必须制订一套完备的沟通计划，避免各个部门之间产生沟通、协调方面的问题。

通过提供及时的、准确的、透明的开支信息和成本清算等，财务共享服务能让其他业务部门消除疑虑，从而减少不必要的内耗问题，使企业轻装上阵，为更大的目标而努力。另外，共享服务还可以建立跨项目管理小组，专门负责项目协调与跨项目决策，从而有效避免不同业务或者项目之间的资源重叠的问题。

这也说明企业只有达到一定的规模之后，共享服务的优势才能得以凸显。还是以 GE 为例，其 GECIS 在全球拥有 1.8 万名雇员，无疑共享服务在 GE 发挥了巨大的价值。它不仅为 GE 降低了业务成本，还从整体上优化了所有的业务流程，其标准化服务体系为运营管理效率的提高立下了汗马功劳，甚至在进入成熟期后，又为公司开辟了新的利润渠道。可见，尽管初期投入较多，但是早一步占领先机本身就是一项非常有价值的投资。

就我国的情况来看，尽管发展财务共享是一项庞大的、系统的工程，要面临诸多的挑战，但是它的回报也是异常丰厚的、值得期许的。

5. 传统财务与业务脱节

传统的财务管理和组织模式一般会分为总部、大区、各业务单元等不同的层级，企业的组织层级越多，业务流程越缓慢，因为需要层层申报，导致企业业务执行效率十分低下。

在传统财务管理模式中，财务与业务和交易是明显脱节的。由于财务一直以一种藏身于“闺阁”之中的姿态，鲜少参与真实的业务交流，这无疑为沟通带来诸多潜在问题，还会产生很多冗余的流程环节。

以上都是传统财务模式面临的问题和挑战。为了能更高效地服务企业，以及适应企业发展的速度，财务管理必须改革。

1.3　财务共享的产生与发展历程

从 20 世纪 80 年代中后期开始，大型跨国企业全球扩张、规模扩大，出于降低成本、改进控制、提高服务水平和获取战略价值的考虑，开始在全球范围内进行资源的整合与共享，展开共享服务中心的实践。早期的共享服务中心产生于美国，诸如福特公司、杜邦公司、GE 公司等，之后，许多公司纷纷仿效，并有燎原之势，联合信号、孟山都、阿莫科、百特国际、天纳克、强生、IBM（International Business Machines Corporation，国际商业机器公司）、惠普、戴尔、美国运通等开始将共享服务视为一个替代外包、流程再造、组织重组或是其他已有的与员工服务、绩效相关方法的有力解决方案。我国的海尔、新奥集团、中国网通等也开始采纳这种管理模式。据 The Hackett Group（哈克特集团）的调查，世界一流的共享服务中心在成本节约、质量和生产力方面的业绩优于其同行。全球 500 强 90% 以上的企业已经实施或计划实施财务共享服务。到 2024 年，共享服务模式历经多年发展，已经从当初追求低成本集中化的方法转向追求交易的效率。在发展过程中，共享服务平衡了各种机会，包括海外低成本资源、外包、机器人劳动等，以驱动绩效和获得更多的价值。

1.3.1　财务共享的产生背景

财务共享服务的产生，主要是由于该项服务为企业提供了突出的价值。共享服务为企业提供的服务是多方面的，它不仅体现在财务方面，还同时体现在对人力资源管理、信息服务、后勤、物料管理、客户服务、法律事务服务等诸多方面。因此，共享服务给企业带来的益处也是多方面的，归纳起来，主要体现在以下几个方面。

（1）大幅降低运营的成本

共享服务从根本上解决了降低成本的问题。通过财务共享可以大幅降低成本，它主要体现在资源共享与业务集中的基础之上，比如以往的财务岗位设置中，有大量的人力资源浪费，不管业务运营的情况如何，也无论财务人员的工作量是否饱和，每个单位或地区都要设置相同的岗位和人员，从而造成大量的浪费。财务共享则将资源和业务集中进行处理，避免了重复性的设置，在工作量不超负荷的情况下，一个财务人员可以处理几个单位或地区的相同岗位业务，从而节省了人员、时间、沟通、差旅等多方面的成本。

实施财务共享服务之后，对业务流程和规则都进行了标准化管理，消除了多余的、重复的、非增值的作业，极大地降低了成本。

另外，由于共享服务基本上以数据化和远程处理的方式进行，因此大多数共享中心建立在成本较低的地区，这在运营层面上也大幅降低了成本。

以美国运通公司为例，最初运通公司有46个业务站，且分布不均，各站点之间存在着系统重叠、效率低下的问题。当时，仅业务处理人员就有4 200人，费用高达4亿多美元，该费用占公司运营成本相当大的比例。在推行共享服务之后，运通公司将全球业务处理合并为三个财务中心，从而高度实现了标准化管理，降低了运营成本。仅旅行服务业务，全球员工就减少了1 000人，节省成本超过8 000万美元，随着业务量的逐年上涨，实现了规模经济效益的提高。

（2）提升服务质量与提高工作效率

共享服务的隐含前提是管理和流程的标准化、系统化及数据化。将原有低效的重复性作业彻底淘汰，替代为简单明了、分工详细的且更具效率的工作模式。将传统的会计记账转变为“共享式会计中心”，将人事服务变成“人事管理中心”模式。最大化地降低运营成本，将工作的主要重心放在服务上，一切聚焦于业务发展上。

世界上最大的企业软件供应商甲骨文，用六年时间在全球建立了三个区域化的共享服务中心。如今，甲骨文只需几个工作日就可以完成全球65家子公司所有的年末结账与合并结算，这些是我国许多上市公司都无法企及的，甲骨文之所以能够有如此惊人的效率，主要是共享服务中心的功劳。

（3）促进核心业务的发展

除了降低成本、提升效率之外，财务共享服务还为企业提供了强大的后台支持，将协调内部业务与满足外部客户需求的复杂工作变得简单且可实现。将原来那些烦琐的、重复性强的非核心业务交由共享服务中心运作，既节省了人工，又提升了效率，使企业可以将力量专注于核心业务上。共享服务不仅给员工提供了强大的、稳定的支持，而且大大提升了客户的体验。

（4）加速企业标准化进程

企业的成长与发展必然伴随着标准化的进程。在建立共享服务中心之前，企业或多或少存在各业务资源分散的问题，许多交叉或衔接业务的操作和流程各不相同，不可避免地会造成内耗和浪费。共享服务中心将原来分散在不同业务单位的活动、资源整合到一起，成为系统内统一的整体资源，为企业的业务运营、人力管理等提供了统一的平台，极大地促进了工作效率的提高和服务质量的提升。

共享服务加速企业标准化的例子有很多，比如渣打银行，在建立共享服务中心之前，渣打银行在全球许多国家设有分公司，其在各个国家的银行系统采用不同的计算机管理软件，各种软件之间的不兼容为财务管理带来了极大的不便。每个银行都以自身需要为中心，选择各自的应用软件，最终造成总部管理的极大困扰，而且各个分部之间的沟通也存在许多麻烦。在建立共享服务中心时，为了使所有的银行前台输入的数据都能立即为共享服务中心所用，渣打银行重新对各银行的计算机系统进行了整合，并在设计共享服务中心的技术支持系统时，将其作为整个银行系统技术标准化的第一步。

根据埃森哲全球共享服务业务调查情况，财务共享服务中最先实施的 10 项业务见表 1.1。

表 1.1　财务共享服务中最先实施的 10 项业务

业务内容	百分比
应付账款	83%
总账	65%
固定资产	57%
应收账款	56%
工资	55%
费用报销	50%
财务报告	48%
人力资源	44%
信用管理	43%
客户信息服务	39%

（5）促进企业规模的扩大

财务共享的推进其实是与人力管理、信息管理同步进行的，它们彼此之间有着相互制约与促进的关系，可以说是一个有机的整体。因此，当企业将财务管理、人力管理、信息管理等职能集中到共享服务中心处理之后，使原本分散、重叠以及闲置的资源进行整合，对促进企业发展新业务带来便利。一个共享服务中心可以为所有的业务部门赋能，而且在建立新业务时非常方便，从而节省了经济、时间和精力成本，并且新的业务部门一开始就可以获得成熟完善的财务、HR（human resource，人力资源）等职能部门的支持，大大提高了效率。

（6）财务共享是对“集中”的升级

共享服务的出现，实际上也是集中服务的一种升级，共享服务和集中服务都是将分散的资源和业务集中在一起进行处理，都存在启动成本和人员转移等问题。但是，两者将资源业务集中的方式、过程和目的大相径庭，更确切地说，共享服务模式更像是一种全面的“整合”，而不是简单的“集中”。相对而言，共享服务是集中服务的一种升级。表 1.2 列出了集中服务模式和共享服务模式的不同之处。

表 1.2　集中服务与共享服务的不同点

集中服务模式	共享服务模式
一种企业战略	一种商业经营
注重集中控制、降低成本	降低成本、提高效率、标准化、资源整合

续表

集中服务模式	共享服务模式
简单集中	关注流程优化与流程再造
原流程、标准不变	一致的标准、流程、系统和模式
向管理层负责	以顾客需求为中心
事务处理者	服务提供者
业务单位无选择权	客户有选择权
业务单位不参与监督	客户可参与服务质量的监督
一般设在总部	地点选择与总部无关

1.3.2 推动财务共享产生的驱动因素

放眼世界，财务共享已经成为一种趋势，甚至在许多商业发达国家，财务共享已经成为一种常态，特别是一些大型的跨国公司，财务共享为很多企业的管理者带来了极大的便利。许多大型企业为何几乎在同一时期采取了财务共享模式，财务共享模式很快发展成一种必然的趋势，这背后的核心驱动因素有外部因素和内部因素两种。

（1）外部因素

“获得长期竞争优势的唯一方法就是在全球范围内充分运用企业的各种能力，使企业整体的运作能够比其各分散部门的独立运作更加有效。”惠而浦首席执行官约翰·惠特曼的这句话几乎道出了全部原因。随着全球化竞争的普遍加剧，企业在规模扩大以及实现国际化增长的过程中，如何在多个市场保持统一、高效的管理是每一个企业都面临的问题。在控制成本与快速发展之间找到平衡，已经成为跨地区、跨国企业的重大课题，财务共享则是一个被实践证实的行之有效的方法。

（2）内部因素

随着全球化的推进，企业的跨国发展已经成为趋势，商业文明可以冲破地域、文化、信仰、民族等各种围墙，为不同国家、地区和种族的人们提供服务和便利。然而，企业在不断发展壮大的过程中，业务的剧增及跨地区的管理等都是企业要面临的问题。此时，企业急需一种解决方案，能够快速、高效地将分散在世界各个国家和地区的分部进行标准化的管理，特别是在财务管理方面，对财务共享具有迫切的需求。通过简单的、统一的、标准化的处理，使得企业的管理者能够更为直观、便捷地进行管理；同时，简化了各个部门之间工作衔接的冗余环节，极大地提高了工作效率。财务共享通过对企业内部重复性作业的整合，对流程进行再造，节约了成本，提高了效率，于是，各个企业纷纷将财务共享作为企业发展的必要准备。

1.3.3　财务共享服务的发展历程

1. 共享服务在国外的发展

20 世纪 90 年代以来，共享服务模式从美国兴起，已经在世界舞台上经历了 30 余年的发展，在理论发展和商业实践的过程中，共享服务的模式、应用范围和使用的技术载体也在不断发生变化。

（1）20 世纪 90 年代初期：初步的区域型共享服务中心，技术隔离，独自探索

1990 年，科尔尼管理咨询公司（Kearney）发布了一份包括福特、强生、IBM、AT&T（American Telephone and Telegraph Company，美国电话电报公司）、杜邦、惠普和壳牌石油等著名公司在内的，关于企业最佳经营方式的研究报告，报告中认为这些公司在管理中有一个共同之处——内部财务共享服务。

20 世纪 90 年代初期，“共享服务”作为一种独特的运营模式，通常指公司在其主要运营区域内建立了一个内部共享服务组织。IBM 指出，业务单元或区域总管将业务流程分为“核心”和“非核心”流程，共享服务中心在集中完成非核心流程的同时，其政策、业务活动和采用的决策都是在业务单元或区域总管意见的基础上确定的。共享服务在 20 世纪 90 年代的兴起，与当时流行的业务流程外包（business process outsourcing，BPO）理论紧密相关。外包理论认为，企业为维持组织的核心竞争能力、摆脱组织中人力不足的困境，可将组织的非核心业务委派给外部的专业公司，以降低营运成本、提高品质、集中人力资源和提高顾客满意度。当外包公司是由企业自己着手搭建，以满足企业难以外包或是因成本原因不愿在外部市场上寻求外包商的一系列业务支持服务需求时，共享服务的雏形诞生了。

支持共享服务诞生的另一个重要条件是制造资源计划（manufacturing resource planning，MRP Ⅱ）的广泛运用。20 世纪 80 年代，计算机网络技术发展，企业内部信息得到充分共享，MRP Ⅱ的各子系统也得到了统一，形成了一个集采购、库存、生产、销售、财务、工程技术等为一体的系统。以财务为首的非核心业务在公司内部的信息共享，使得将业务单元的一部分业务信息交由另一个服务中心进行处理成为可能。然而，在单独职能的支配下，这一阶段的共享服务模型主要以实现职能为要义，缺乏标准的、在企业范围内通用的一套流程。跨国企业即使设立了多个共享服务中心，服务中心之间也没有交流和细化分工，而是各自使用零散的技术，在知识孤岛、服务孤岛的条件下进行运营。

（2）20 世纪 90 年代后期至 21 世纪初期：区域型和职能型共享服务中心，离岸中心

在 20 世纪 90 年代后期，公司开始通过一个全球职能部门负责人，如在首席财务官（chief financial officer，CFO）、首席人力资源官（chief human resource officer，CHO）或首席采购官（chief procurement officer，CPO）的领导下统一业务支持服务、人力资源和预算，从而横向整合其后台职能，由此建立起的共享服务中心以职能为界，开始有能力提供离岸服务，离岸的服务中心也具备了更多降低成本的空间。区域型共享服务中心开始出现，同时，一些业务流程得以跨国处理，共享服务中心针对其职能内流程进行细化分工、跨国合

作，以降低成本并招募一批新的专业人才。然而，IBM 指出，共享服务中心受职能限制的孤立状态仍未改变。

在这一阶段，共享服务的规模经济优势开始显现，以职能来整合的共享服务中心与原来各业务单元服务部门相比，员工规模更大；同时，员工大多是根据专业分工重新招募的专业人才。随着业务熟练度的上升，学习效益显现，共享服务模式下的服务效率提升和成本降低效果更为显著。

离岸服务的开展也使劳动力套利（labor arbitrage）成为可能，亚洲等劳动力价格低廉的市场成为跨国公司建设共享服务中心的选址目标。20 世纪 90 年代末至 21 世纪初期，印度出现了第一批业务流程外包（BPO）公司；摩托罗拉和 GE 公司分别于 1999 年和 2000 年在中国建立了共享服务中心。低廉的劳动力为企业进一步节省了成本。

同一时期，企业资源计划系统（ERP）开始普及。Gartner（高德纳）公司于 1990 年提出的 ERP 系统是整合了企业管理理念、业务流程、基础数据、人力物力、计算机硬件和软件于一体的企业资源管理系统。同时，它也是建立在信息技术基础上，以系统化的管理思想，为企业决策层及员工提供决策运行手段的管理平台。共享服务模式被纳入管理框架中，其离岸外包的特性又受到了通信技术和计算机系统的支持。出现于 20 世纪 90 年代的电子发票技术配合 ERP 系统，提高了发票的流转效率。大型公司将共享服务模型与企业资源计划系统结合，获得了很高的效益。

（3）2000 年至 2010 年：全球型共享服务中心，综合化

进入 21 世纪后，跨国公司在应用共享服务模式时，逐渐开始了对建立集成不同职能的“综合中心”的探索。IBM 认为，共享服务模型可以将跨职能的交易活动和共同活动汇总到一个独立的业务单元——全球综合商业服务中心（global integrated business services，GIBS）中。这意味着跨国企业将创建一个由新的全球领导运营的联合组织，它不再通过财务、人力、IT（information technology，信息技术）等职能界限来建设共享服务，甚至也不再以核心业务、非核心业务来区分共享服务的范畴，而是尝试整合所有业务流程中可以被提取的共同部分，将日常工作和常见的后台流程交给全球型共享服务中心处理，剩下的业务团队将着重关注差异化因素和促进价值增长的部分。能被整合到 GIBS 中的职能包括采购、财务、HR、IT、法务、客户关系管理、数据分析和顾问服务等。

当企业建设全球型共享服务中心时，其目标已不仅仅是寻求降低成本了。通过对一系列业务流程的专业细分与重新整合，企业实质上完成了流程再造（business process reengineering，BPR）和流程优化的过程，从而提高了原有的服务效率和服务质量，保持或增加了企业的竞争优势，为企业创造了价值。全球型共享服务中心，特别是综合化各业务的 GIBS 将服务交付提升到了一个新的等级，包含创新、端到端的整合和真正的全球化。它为企业优化业务流程和更好地利用业务视野提供了平台，从而使整个企业的业务开展更为智能、更具弹性。

这一阶段的共享服务中心与 ERP 系统的结合更为紧密。全球型共享服务中心对业务支持服务进行了进一步的全面整合与专业细分，这使得 ERP 系统中的各个子系统内的信息

需要进行更为全面、及时的共享。流程再造和流程优化的目标要求企业进行更为完善的价值链管理（value chain management，VCM），同时，面向过程的工作流管理系统（workflow management system，WfMS）开始被企业应用。自动化处理业务流程的工作流系统和作为信息共享平台的 ERP 系统共同作用，促进企业组织结构的进一步变革。

（4）2011 年至今：专家服务中心的兴起

随着共享服务模式的不断成熟，更多公司的目光开始从成本节约转向了增加价值，共享服务不再只是提供交易处理，他们开始作为专家为管理者提供服务，专家服务中心兴起了。专家服务中心通常由一个跨国专家团队构成，他们进行紧密协作，关注多个业务部门的特定重点领域，尝试规划企业的最佳商业实践方案，从而推动企业实现业务成果。

在专家服务中心兴起之前，企业建设的共享服务中心大多可以被归类为规模服务中心或是交易性共享服务中心。规模服务中心处理的是企业内部重复、简单的业务流程，通过让业务单元专注于核心业务来为企业整体创造价值。专家服务中心则主要是负责应对复杂的、面向知识的业务流程，它的出现并没有过多地冲击原有规模中心的职能，而是与规模服务中心并行存在，一同被纳入企业共享服务体系中。以财务共享服务为例，当规模服务中心主要处理应收 / 应付账款、费用报销、员工薪酬和报税等日常财务流程时，专家服务中心在同步进行着财务计划与分析（financial planning and analysis，FP&A）、税务战略、预算和行业预测等需要更多专业知识和经验的服务工作。

可以看出，专家服务中心的工作带有更多战略性的色彩，专家团队作为企业战略管理的一环存在，站在其专业角度，或是跨专业、跨职能地进行知识交互，为企业战略出谋划策，从而建立企业的差异化优势，为企业创造价值。

21 世纪的第一个十年，也是各项数字技术在商业领域应用的爆发期，大数据、云计算、人工智能、机器人流程自动化（robotic process automation，RPA）、区块链等技术相继被 Gartner、德勤等咨询公司在报告中提及，后者识别出了这些数字技术在商业领域的应用潜力。

规模服务中心由于其服务重复、简单的特点，带有很高的自动化潜力。RPA 软件作为自动化技术的一种，允许通过配置自动化软件和模拟人类在软件系统中交互的动作来执行业务流程，在应用程序界面上识别数据并像人类一样操纵应用程序。企业成功运用 RPA 和其他自动化系统，提升了规模服务中心的服务效率。大数据、人工智能等技术则为专家服务中心发挥职能提供了重要帮助：从全球实时回收的海量数据，针对数据的智能化的筛选与分析框架，让专家团队得以站在全球视野对公司战略做出规划，发现企业业务中存在的关键差异和核心要素，充分发挥专家中心的独特优势，进一步激发共享服务模式的价值创造潜力。

（5）未来趋势展望：全球共享服务中心的虚拟化、数字化

共享服务的发展演变阶段如图 1.1 所示。

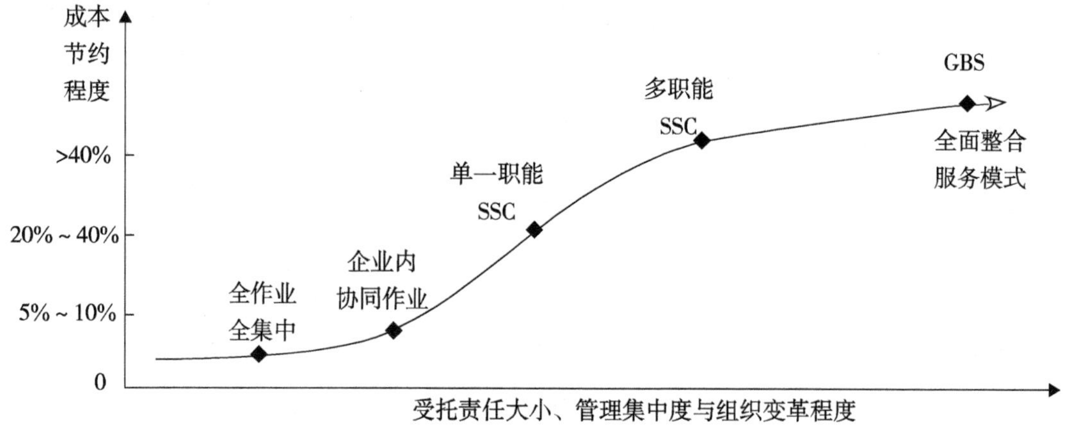

图 1.1　共享服务的发展演变阶段

注：SSC 即 share service center，共享服务中心；GBS 即 global business service，全球共享服务，现在也叫“GIBS”。

共享服务模式从单一职能的共享服务中心，到多职能的共享服务中心，并发展到全球共享服务。随着全球化和数字技术的发展，共享服务的高级形态——全球共享服务模式日渐成熟。与传统的共享服务中心相比，GBS 是一种混合模式，充分利用了现有技术和创新工具；包含更多的职能部门，甚至可以扩展到供应链；更具有顾客导向；提供的服务超越了交易职能，提供知识支持；关注文化建设和领导力；具有独立的领导核心，以保证所有流程与企业战略统一、GBS 与业务的沟通持续稳定。在 2017 年，惠普总结出优秀 GBS 模式的 10 个特征：①人才管理，强调留住人才，对有价值的员工进行跨职能能力培养，促进与业务的融合；②通过分析和其他非交易服务创造价值；③利用数字技术创造数字化服务场景；④无缝提供服务的管理模式；⑤强调关注顾客服务体验；⑥关注 GBS 与业务的战略一致性；⑦组织结构设计不断突破边界，兼具 GBS、公司总部和业务单元的特点；⑧为提升生产力，既利用内部资源也利用第三方能力完成服务；⑨治理责任明晰，以驱动有效决策并成为业务伙伴；⑩端到端流程设计，关注产出价值，突破组织结构边界。其调查发现，敏捷性程度、顾客导向程度及数字化转型，是优秀的 GBS 的差异化优势。

全球共享服务关注跨越职能部门和地理分割实现端到端流程的顾客导向和数字化。许多领先企业不断致力于提高共享服务的自动化水平，并通过促进端到端流程变革、合并 ERP 系统实现整合等来驱动数字化。共享服务的经营模式，从早期以提供服务为导向，转为流程导向，并逐渐形成数字化企业形式；其提供服务的方式，从早期的综合服务模式向全球网络转变，并形成了随时随地可展开工作的虚拟网络模式，人工智能、流程自动化机器人、智能分析等在工作中逐渐被应用。据 2021 年 SSON（the shared services and outsourcing network，共享服务与外包全球网络）调研表明，欧洲许多企业的数字化转型在共享服务中心展开。

在发展过程中，共享服务中心的组织形式，从集中与单一职能向多职能过渡，并最终发展成 GBS 形式。这种形式将所有的非核心业务整合成稳定的独立服务组织，关注提供高度标准化流程、政策和程序，关注持续改进。企业对流程观察敏锐，以顾客为中心，充分利用数字化技术平台。这些技术的应用，整合了专业的工具和系统，提高了流程效率和准确率。可以看出，随着数字化提速，共享服务的价值创造能力加强了，成为数字化转型的真正代表，促进了企业全范围的变革。

2. 共享服务在中国的发展

（1）1999—2004 年：引入期

自摩托罗拉 1999 年在天津成立亚洲结算中心后，海外跨国大型企业接连在中国设立了以财务职能为主的区域型共享服务中心，以支持其在亚洲乃至全球的业务服务需求。跨国企业在这一时期选择中国，主要是为了享受国内相对低廉的劳动力市场和规模经济带来的利好，也是信息通信技术和 ERP 平台使离岸外包成为可能的结果；另外，这一举措也开始使共享服务为国内企业、学界所知。2000 年，GE 在大连成立了亚太区共享服务中心；2003 年，埃森哲成立亚太共享服务中心，服务于 10 个亚太地区国家的 1.4 万名员工；2004 年，惠普在大连建立财务共享服务中心，服务于北亚区的韩国、日本和中国机构。

（2）2005—2012 年：萌芽期

2005 年，中兴通讯开始实施财务共享服务管理模式，标志着中国企业开始了对财务共享服务模式的探索。许多寻求转型的企业也纷纷开始接受这种新型的管理理念和组织结构，积极进行探索。2006 年，华为在全球范围内统一规范，陆续建立七大区域财务共享服务中心。2007 年，海尔在青岛成立了财务共享服务中心，开始推行共享服务模式。2008 年，平安在确定了企业实施后援集中的战略目标后，积极引入了共享服务理念。2012 年，万科、华润集团完成了共享服务中心的建设。

与此同时，外资企业也继续在我国设置共享服务中心：2006 年，中英人寿在北京建立了财务共享服务中心；2009 年，DHL（中外运 - 敦豪国际航空快件有限公司）、安永、美国百得集团纷纷在中国设立共享服务中心；2011 年，澳新银行（Australia and New Zealand Banking Group Limited，ANZ）继班加罗尔和马尼拉之后在成都成立了第三个共享服务中心。外资企业先进的共享服务理念和前沿技术陆续引入我国国内，为处于探索期的中国企业开展共享服务组织变革提供了经验。

（3）2013 年至今：发展期

2013 年和 2014 年，中华人民共和国财政部分别印发《企业会计信息化工作规范》（财会〔2013〕20 号）和《关于全面推进管理会计体系建设的指导意见》（财会〔2014〕27 号）。2015 年，党的十八届五中全会提出“发展分享经济（也称‘共享经济’）”，标志着共享经济正式列入国家的战略规划。在政策的关注与支持下，原本持观望态度的一些国内企业纷纷开始进行建设共享服务中心的实践。毛钰玮指出，国内由少数大型企业的实践探索转向了不同类型、不同行业、不同规模的中国企业对共享服务模式的共同建设，从而使得国内共享服务中心无论是在总量、规模，还是在运营技术等方面都呈现出快速发展的趋势。2013 年，国美集团、永辉超市、联想等民营企业，中国南方电网、中国铁建等国有企业纷纷完成共享服务中心的建设；2014 年，腾讯、美的集团、中国工商银行、顺丰控股的共享服务中心落地；2015 年，TCL、万达、泸州老窖开始推行共享服务中心模式；2016 年，鲁花集团、碧桂园、紫金矿业、中国中铁建成共享服务中心；2017—2019 年，海南航空、东方航空、贵州省烟草专卖局、中石油、马钢集团等相继建成共享服务中心。由于受政策影响较大，中央企业成为这一时期共享服务中心建设的先锋。《2019 年中国共享服务领域调研报告——基于中央企业财务共享服务建设情况》表明，有 48 家中央企业已经建立或正在建立共享服务中心，占受调研中央企业总数的 50%。据中兴新云发布的《2020 年中国共享服务领域调研报告》显示，截至 2020 年年底，中国境内共享服务中心已经超过 1 000 家。郭奕等认为，除了响应政策要求外，通过共享服务，尤其是财务共享服务模式来进行流程标准化、加强管控和降低风险也是央企热衷于共享服务模式的主要原因。管理会计理论的引入和数字技术的发展驱动着民营、合营企业积极推行共享服务模式。随着《关于全面推进管理会计体系建设的指导意见》（财会〔2014〕27 号）的出台和管理会计理论引入国内，企业管理层逐渐开始意识到诸如公司治理、流程再造、成本控制和风险管理等理论为公司进一步发展所能带来的战略意义，能够实现组织结构变革、提高公司业务流程效率的共享服务模式进入他们的眼帘；与此同时，出现了以金蝶、用友等为代表的国内 ERP 软件的推广，企业信息化的建设，以及诸如提供虚拟化客户端的云计算等数字技术在国内的引入和普及，让企业能以更低的投入成本、更有效率的信息共享推行共享服务模式，从而使得国内企业对共享服务的兴趣越来越浓、进行组织结构改革的动力越来越大。

此外，相比于这一时期开始推行共享服务的企业，一些在萌芽期就积极进行共享服务建设的企业已经历了长足的发展，不断获得共享服务模式带来的巨大优势，成为新采纳共享服务模式的国内企业标杆。自 2006 年开始推行财务共享模式后，华为在全球建立七大区域财务共享服务中心，并确立了以专家服务中心、业务伙伴（business partner，BP）、共享服务中心为三大支柱的共享服务体系。最早在国内推行共享服务模式的中兴通讯最终于 2013 年建立了第一家以中国西安为总部、服务全球的财务共享服务中心；中兴通讯在全球财务共享的基础上，进一步建立了战略财务团队、业务财务团队和专家团队，首创了战略财务、业务财务、共享服务和专家团队的全球财务管理模式，最终实现了财务对公司战略决策和业务价值链的支持作用。

据中兴通讯等的调研报告，在财务数字化转型的新趋势下，共享服务中心不再是业务处理中心，而是企业的数字中心，汇集数据、算力和算法。未来的财务共享服务中心将通过一系列财务组织重构、业务流程优化、运营模式创新和智能化技术应用等，转变为企业的数据中心，成为企业数字化转型的竞争优势。

3. 总结

可以看出，共享服务从萌芽到发展，从分散到最终全球综合，甚至形成全球商业服务模式来管理组织原来分散的各个职能的共享服务中心，最终已经超越了共享服务本身原来的定义范畴，成为企业价值的驱动者。因此，正如 KPMG（毕马威会计师事务所）所定义的全球商业服务（GBS），这是一种资源、能力和系统的集合体，为组织里的诸如财务与会计、人力资源、采购和其他前台、中台和后台的商业流程提供服务。GBS 更全面整合了共同的信息技术、商业流程、模式和领先实践，以便更有效地提供服务。通常这种服务提供模式是在全球范围展开，利用了共享服务、外包、云计算、智能自动化等多种技术。

共享服务在全球的发展趋势呈现出了由区域化到全球化、由规模中心到价值中心、由成本降低到价值创造的特点。在早期，MRP Ⅱ、ERP、电子发票等技术使得业务外包成为可能，共享服务模式仅仅是企业用以削减人工成本、获取规模效益的工具。随着信息技术的发展，离岸的信息传输和信息共享效率提升，伴随着标准化的需求，孤立发展的共享服务中心逐渐发展为区域型、职能型共享服务中心之后，工作流系统开始在企业实践中得到应用，在价值链模型和流程再造理论的驱动下，企业对服务业务流程进行了进一步的细分和整合，全球服务中心由此诞生；企业建立共享中心的目的逐渐从降低成本转移到了组织变革、创造价值。大数据时代的到来，云计算、自动化、人工智能和区块链等新兴数字技术在提高传统共享服务模式效率的同时，促使了共享服务的新模式——专家服务中心的产生与发展，专家服务中心利用数据分析技术和战略管理框架，为企业在战略层面创造价值。

共享服务在中国的发展则体现出了一个创新的组织营运模式在新兴经济体中从引入到全面发展的过程。在引入期，外资企业为了节约成本，在中国建立区域型共享服务中心，使得共享服务的理念开始逐渐为国内所认知；自 2005 年起，以中兴通讯、华为为首的大型企业出于组织结构改革和标准化的需求，凭借前沿的企业信息化技术，开启了国内企业共享服务模式的探索；2013 年，在政策支持下，采用共享服务模式的国内企业数量爆发性增长；管理会计理论的引入提高了管理层对企业管理的关注；ERP、大数据、云计算等数字技术的普及为国内企业发展共享服务提供了技术支持；在建设了成熟的共享服务的中兴通讯、华为等企业带动下，国内企业开启了全面发展共享服务模式的时期。

结合共享服务在全球和在中国的发展趋势，我们可以发现：企业管理会计理论和数字技术始终支持着共享服务的发展与变革。其中，管理会计理论为共享服务的推行提供理论依据，而数字技术与共享服务互相促进、同步发展。ERP、电子发票的普及使得远距离信息共享成为可能，是企业发展共享服务中心模式以降低服务成本的技术基础；而 WfMS、大数据、云计算等数字技术则进一步激发了共享服务中心模式的价值潜力，促进着共享服务模式上的一次又一次创新。这一发展趋势，与共享服务中心成熟度模型所揭示的发展规律是一致的，即随着企业内共享服务的发展越来越成熟，数字技术激发共享服务模式的创新，使共享服务中心的价值创造能力产生飞跃。当共享服务模式快速发展时，企业将产生新的需求，从而推动更多的数字技术应用到商业领域。数字技术进步推动共享服务的模式创新，共享服务的创新又反过来驱动数字技术发展。

1.4　财务共享的必要性及其影响

1.4.1　财务共享的必要性

财务共享服务中心需要建立强大的网络系统，需要强大的企业信息系统作为 IT 平台，只有利用现代的 IT 技术，才能使企业集团的财务共享服务真正落到实处。当前，我国正处于“互联网 +”和大数据的变革时代，如此，会计集中核算平台升级为财务共享服务中心就有了技术基础，当前电子发票制度的实施更为财务共享服务中心的落地实施创造了可能。

（1）国家政策提出了要求

早在 2013 年，财政部印发的《企业会计信息化工作规范》（财会〔2013〕20 号）第三十四条规定：“分公司、子公司数量多、分布广的大型企业、企业集团应当探索利用信息技术促进会计工作的集中，逐步建立财务共享服务中心。”这一规定为我国大型企业集团建立和实施财务共享服务提供了重要的政策依据。财政部在 2014 年颁布的《关于全面推进管理会计体系建设的指导意见》（财会〔2014〕27 号）中明确要求企业应推进面向管理会计的信息系统建设，提出“鼓励大型企业和企业集团充分利用专业化分工和信息技术优势，建立财务共享服务中心，加快会计职能从重核算到重管理决策的拓展，促进管理会计工作的有效开展”。国务院国有资产监督管理委员会（以下简称“国务院国资委”）早在《关于加强中央企业财务信息化工作的通知》（国资发评价〔2011〕99 号）中要求“具备条件的企业应当在集团层面探索开展会计集中核算和共享会计服务”。

这一系列政策的出台都为我国大型企业指出了明确的发展方向。有了大方向，就要具体地讨论财务共享服务中心的建设标准、财务共享服务中心的适用范围等这些核心问题，尽管国家还没有给出详细的指导，但是企业已经开始根据自身实践中的经验展开探索，为全面的财务共享服务中心的建立和开展做出了准备。

虽然财务共享服务中心建设强调“标准化”，但不同行业的企业有不同的情况，其行业特征决定了其实施路径存在很大差异。国家简政放权的改革方向，就是要鼓励企业自觉发展适合自身行业特性的创建模式和发展路径，促进良性的市场竞争，国家鼓励百花齐放，而最终成败则交给市场来检验。

（2）财务共享是大势所趋

共享服务出现于 20 世纪 90 年代的美国，很快传到了以西欧为主的欧洲国家，大量的事实证明，共享服务在绝大多数情况下取得了成功，被认为是财务职能部门的关键要素之一，这是“大势所趋”，任何拥有多个后台办公财务职能部门的组织都能从财务共享服务中受益。展望未来，财务共享服务不仅能确保企业整合财务处理流程，还能不断地产生商业效益。

（3）助力企业的规模化发展

财务共享发展至今已经有几十年的历史，是否有效在西方发达国家，特别是那些最为成功的企业里已经得到充分的验证。因此，只要全球化发展的趋势不变，大型企业要想走向世界，进行多元的、深入的发展，开展财务共享是绕不过去的一个议题。因为不管何时，企业的发展都离不开降低成本和提升效益两个目标，而财务共享是经过验证的、能增强公司灵活度和标准化的有效手段。

在企业扩大规模的发展中，财务共享也会起到助推作用，为企业实现快速增长、开拓新市场，以及收购后的管理带来多种便利和可靠的支持。

一些财务管理者选择在公司内部进行转型，或者引入“精益管理”“六西格玛”等手段，再结合相关的组织架构进行重新配置，还有一些财务管理者则采取了改变业务模式等更加激进的手段。

在过去的十几年里，越来越多的企业财务管理者将共享服务作为实现发展和变革的首要策略，他们一直在考察各种服务交付模式，考察如何降低成本、精简人员，通过有效的方式释放出更多的资金，以及为业务部门提供更优质的服务。事实证明，在美国，越来越多的大型企业采用共享服务模式来支撑其财务和会计部门的运作。

（4）企业急需战略型财务

对于大型企业、企业集团来说，通过建立财务共享服务中心的方式，可以将会计基础核算等低附加值的作业劳动集中起来，基于流程再造和 IT 系统整合，可以最终提升会计核算业务处理效率。通过建立财务共享服务中心，企业不仅提升了会计核算处理的效率，降低了成本，加强了管控，而且会释放大量的财务会计人员，让他们从大量低附加值、重复、劳动力密集型的基础核算工作中解脱出来，从而集中精力去从事业务型财务和战略型财务，实现财务与业务、战略的一体化，让管理会计真正落地实施，实现财务为企业增加价值的目标。

（5）财务会计转型的需要

传统的财务会计专注于会计核算。随着数据时代的到来，很多财务工作会被越来越智能的技术和软件所替代，这也为财务人员进行转型升级提供了强大的推动力。公司在发展过程中，更加需要的是能够在管理决策层发挥作用的财务人才，而不是简单执行会计职能的普通技术人才，并且随着办公软件的智能化发展，很多基础性工作可以交给计算机来处理，原来的基础性财务人员则面临着要么被淘汰、要么奋起突破，实现自身技能升级的转变。人的发展必须适应时代的趋势，在财务共享已经逐渐成为大势所趋的关头，财务人员也迫切需要向着财务共享的方向努力，并从中找到适合自身发展的位置。在这样的背景下，许多财务人员纷纷从财务会计转型到管理会计，这是当前我国会计领域变革的重大趋势。

1.4.2　财务共享的影响

（1）加速了企业的组织改革

企业必须认识到财务职能部门只有在不断演变的过程中才能为公司的全球业务提供支持，财务是公司内部最为重要的支持部门，牵一发而动全身，甚至在某些时候具有决策权。通过改进财务管理模式，带动企业进行一系列的组织架构改革，目的是确保企业的业务流程、人员管理以及客户服务都能与财务管理更为融洽，避免冗余与内耗，使每一个环节都更为简明。因此，通过财务共享，企业在诸多层面产生了改进和优化，以确保整体运营更为有效。这也无疑推动了企业的标准化进程，为日后的进一步发展创造了条件。

（2）通过改变规则快速取胜

实际上，财务共享服务可以支持公司实现很多目标：从“快速取胜”到“成为改变游戏的人”，从中受益的远远不止财务职能部门；并且在“改变游戏规则”之后，公司的各个职能部门都更为精简，工作效率倍增，形成了一个积极的正向循环。

还有一些企业更具战略眼光，试图一步到位地建立一套全方位的共享服务业务，从而让整个企业实现远大目标。

（3）激活其他职能部门的活力

财务共享对整个企业的意义是十分重大的，其影响非常广泛，会随着时间的推移而逐渐显现。最先从财务部门开展的共享服务激活了企业其他职能部门的潜力，并且财务共享还实现了在其他部门之间牵线搭桥的功能，从而轻松整合了业务的“前端”和“后端”。这种跨部门的协调方式有助于更快地为企业创造更多的利润。这不仅提升了财务部门的服务绩效，而且使整个公司内部实现了“财务联通”。在一个核心部门的带动下，激活了整个企业的潜在活力，并逐渐地建立起全面的共享服务。

（4）对业务外包服务的带动

需要指出的是，财务共享服务作为企业的核心，鼓励和带动了其他职能部门的共享和外包服务，从而对促进企业的发展起到一定的带动作用。财务共享不一定只在公司内部开展，也可以外包出去。对于一些企业来说，共享财务外包也许是更有利的选择。但是，这里有必要梳理一下共享服务外包和业务流程外包的区别，见表 1.3。业务流程外包是指企业将非核心的业务外包给外部供应商。外包与共享服务的相同之处在于共享服务也存在外包，它们都是将一系列工作交给外部人员，由他们运用创新的、专业化的方法集中精力提供解决方案。但传统的业务流程外包是单纯地将业务外包，而共享服务外包是对原有业务、流程进行优化整合，从而达到降低成本、提高效率和实行标准化的目的。

表 1.3　共享服务外包与业务流程外包之比较

共享服务外包	业务流程外包
业务、资源的整合	业务的简单转移
降低成本、提高效率、标准化	提高效率、降低成本
关注流程优化与流程再造	简单集中
一致的标准、流程、系统和模式	原流程、标准不变
以顾客需求为中心	向管理层负责
服务提供者	事务处理者
客户有选择权	业务单位无选择权
客户可参与服务质量的监督	业务单位不参与监督
地点选择与总部无关	一般设在总部

（5）降低了企业发展的成本

财务管理者最重要的使命之一就是提高企业的生产效益，降低成本。以较少的投入换取更多的回报，是企业经营的首要目标，然而这并不容易。对于一家庞大的企业而言，这往往是一项较为烦琐、复杂的系统。然而，通过财务共享的实施，极大地推进了企业的标准化流程，使降低成本变得更加简单明了。它不仅大大地提高了财务流程的透明度，而且对过程中如何加强配合及增强杠杆都变得更具可控性。这一切都得益于财务共享在“流程标准化”这一方向上的改进和优化。正如可口可乐公司的帕特里克（Patrick）所说：“我们的出发点就是要简化流程。”

与此同时，财务管理者也敏锐地注意到，相对于完善的流程所带来的成果（更多的现金、更多的信息和更多的服务），公司实际上并不太关心流程本身。比如，金佰利公司的西蒙·牛顿（Simon Newton）提出：“共享服务和外包是否能帮助企业表现更加出色？更优秀的人才和优质的服务真的能创造更多价值吗？”

但是，简柏特公司的帕尔·亨森（Pascal Henssen）和凯捷咨询公司的克里斯·斯坦科姆比（Chris Stancombe）有更为深刻的观点。他们二人都认为，尽管流程的规模化实现了成本的节约，但更重要的是财务管理者从一开始就站在了一个战略高度上进行考虑，从而为公司的开源节流给出见解，这是降低成本的真正原因。

不管怎样，通过财务共享实现降低成本、提高效率是所有财务管理者的共识，这也是财务共享服务所带来的最直观的影响。

（6）提升了对供应商的鉴别

通过财务共享服务平台的建立，财务管理者发现，公司的供应商的产品和服务的优劣可以更为直观地进行比较，并且得到多维度的、全面的数据支持，从而对企业的供应商有了可以量化的鉴别。例如：一些供应商多年来提供的服务都没有改进，其他供应商的服务却在逐年提升，由于这种变化是不容易被察觉的，因此，企业并不知晓，但是，如果反映在后台系统中便会一目了然；还有些供应商是优秀的运作者，另外一些则更注重战略布局，他们的不同特性都在不同程度上影响了企业的发展和决策。这些从后台获得的异常珍贵的信息，不仅帮助企业更加科学合理地选择供应商，而且成为企业未来选择合作伙伴的重要依据。

当然，不同的企业在不同的发展阶段，所看重的品质也不尽相同，企业获得的信息也处于发展变化中。通过财务共享服务中心的数据，企业可以根据自身的情况进行选择和取舍。比如，威达信集团（Marsh & McLennan Companies，MMC）的乔安娜·雷诺斯（Joanna Reynolds）认为：“我们选择供应商主要看中的是他们的灵活性，以及能否提供适合我们公司的企业解决方案。”

IBM公司的奥斯丁·麦克多纳（Austen McDonach）指出，不同行业的复杂性各异，需要具体问题具体对待，而这一过程需要繁杂的计算和分析，如今可以从财务共享服务中心获得有利信息。

埃森哲的阿努普·萨格（Anoop Sagoo）表示：“一些企业只想把供应商放进条条框框里，这种关系会令他们更加放心。”而凯捷咨询公司的克里斯·斯坦科姆比（Chris Stancombe）却认为，企业与供应商之间存在着相互促进或相互制约的关系。如果能够得到更有力的信息来促进这一关系向着更加积极的方向发展，那么双方将共同获益。阿努普（Anoop）认为，供应商应根据客户需求及时调整能力，他说：“好的供应商应了解公司的当务之急，并明白这种需求会随着时间而变化。”

由此可见，企业在与供应商的合作和互动过程中，实际上带来了多方面的影响，也产生了多种可能性，但是只要是积极的、双赢的互动，不仅会为企业鉴别供应商带来帮助，而且会对供应商的发展产生推动力，从而实现稳定的、共同发展的合作关系。财务管理者不仅要对供应商的能力进行鉴别，而且要提高警惕，以防被他们裹挟而影响了自身的发展。但是，所有这一切并不是靠人为的主观判断做出的决策，而是建立在可靠的数据之上，是财务共享服务中心提供了强大的后台支持。

（7）促进彼此更流畅的沟通

虽然绝大多数的企业管理者强调良好的沟通在企业经营过程中具有重要的作用，但是良好沟通本质上并不是基于良好的口才或者过人的情商，真正有效的沟通是建立在合理的机制及准确的信息之上的。财务共享为企业开辟了一个新天地，即公司不同部门、不同级别的人都能够站在一个信息公开透明的情境下进行沟通，避免了许多干扰因素，使工作效率剧增。

财务工作面临的挑战在于企业实际上并不那么关心流程，更多的是关心结果。但是财务流程往往会对结果具有决定性的影响。因此，财务共享服务中心的存在实现了让流程简化、让结果透明这一“双赢”局面。当流程建设得无可指摘时，人们只需关注结果即可。并且，除了财务职能部门，其他部门的各个层级的人员都可以平等地“就事论事”，使内部沟通十分畅通和简单。

这对于企业能够快速做出决策也带来帮助。正如壳牌的乔治·康奈尔（George Connell）所说：“为策略命令争取到来自高层的支持对变革的顺利推行很关键。”也就是说，一个普通的员工只要有了关键数据，那么说服领导并获得决定性的支持将变得十分简单。这绕过了重重障碍，使原本存在的各种人际、层级、信任等会带来阻碍的问题一扫而光，让工作和沟通变得更加简单明确。

对于一些跨国的巨无霸型公司而言，公司内部的沟通还涉及地域和文化的干扰。公司的员工来自世界各国，不仅语言不同，而且思维方式、宗教信仰等各个方面都存在差异，这有可能会成为沟通的障碍，但只要通过标准化、简单化的共享系统，以上的问题可以迎刃而解。顺利跨越文化差异、性别差异、宗教差异，毕竟无论人员来自什么文化背景，数据是全球通用的语言，这令具有不同文化接受程度的人都能够轻松地表达与沟通，大大地提高了沟通的效率。

（8）改善客户的服务体验

在财务共享的推进过程中，除了企业自身直接受益之外，另外一个显著影响来自客户的反馈，许多服务性企业明显地改善了企业的服务质量，得到客户更多的认可和支持。就像联合利华的克里斯蒂安·考夫曼（Christian Kaufmann）所说的那样：“站在供应商的视角来看，他们最主要的目标就是确保你这个客户不会流失。”反过来，企业最在乎的也就是确保每一位客户都能得到满意的服务，这样客户不仅不会流失，还会产生深度的认同和连接，甚至会为企业带来新的客户。在培生集团看来，“文化契合度”和“爱之深，责之切”是他们服务客户时最在乎的事情，很显然这是一种合作关系。对于企业来说，发展公司的文化不仅体现在业务层面，而且从财务共享的推进过程中就能获得有力的支持。由于财务共享带来的系统化和标准化管理可以在后台对很多业务进行更加直观的支持，从而提升业务执行的质量。

当然，无论是认可还是信任，都是随着时间慢慢积累起来的。“要在公司内部建立信心和信任感，打开他们的眼界，向他们证明我们可以做到什么。”IBM 的奥斯丁・麦克多纳认为，“看看那些与我们合作时间最长的客户，毫无疑问改变是一点一点发生的。信心终将建立起来，专业知识终将积累起来，风险也终将被降低。”

通常情况下，信任会由于某个客户不切实际的期待而受到影响，同样地，客户也会因为企业提供意想不到的服务而瞬间产生强烈的好感。有了财务共享这一强大、稳定的后台支持，企业就能够逐渐获得更多客户的认可和支持。

第 2 章　财务共享的技术支撑

2.1　财务共享的信息化技术

2.1.1　RPA：财务智能化的必经之路

1. RPA 与财务共享、财务转型的关系

追溯财务的发展历程，技术进步引发了财务的数次变革。会计电算化用小型数据库和简单的计算机软件取代了部分人工核算工作，实现了计算能力和存储能力的巨大飞跃。ERP 的诞生和计算机网络的普及，把封闭、分散的财务集中起来，通过流程再造和专业分工实现了财务共享。借助信息化手段，企业实现了对财务信息的快速处理和实时共享，财务管理逐步从核算型向管理型转变。"大智移云物"进一步革新了财务的技术工具，悄然改变着财务的工作模式。传统财务将逐步向自动化、数字化和智能化转型。

财务共享服务中心存在大量规则明确的重复性流程，这为财务的自动化转型提供了基础。机器人流程自动化技术应运而生，在专业分工明确、流程标准统一的财务共享服务中心有着广阔的应用空间。

财务转型、财务共享和财务机器人是"面—线—点"的关系。财务转型是"面"，是企业财务部门在财务战略、职能定位、组织结构、人力资源、操作流程和信息技术等方面的全面变革再造。通过对财务职能的梳理，逐步形成四位一体的财经管理模式（公司层面控制管理的战略财务、全价值链财务管理支持的业务财务、以交易处理为主的财务共享及拥有财务核心能力的专家团队），从而支持企业转型。财务共享服务是"线"，通过观念再造、流程再造、组织再造、人员再造、系统再造，将分散于各个业务单位、重复性高、易于标准化的财务业务集中到财务共享服务中心统一处理，达到降低成本、提高效率、改进服务质量、强化集团内部风险控制等目的。财务共享为财务转型提供数据基础、管理基础和组织基础，是财务转型的第一步，还为财务机器人的运行提供了良好的环境和运行基础。财务机器人则是"点"，是财务共享服务中心流程节点上的技术应用和优化。财务共享服务中心有大量具有明确规则的标准化流程，为财务机器人提供了大展拳脚的空间。反过来，财务机器人的应用又大大提升了财务共享服务中心的服务效率和服务质量，将财务人员从大量、重复且机械化的工作中解放出来，使其得以从事更具价值和创造性的工作，推动企业财务转型。

2. RPA 技术的功能和特点

RPA 技术是指通过软件技术，执行基于一定规则的可重复任务的技术，是数字化的支持性智能软件，也被称为“数字化劳动力”。

从功能上来讲，RPA 是一种处理重复性工作和模拟手工操作的程序，可以实现以下功能：①数据检索与记录，RPA 可以跨系统进行数据检索、数据迁移以及数据录入；②图像识别与处理，通过 OCR（optical character recognition，光学字符识别）技术识别信息，并在此基础上审查和分析文字；③平台上传与下载，能够按照预先设计的路径上传和下载数据，完成数据流的自动接收与输出；④数据加工与分析，主要包括数据检查、数据筛选、数据计算、数据整理、数据校验；⑤信息监控与产出，RPA 可以模拟人类判断，实现工作流分配、标准报告出具、基于明确规则决策、自动信息通知等功能。

相比于传统软件，RPA 开发周期更短、设计更加简单，这主要是基于 RPA 技术的特点：①机器处理。RPA 可以 7×24 h 不间断地工作，这样可以提高工作效率；②基于明确规则。RPA 主要是代替人工进行重复、机械性操作，研发 RPA 需要基于明确规则编写脚本；③以外挂形式部署。RPA 是在用户界面进行操作，因此不会破坏企业原有的 IT 结构；④模拟用户操作与交互。RPA 主要模拟的是用户手工操作，如复制、粘贴、鼠标点击、键盘输入等。

RPA 和人工智能都能在一定程度上替代原有的人工劳动，但是二者有很大的区别。RPA 只能依靠固定的脚本执行命令，并且进行重复、机械性的劳动；人工智能结合机器学习和深度学习具有自主学习能力，通过计算机视觉、语音识别、自然语言处理等技术拥有认知能力，可以通过大数据不断地矫正自己的行为，从而有预测、规划、调度以及流程场景重塑的能力。RPA 与人工智能更像手和大脑的关系。RPA 倾向于重复地执行命令，而人工智能倾向于发出命令。除此以外，RPA 可以运用在自动化发展过程中的不同阶段。AI 技术在企业中的应用还处在初步探索阶段。就短期趋势而言，企业更倾向于以标准化、逻辑清晰的 RPA 为基础，逐步向智能化程度更高的 AI 方向发展。未来，随着 RPA 技术的不断发展，RPA 与 AI 融合会是行业的一大趋势。

目前，已有不少企业在办公领域采用 RPA 来取代一些重复和烦琐的日常流程。RPA 被应用于财务、采购、供应链、客户服务等职能领域和金融、保险、零售等行业领域。财务机器人则是 RPA 技术在财务领域的具体应用，其针对财务的业务内容和流程特点，以自动化替代手工操作，辅助财务人员完成交易量大、重复性高、易于标准化的基础业务，从而优化财务流程，提高业务处理效率和质量，减少财务合规风险，使资源分配在更多的增值业务上，促进财务转型。

3. 财务机器人适用的流程

从本质上讲，财务机器人是一种处理重复性工作、模拟手工操作的程序，因此并不适用于所有的流程。财务机器人适用的流程主要有以下特征：①简单重复操作，如系统数据的录入、核对等；②量大易错业务，如每日大量的交易核对，大量费用单据的审核；③多个异构系统，内嵌于系统，但不会更改系统，不会融合系统规则；④ 7×24 h 工作模式，弥补人工操作容忍度低、峰值处理能力差的缺点，适用于企业 7×24 h 的业务。

财务共享服务中心的很多流程符合财务机器人的适用标准（见表 2.1）。

表 2.1 RPA 在财务领域的应用

费用报销	采购到付款	订单到收款	固定资产管理
接收报销单据	请款单处理	销售订单录入和变更	资产卡片管理
智能审核	采购付款	发票开具	资产变动管理
自动付款	供应商对账	返利管理	资产账龄分析
财务处理及报告出具	供应商主数据维护	客户对账与收款核销	—
—	供应商资质审核	客户信用审核和主数据维护	—
存货到成本	总账到报表	资金管理	税务管理
成本统计指标录入	关账	银企对账	纳税申报准备
成本与费用分摊	标准记账分录处理	现金管理	纳税申报
账务处理及报告出具	关联交易处理	收付款处理	增值税发票开具
—	对账	支付指令查询	发票验真
—	单体报表和合并报表出具	—	涉税会计入账及提醒
档案管理	预算管理	绩效管理	管控与合规
接收票据和快递管理	预算的编制和生成	产品效益分析	管控合规报告出具
扫描	预算执行情况监测	客户收益分析	财务主数据管理
电子归档	预算报告创建	资本收益分析	—
电子档案查询	—	经营分析标准化报表	—

下面简要介绍一下财务机器人在费用报销、采购到付款、总账到报表、资金管理、税务管理等几个典型流程上的应用。

（1）费用报销

费用报销流程是财务共享服务中心最为普遍的流程，也是财务机器人使用最广泛的流程，具体流程如图 2.1 所示。

下面挑选其中几个进行说明。

接收报销单据：财务机器人对多种渠道采集而来的各类发票和单据进行自动识别、分类汇总和分发传递，自动生成报销单并发起审批申请。

智能审核：人工设定费用报销审核规则，将其内嵌至费用报销系统。财务机器人按照设定的逻辑执行审核操作，如对发票查重验真、进行预算控制和报销标准审查、记录检查结果并反馈等。

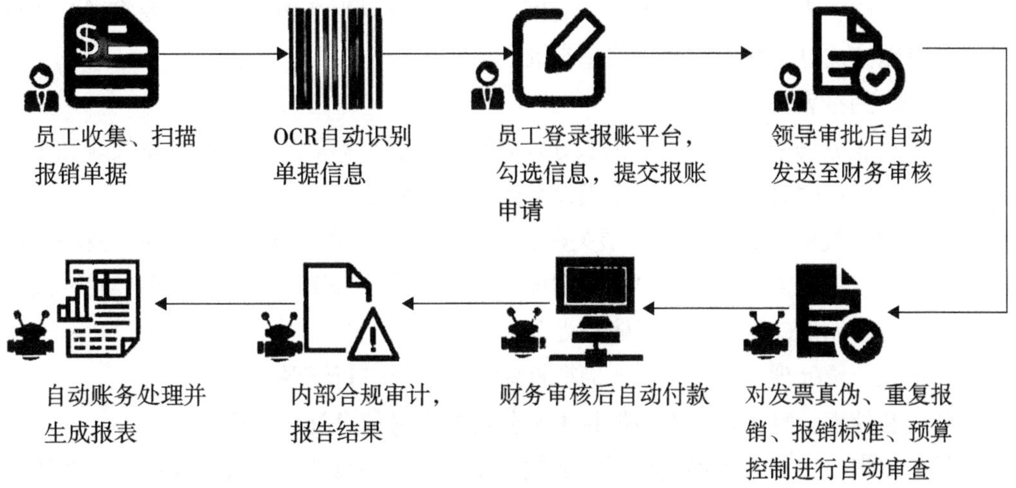

图 2.1　RPA 在费用报销流程中的应用

自动付款：报销单通过审核后自动生成付款单，付款单进入待付款中心，财务机器人依据付款计划执行付款操作。

账务处理及报告出具：付款单依据记账规则自动生成凭证，自动提交、过账，并生成账务报告，汇报至管理层。

（2）采购到付款

实现从供应商管理、供应商对账到发票处理及付款整个过程的无缝衔接，是采购到付款流程的重点，其中财务机器人适用的子流程如图 2.2 所示。

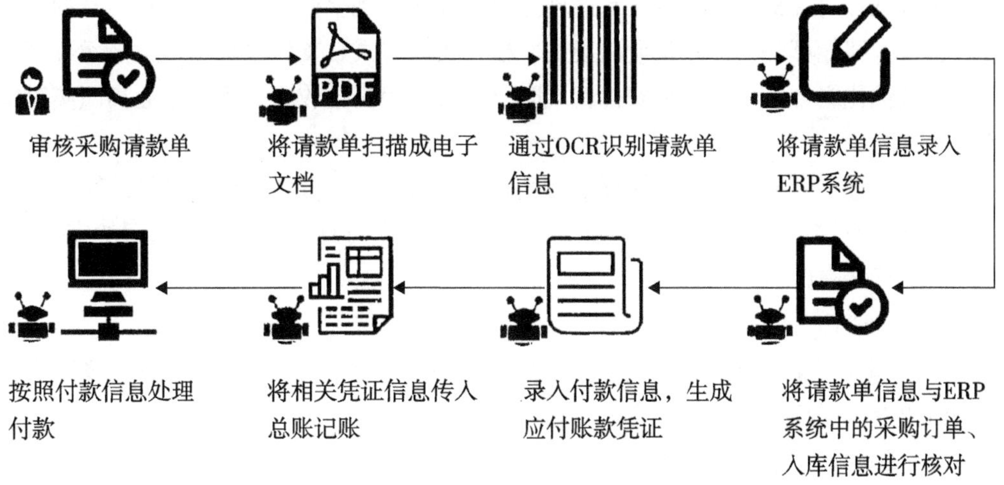

图 2.2　RPA 在采购到付款流程中的应用

下面挑选其中几个进行说明。

请款单处理：先通过 OCR 扫描请款单并识别相关信息，然后财务机器人将请款单信息录入 ERP 系统，再对订单信息、发票信息、入库单信息进行匹配、校验。

采购付款：财务机器人自动提取付款申请系统中的付款信息（付款账号、户名等），通过网银等资金付款系统进行付款操作。

供应商对账：人工设置好对账触发时间，机器人登录财务模块向供应商发送对账提醒邮件，并自动完成订单状态和发货状态查询。

（3）总账到报表

总账到报表流程中关账、标准记账分录处理、关联交易处理、出具单体报表和出具合并报表等工作可借助财务机器人来完成，具体子流程如下。

关账：财务机器人自动进行各项关账工作，如现金盘点、银行对账、销售收入确认、应收账款对账、关联方对账、应付款项对账、存货的确认和暂估等。如发现异常，发送预警报告；如对账无误，则自动进行账务处理。

标准记账分录处理：财务机器人周期性对账务分录进行记录和结转。

关联交易处理：财务机器人根据相关子公司的交易信息处理关联交易。

出具单体报表：财务机器人自行完成数据汇总、合并抵销、邮件数据催收、系统数据导出及处理等工作，自动出具模板化的单体报表。

出具合并报表：财务机器人先从系统中导出并根据规则完成汇率数据和当月境内外合并数据的处理和计算，计算出余额并对结果进行检查；再对子公司报送数据进行催收和汇总，根据抵销规则生成合并抵销分录；最后，根据生成的数据形成当月合并报表。

（4）资金管理

资金管理流程中适合财务机器人的具体子流程如下。

银企对账：机器人取得银行流水、银行财务数据，并进行银行账和财务账的核对，自动出具银行余额调节表。

现金管理：财务机器人根据设定的现金上划线执行现金归集、现金计划信息的采集与处理等；引入智能算法，按照预设的规则，根据支付方式、支付策略、支付金额等多个因素，计算最优化组合，完成资金安排；同时，动态监控资金收支，帮助企业集团实时掌控集团资金状况。

收付款处理：财务机器人根据订单信息和供应商信息，自动完成收款与付款。

支付指令查询：资金支付指令发出后，财务机器人可自动查询银行返回的支付结果，并利用邮件反馈查询结果。

（5）税务管理

税务管理是目前财务机器人运用较为成熟的领域，包括自动纳税申报、涉税信息校验、增值税发票开具及验真等子流程（见图 2.3）。

下面对其中具体步骤进行说明。

纳税申报准备：财务机器人自动登录账务系统，按照税务主体批量导出财务数据、增值税认证数据等税务申报的业务基础数据。

税务数据获取并维护：财务机器人获取事先维护好的企业基础信息，用以生成纳税申报表底稿。

图 2.3　RPA 在纳税申报流程中的应用

涉税数据核对校验：财务机器人通过设定好的规则调整税务差异项；借助预置的校验公式进行报表的校验。

纳税申报：根据特定逻辑将工作底稿自动生成申报表并在税务申报系统中自动填写纳税申报表。

涉税账务处理及提醒：财务机器人根据纳税、缴税信息完成系统内税务分录的编制，自动进行递延所得、资产或负债的计算，完成系统内的入账，并用邮件提醒相关责任人。

增值税发票开具：基于现有待开票信息，财务机器人操作专用开票软件开具增值税普通发票和增值税专用发票。

发票验真：财务机器人可基于发票票面信息自动校验发票真伪，并且可将增值税发票提交到国税总局查验平台进行验证和认证，并反馈和记录结果。

对于纳税主体较多的集团型企业，由于纳税申报的数据来源不同、申报的数据量较大，员工手工申报耗时长、效率低，且数据准确性无法保障，而纳税申报过程整体与 RPA 适配度较高，相当多的步骤可以借助机器人完成。例如，中兴新云纳税申报机器人将申报流程细分为数据准备、纳税申报、账务处理和评估审查四个子流程，可显著减少集团型企业的办税负担，保障税务数据的准确性。

数据准备主要是指财务机器人与本地数据如税务主体信息、开票信息、财务信息等的交互。机器人自动登录账务系统，导出财务数据，调整税务差异。纳税申报过程包括财务机器人与税务局系统的交互，如登录申报系统、填写并提交申报表等动作。账务处理过程则是纳税、缴税的账务化反映。财务机器人完成申报后自动进行分录的编制和录入，完成系统内的入账。最后，由员工定期对财务机器人的工作成果进行评估、审查和改进。

除以上流程外，在订单到收款、固定资产管理、存货到成本、档案管理等重复性较高、业务量较大的流程上，财务机器人的运用也很常见。借助预先设置的模型，财务机器人还可实现为预算管理、绩效管理、管控与合规等较为依赖人为判断的流程提供决策参考。财务机器人不仅减少了企业人力投入，降低了风险，还能高效支撑业务发展和经营决策。

4. 对财务组织和财务人员的影响

财务机器人的运用改变了原有的财务工作方式和财务人员的观念，推动了财务组织架构变革，同时对财务人员的素质和技能提出了更高的要求。

财务组织中会出现新的技术团队和业务团队（即机器人流程处理团队和例外业务处理团队），前者负责机器人的管理和日常运行工作，后者负责辅助和拓展财务机器人的工作（见图 2.4）。同时，财务机器人促使基础财务人员的比重进一步减少，从事公司经营支持和决策支持工作的财务人员比重上升；财务人员的工作内容也变得更有挑战性，他们不再从事基于规则的重复判断工作，而是将更多精力放在流程优化、业务监控和数据分析上。

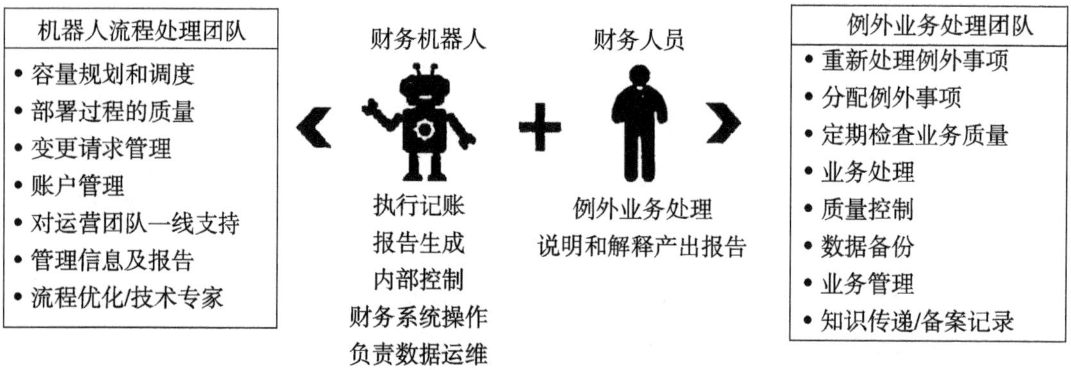

图 2.4　新团队分工协作

财务机器人的运用和其他新兴技术的运用一样，推动了财务人员的转型。未来需要更多精通数据分析和预测、具备跨职能部门知识、善于与业务部门构建合作关系的各类复合型人才。财务人员要能够精通会计、擅长管理、熟知信息技术、洞察业务，并且具备战略远见，从而能够更好地参与商业模式创新的规划与实施、为企业提供更有见地的数据分析、推动企业新业务的布局和数字技术应用等。财务人员要不断创新，实现自身的转型与再造，重塑财务理念与知识体系，这样才能满足时代要求和企业需求。

2.1.2　会计引擎：业财语言翻译器

会计引擎是连接业务数据库与财务应用系统并最终输出会计信息的数据处理器。它能够按照内嵌的核算规则将业务信息自动化、无差错和高效率地转换为包含复式会计分录的规范化记账凭证，实现交易明细和会计总账的互联，对于业务与财务的高度融合具有重要意义。

1. 会计引擎概述

（1）会计引擎的基本原理与应用现状

简单来说，会计引擎是介于业务系统和财务系统之间的数据转换器。业务系统位于前端，通过数据接口与会计引擎连接之后向其提供生成记账凭证所需的业务数据，实现业务信息的输入；会计引擎位于中端，内置一定的转换规则，输入的业务数据经规则的指引将自动生成预制记账凭证；财务系统位于后端，预制记账凭证审核无误进入该系统后成为正式记账凭证，完成财务信息的输出。会计引擎基本原理如图 2.5 所示。

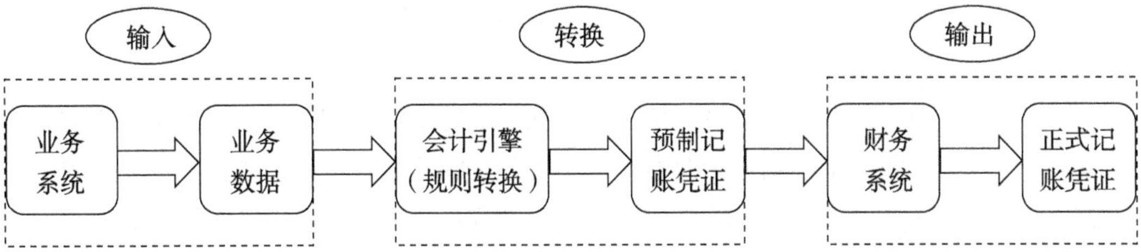

图 2.5　会计引擎基本原理示意图

（2）智能会计引擎的特征

传统的会计引擎通常分散于企业内部不同的财务系统和业务系统中，在大多数行业中的应用范围较为狭窄，但随着大数据、人工智能、云计算和区块链等技术的革新与实践，会计引擎必将克服实际设计过程中存在的难点，逐步走向智能化，将业财融合推向新的高度，从而驱动企业完成数字化转型。基于新兴信息技术的智能会计引擎具备诸多优势。

首先，智能会计引擎具有充分的独立性。经智能化重塑的会计引擎将不再以分散的模块或子系统的形式存在于不同的系统中，而是打破束缚，形成一个独立的开放式统一平台，一端对接企业所有的业务系统，以实现业务数据的输入，另一端对接企业的财务系统，以实现记账凭证的输出，使企业的业务端与财务端真正串联成完整的链条。传统的会计引擎是伴随会计核算的要求被逐步建立起来的，由于在建立时间上存在差异，往往难以遵循统一规范的技术标准。信息转换质量参差不齐的会计引擎不断叠加和堆砌，对其进行维护、优化的复杂性和难度也不断提高，长此以往，这些会计引擎将会因为缺乏有效监控而给企业带来风险。以统一化独立平台形式存在的智能会计引擎将有效解决这一问题，不仅能够支撑存量业务系统与财务系统之间的对接，降低维护、优化的难度和潜在风险，而且能够迅速成为新生业务系统与财务系统之间的纽带，从而为企业内部信息系统服务。

其次，智能会计引擎拥有足够的灵活性。一方面，智能会计引擎将适应不同的业务场景并有针对性地定义转换规则，最终使所有需要生成记账凭证的业务场景系统化。大型集团往往因为在多个行业进行布局而涉足丰富的业务类型，且依赖经验积累的业务场景梳理难以一次就达成清晰、全面的目标，因此，如果有遗漏或新增业务场景的情况，智能会计引擎将凭借其灵活性快速配置相应的转换规则，随时与企业的业务状况保持一致，在最大限度上满足企业业财融合的需求。另一方面，智能会计引擎将根据不同企业的要求定制个性化的转换规则，既能基于明细业务数据生成全面、精确的记账凭证，又能容纳恰当的合并规则，将明细业务数据进行合并后生成精练、概括的记账凭证，企业可以在这两种模式下进行自由切换。

最后，智能会计引擎具备高度的可追溯性。业财核对、稽核审计要求能够根据会计引擎最终所生成的记账凭证追溯原始的业务信息。智能会计引擎在初始的设计过程中将基于这一要求预留对业务信息源头进行追溯的机制及线索，如此一来，即使是遵循复杂合并规则生成的记账凭证的追溯也将不再成为难题。此外，区块链的数据库公开透明，信息经过验证被添加至区块链之后不可篡改。如果能够应用区块链技术在业务系统和财务系统之间搭建分布式底账，对于提升智能会计引擎的可追溯性将大有裨益。

（3）会计引擎与财务共享的关系

会计引擎作为一种新兴的业财对接工具，在企业业财转型的过程中与财务共享是相辅相成的。财务共享服务中心侧重于业财流程的管理，将应收、应付、费用报销等标准化的财务流程接入共享平台，规范集团内成员单位的财务流程，同时降低了各分支机构人员上的重复投入；会计引擎侧重于对核算规则的统筹管理，规范集团内的财务核算口径，同时降低了各个系统的凭证规则维护压力。

2. 基于机器学习的智能会计引擎

（1）基于机器学习的智能财务会计引擎

作为人工智能的重要分支之一，机器学习在医疗、金融、电子商务等众多领域应用广泛。与人脑归纳经验获得规律并利用规律预测未来相似，机器学习的过程可分为训练与预测两个阶段，其中训练指的是计算机系统将存储于其中的历史数据通过机器学习算法进行处理后产生某种模型；预测指的是在该模型的指导下，输入新的数据之后能够输出相应的结果。机器学习的基本原理如图 2.6 所示。用于训练的数据量越大，训练的次数越多，所得出的模型越精确，利用该模型进行预测的结果越有说服力。

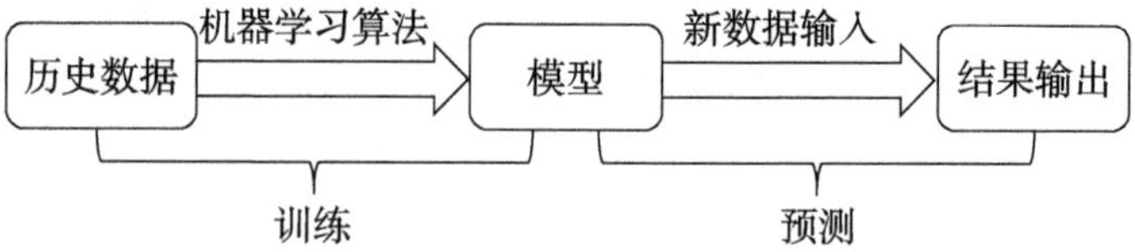

图 2.6　机器学习的基本原理示意图

在各领域发挥重要作用的机器学习技术同样能在财务领域有所建树，助力会计引擎向智能化工具转变。财务会计是会计的主要分支之一。机器学习对财务会计引擎的智能化改造主要围绕记账凭证的生成展开。应用机器学习技术之后，财务会计引擎能在大量标签化数据的训练之下持续提升性能，首先对业务信息进行高效率的准确识别，其次基于改进后的转换规则生成预制记账凭证并及时向财务系统传递，最后进入财务系统的预制记账凭证将成为正式记账凭证并自动完成记账过账。基于机器学习的智能财务会计引擎将在很大程度上解决令财务人员烦恼不已的重复性手工记账问题，给企业的会计核算工作带来质的飞跃，其贡献主要包括以下两个方面。

① 高效识别并提取业务信息。

智能财务会计引擎的前端与企业的所有业务系统相连，纷繁复杂的业务信息将在应用图像识别与处理、文字识别与处理等技术的基础上转换为结构清晰明了的业务数据。首先，企业可使用影像扫描技术实现纸质原始凭证的电子化或通过网络传输获取电子原始凭证，再借助图像识别与处理技术在业务系统内完成对原始凭证的真伪识别、票面核对和分类工作，继而将这些原始凭证所包含的各项信息转换为固定结构的文字与数据，此过程中要避免出现遗漏和错误；其次，智能财务会计引擎将从业务系统内自动提取生成记账凭证所需的信息，并在文字识别与处理技术的支持下将这些信息进行进一步转化。机器学习技术的功效在于利用大量原始凭证的图像和文字，提升业务系统与智能财务会计引擎对业务信息的识别能力，使财务人员在记账时不用再基于经验判断手工选择会计科目，从而在最大限度上实现自动化记账，提高记账的效率和准确性。值得注意的是，在识别业务信息这一步骤采用的机器学习算法主要是监督式学习，因此必须对输入业务系统的原始业务信息与智能财务会计引擎提取的处理后的业务信息进行标记。

例如：A 企业 2023 年 7 月 1 日向 B 企业购买材料 C 用于生产加工，并于当日取得 B 企业开具的增值税专用发票一张。A 企业在将该发票的电子版导入业务系统之前，需对发票号码、开票日期、购买方信息、销售方信息与货物或应税劳务（服务）信息进行标记，同时注明付款方式；标记之后的增值税专用发票将被分类至采购系统，并在采购系统内由图像转换为文字与数据；在将文字与数据形式的材料采购信息传输至智能财务会计引擎之前，同样需对这些采购信息进行标记，根据开票日期指明记账日期为 2023 年 7 月 1 日，根据购买方信息、销售方信息、货物或应税劳务（服务）信息与付款方式指明应记入的会计科目：借记“原材料—— C”“应交税费——应交增值税（进项税额）”，贷记“银行存款—— D 账户 / 库存现金 / 应付账款—— B 企业”等，同时指明相应会计科目的发生额。

② 改进现有记账凭证的转换规则。

快速、准确地对记账所需的业务信息进行识别和提取之后，智能财务会计引擎的下一项任务是基于一定的规则将这些业务信息转换为具有固定格式的预制记账凭证。预制记账凭证生成的前提是指明预制记账凭证的核心要素——记账日期、应记入的会计科目及各科目相应的发生额。在传统的财务会计引擎中，这项工作的完成往往依赖于财务人员的经验判断和手工操作，重复性高；然而，应用监督式学习算法的智能财务会计引擎能够事先经过大量标签化业务数据的训练并根据不同的业务类型和业务场景制订相应的转换规则，因此接收到新的业务信息之后，将在已有转换规则的指引下迅速生成预制记账凭证。随着用于训练的标签化业务数据量的增大，智能财务会计引擎内嵌的转换规则将处于持续不断的动态调整和优化完善过程中，由此大大增强企业会计核算工作与相关业务的同步性和协同性，为实现业财深度融合提供支撑。

（2）基于机器学习的智能管理会计引擎

管理会计是会计的另一重要分支。与财务会计强调核算、面向过去不同，管理会计着重于管理且面向未来，有助于企业在错综复杂的经营环境中生存与发展，因此日益受到管理者的关注和重视。机器学习对管理会计引擎的智能化改进的关键在于，其不仅会使用结构化程度较高的财务数据，还会使用半结构化与非结构化特征突出的非财务数据，同时将数据来源由企业内部真正拓展至企业外部，进一步优化管理会计在经营预测、决策支持和风险管控三个维度的职能，使改进后的智能管理会计引擎真正成为行之有效的智能化管理工具。基于机器学习的智能管理会计引擎的主要作用体现在以下三个方面。

① 提高经营预测准确性。

经营预测通常指的是企业在结合历史和现有资料的基础上，按照其经营方针和目标对经营活动的未来发展趋势进行的预计和推断，大体可分为销售预测、成本预测、利润预测和资金预测等。准确的经营预测是提出有效决策的关键和前提。要想提高经营预测的准确性，企业必须加强其掌握信息的广度和深度。就广度而言，用于经营预测的信息应包含宏观市场环境、中观行业环境和微观企业环境三个层面。无论是预测国家的各项政策、行业的发展方向、竞争对手的优劣势，还是预测供应商、客户及自身的发展现状，企业都需有充分的洞察力和判断力。从深度上说，企业获取的上述三个层面的信息都应该足够深入，在遵循成本效益原则的前提下尽可能多地关注细节。企业内外部环境的瞬息万变导致绝对准确的经营预测无法实现，但在机器学习技术的助力之下，智能管理会计引擎获取的有效信息越多、信息的种类和内容越丰富，越能提高其最终生成的经营预测模型的相对准确性，进而能在经营情境发生变化时输出相对可靠的经营预测结果，为企业进行决策活动提供指引。

② 强化决策支持功能。

决策支持是管理会计最重要的职能之一，通常通过决策支持系统来实现。决策支持系统为决策者提供了分析问题、提出方案并模拟方案实施的平台，可辅助决策者利用数据、知识和模型来推理或计算解决定性或定量问题，在半结构化与非结构化决策过程中扮演了重要角色。随着数据处理技术的不断进步与革新，数据日益成为决策知识与决策模型的来源。因此，要想提高决策的水平和质量，必须根据决策目标获取足够多的与决策相关的数据并对这些数据展开充分的整理和分析，应用机器学习技术的智能管理会计引擎正是分析数据、支持决策的重要工具。结合监督式学习与无监督式学习两大类机器学习算法，智能管理会计引擎能够有针对性地解决不同类型的决策问题：采用监督式学习算法处理大量标签化数据并生成常规化的决策模型与决策规则，将有效应对相对简单明确、可遵循固定规律的结构化决策问题，实现决策过程的自动化；采用无监督式学习算法处理大量非标签化数据，基于数据的内在关联而不是传统的财务思维得到某些特定的决策模型与决策规则，将为企业中高层管理者结合自身的经验判断和个人偏好进行决策提供有效辅助，使影响因素众多、决策过程复杂且无固定规律可循的半结构化与非结构化决策不再成为困扰企业决策的难题。

③ 完善风险管控能力。

企业的生存发展历程并非总是一帆风顺的，各种潜在的风险事件一旦真正发生，可能会给企业带来不可估量的损失。为降低风险事件的发生概率或减少风险事件发生时导致的损失，采取恰当的方法和措施进行风险管控是企业管理的重要内容。风险管控的流程大致包括风险识别、风险分析、风险管控方法选择和风险管控效果评价四个步骤。智能化管理会计引擎将在机器学习技术的助推下完成风险识别与风险分析的任务，有利于企业及时发现并妥善应对相关风险，提高风险管控效率，以保障各项生产经营及投融资活动的顺利开展。监督式学习算法的应用，需要已标明各项具体特征、相应风险类型和风险等级的大量风险事件数据来进行训练，使智能管理会计引擎充分把握不同类型、不同等级风险事件的特征，从而能够在某一新事件出现之时自动判断该事件是否为风险事件。若为风险事件，智能管理会计引擎将及时向管理者发送风险预警信号，同时分析、确定该事件的风险类型及等级，辅助管理者制订与之相匹配的管控方法与业务流程，将企业的风险控制在合理范围之内。

3. 会计引擎的建设方法

（1）业务场景的全面梳理

对业务场景的梳理是设计会计引擎的基础。首先，对所有系统中需要生成会计凭证的场景进行无遗漏的穷尽式梳理；其次，细分场景的分类需要站在财务端核算角度进行区分。以原材料领用的场景为例，同一原材料领用的业务动作根据其用途的区别需要进行分门别类的核算，在场景库中以“科目分类”标签进行区分并利用其在之后的科目映射中进行定位（见表 2.2）；再次，站在公司的角度横向比较各分支机构的相似场景是否为同一实质的业务，合并同类项，以优化凭证规则库，从而避免信息臃肿；最后，以最细分的业务场景为单位，构建会计引擎凭证规则体系。

表 2.2　原材料领用场景

细分场景		场景编码	借贷方	科目分类
原材料领用	成本消耗	LY01	DR	固定成本
			CR	原材料
	大修理项目	LY02	DR	长期待摊费用
			CR	原材料
	新建项目	LY03	DR	在建工程
			CR	原材料

注：会计分录中，借方英文简写为“DR”（debit record），贷方英文简写为“CR”（credit record）。

（2）构建动态会计科目映射规则

会计引擎从凭证规则的灵活性出发，解决了规则库过于臃肿的问题，为后期调整及运维带来便利。动态会计科目的映射规则是会计引擎的核心，围绕“费用类型”及“科目分类”两个维度来准确定位生成凭证需要的科目。以表 2.2 中的 LY01 场景为例，假设在该场景下发生了“备件”及“物料”两种原材料的领用，我们可以借助在借方及贷方定义的“科目类型”及系统输出的“费用类型”映射科目并形成分录。比如，某一项物料的费用类型在不同业务场景时，其映射的科目可能是原材料的明细科目，也可能是主营业务成本的明细科目、销售费用的明细科目，甚至在建工程和长期待摊费用的明细科目（见图 2.7）。

（3）设计对接业财数据的载体——万能单据

依赖于会计引擎中庞大的映射规则库，万能单据可以毫无财务专业属性的字段信息

（如场景编码、费用类型代码等少量的核心数据）来承载所有业务场景的数据信息。当拥有少量字段信息的万能单据进入会计引擎后，系统根据万能单据的核心数据从后台调用设置好的映射规则，匹配不同场景的记账分录、字段信息和科目映射。

费用类型编码	费用类型名称	原材料科目名称	在建工程科目名称	固定成本科目名称	长期待摊费用科目名称
NO.001	备件	原材料——备件	在建工程——初始物资	固定成本——备件	长期待摊费用——备件
NO.002	润滑油	原材料——润滑油	在建工程——初始物资	固定成本——润滑油	长期待摊费用——润滑油
NO.003	物料	原材料——物料	在建工程——初始物资	固定成本——物料	长期待摊费用——物料

分录　　DR：固定成本——备件　CR：固定成本——备件
　　　　　　固定成本——物料　　　　固定成本——物料

图 2.7　不同业务场景的会计科目映射类型

2.1.3　电子影像与电子档案

1. 电子影像系统

（1）电子影像系统的作用

首先，通过开展电子影像系统的建设，对企业财务共享服务中心的财务业务进行重新梳理和规划，寻找业务价值新增点，提高财务共享服务中心管理效益，满足公司财务管理工作的需求。

其次，通过影像扫描技术，可实现企业财务共享服务中心业务领域的业务单据审批无纸化办公。通过影像扫描技术，实现财务、物资、基建等票据支付工作从业务到财务的全封闭安全管理，实现单据管理规范化、高效化，在整体上推进单据审批流程高效运转，全面实现试点业务无纸化办公应用，以提升财务共享服务中心的运营能力和服务效率，达到规范管理、提高效率、降低成本的目的。

最后，增强系统扩展性、整体功能可配置性，可以方便地将电子影像功能扩展应用到其他业务系统（如总账系统、电子档案系统）中，实现投资收益最大化。

（2）财务共享服务中心的影像管理业务流程

财务共享服务将企业集团和各分公司共同、重复、标准化的业务提取出来，通过财务共享服务中心进行集中统一处理，而影像管理系统有效地解决了财务共享集中处理的要求与原始凭证分散产生的矛盾。影像管理系统支持对票据影像的采集、传输、存储和调用，并能实时跟踪影像文件、纸质票据的状态和位置信息。影像管理系统分为扫描子系统和影像服务子系统两个部分。扫描子系统通常安装在分散的各分公司电脑端，电脑端通过控制不同的高速扫描仪，对各种原始凭证、发票、报账单、合同等会计资料进行影像扫描、图像处理、封面条码识别、发票 OCR 识别、影像自动分组和影像上传（包括实时上传和批量上传）等操作。影像服务子系统则负责对实物票据和影像票据资料进行管理。各分公司的采集人员首先将采集的纸质票据进行分类整理，随后扫描人员通过扫描端将票据扫描并上传至财务共享服务中心，财务共享服务中心即可记录、监控有关部门对实物票据的接收、内部转移等信息，也可以通过影像管理中心实现对影像票据资料的审核、浏览、调阅以及相关的统计分析。

下面从影像采集、影像传输、影像存储、影像调用四个核心环节，对企业财务共享服务中心的电子影像管理过程进行详细阐述。

①影像采集。

影像采集是影像管理系统的数据输入前端。企业集团各分公司首先对各类原始凭证、发票、报账单、合同等会计资料进行收集汇总，随后通过各类高速扫描仪进行静默式扫描，隔离复杂的参数，而影像管理系统能够根据会计资料类型的不同自动筛选相应的扫描仪进行影像识别。针对原始凭证的影像识别，影像管理系统可以提供印刷体识别、手写体识别、条形码识别和 OCR 识别。针对票据管理，影像管理系统通过 OCR 识别技术对发票资料进行扫描，自动分析并对发票进行校验，无须人工干预。针对企业资金管控，影像管理系统可以自动筛选承兑汇票行号、票号，并与央行数据库进行比对，识别假票、废票，实现承兑汇票的智能管理。针对合同管理，影像管理系统通过版面智能分析技术和模式智能匹配技术只显示合同的封面、盖章页等关键页，以提升后期的审核处理效率，满足企业的业务需求；同时，对上传影像进行版面分析、特征定位、特征抽取、模式匹配及批次清分，将电子文件进行分组管理。此外，影像管理系统还会采集 Hadoop（是一个由 Apache 软件基金会所开发的分布式系统基础架构）的 Chukwa（是一个基于 Hadoop 的分布式系统日志收集和分析框架）、Cloudera（计算机软件开发企业）的 Flume（是 Cloudera 提供的一个高可用的、高可靠的、分布式的海量日志采集、聚合和传输的系统）等系统日志数据，以及通过网络爬虫技术从网页中抽取信息。

②影像传输。

影像传输主要通过 TWAIN 协议（toolkit without an interesting name，无注名工具包协议）、SANE（synchronous audio network plus ethernet，同步音频网络 + 以太网）协议，以及 IS–IS（intermediate system to intermediate system，中间系统到中间系统，一种动态路由协议）接口将采集的确认无误的影像资料上传至 FTP（file transfer protocol，文件传输协议）服务器。首先，影像扫描人员将采集的影像资料按照纸质会计资料的分类方式进行归类，实现纸质档案与电子档案的一一对应；其次，对扫描进入系统或者导入系统的影像资料逐一进行初步质检。对于质检未通过的影像，扫描人员可以直接将其删除并重新扫描录入，也可以对其做进一步处理，包括裁剪、旋转和纠偏等，以此提高影像的可用性。对于重新上传的影像资料，系统会精确控制其业务属性，便于财务人员对新增的影像资料进行审核并上传。对于初步质检通过的影像资料，系统会自动将影像资料与纸质档案进行关联，并建立相应的索引信息。此外，各分公司的扫描人员可以选择实时上传和定时上传两种影像上传模式，同时进行校验码认证，这样可以确保上传的影像信息的安全性和正确性。

③ 影像存储。

影像存储支持多种数据存储技术。影像管理系统不仅可以采用磁盘和磁盘阵列集中存储，还能用 Oracle 和 DB2（database 2，数据库 2）分布式数据库存储，也可以采用 MongoDB、HBase 以及 Hadoop 的 Hive、Impala 等对数据进行并行存储。影像存储在存储结构上可以采用 Geodatabase（地理空间数据库）模型和影像分布式云存储两种方式。系统通过 Geodatabase 模型可以将正确无误的影像资料分为影像目录和影像数据集两种方式进行存储，在层次较高的影像分类上采用影像目录的方式存储，在层次较低的影像分类上采用影像数据集的方式进行存储，即系统首先对存储的影像信息进行自动分类，并建立相应的影像管理知识库来存储影像管理系统中的各种信息元素，主要包括原始凭证、票据、合同及报账单等，这些元素可以采用影像目录的方式进行存储，其中每个信息元素又包含了多种不同的详细信息，这些信息可以采用影像数据集的方式进行存储。影像分布式云存储利用集群、分布式文件等技术，不仅可以解决海量影像的存储问题，还可以解决存储设备间的协同性问题，即在影像存储中，系统通过分布式文件技术存储正确无误的影像资料，利用集群技术在财务共享服务中心构建不同的文件服务器来存储不同时期影像资料的数据信息，使得系统实现影像资料的海量存储。

④ 影像调用。

企业集团和分公司通过影像管理系统可以实现影像信息的实时查询调用。影像管理系统在影像存储阶段存储了影像资料、影像来源、获取时间和分辨率等元数据信息，因此在影像调用阶段，系统可为用户提供影像级别的元数据查询和浏览。通过这些元数据，用户无须打开查询到的影像资料，仅通过查询结果即可判断是否存在满足条件的影像资料，这样不仅可以降低打开影像浏览的时间，还可以大大提高查询工作的效率。用户也可以通过精确查询、模糊查询及组合查询等多种查询方式获取个性化的影像资料。在查询到符合条件的影像后，用户可以对其进行实时动态处理，即基于财务共享云平台对影像进行投影、组合、拉伸、映射渲染等操作，并实时获得影像处理结果，以便后续的影像下载和分析。系统为用户提供了两种不同的分发方式下载图片：一种是用户选择若干影像后下载其全部的原始数据；另一种是用户对影像进行进一步确认，只选择自己感兴趣的区域进行下载，同时用户还可以自定义影像输出的分辨率和影像格式等。系统还支持桌面客户端、各种 Web APls 和移动设备访问共享的影像资料，使用户在任何地方都可以获取其需要的影像资料并进行分析与应用。此外，大数据下的海量影像数据更新频率快，仅仅依靠手工单张更新会极大地降低更新效率，因此影像管理系统为企业提供了数据加载工具，可以加快影像数据导入、导出的速度。

2. 电子档案系统

（1）电子档案系统的内涵

电子档案系统是将公司会计档案纳入系统管理，实现会计凭证和电子影像的自动匹配、分册，使档案的归档、借阅等都在系统内有迹可查的信息系统。电子档案系统在整个财务系统中处于核算层中的财务运营系统部分。电子档案系统可以实现企业实体档案的信息化，并且将企业的电子档案和实体档案进行关联管理。电子档案系统以影像技术为支撑，以会计核算系统为基础，进一步与网上报账系统等企业其他信息系统进行集成，解决企业内部会计数据系统之间信息孤立的问题，提升了企业会计数据加工的自动化水平，而且电子档案系统的应用在很大程度上提升了企业会计信息同外部环境的集成水平。

电子档案管理系统可以很好地解决财务共享模式下纸质档案异地的采集、传递、借阅、管理等问题，对外部原始凭证实现有效的管理监控；同时对不同地域的凭证进行定位管理，通过影像系统统一采集到系统内，减少人为的纸质凭证传递过程，对纸质档案原件实行保护，实现多地域、多人员同时在线调阅档案，提高审计、纳税申报以及税务机关征管的工作效率；对于内部原始凭证通过企业接口平台直接获取，提升企业信息化集成水平，实现企业无纸化和一体化办公。

（2）电子档案系统的流程

电子档案系统通过与网上报账系统、核算系统、电子影像系统等其他业务系统的无缝集成，形成与实物凭证完全一致的电子凭证，并按实物凭证归集方式分册和归档，实现凭证的电子化管理，实现财务电子凭证文档的全面集中管理。电子档案系统数据的传递流程依次为信息采集、凭证管理、归档管理和档案管理。

（3）电子档案系统的功能框架

电子档案系统的功能框架主要分为档案归档和档案查询借阅两大模块。

① 档案归档模块。

档案归档主要是将企业自制的作为记账凭证的电子文件同内、外部原始凭证的影像文件进行匹配，生成完整的电子记账凭证档案数据，以册为单位，在系统内进行管理，达到纸质会计凭证同电子会计凭证的完全统一。电子会计凭证将取代日常凭证调阅中对纸质会计凭证的依赖，使得纸质档案免受人为翻阅和电子设备复印、扫描的损害。

凭证打印：电子档案系统需要优化凭证的打印方案。凭证、报账单、原始单据紧密关联，因此打印凭证时要充分考虑这种联系。在现有打印凭证方法的基础上增加以下四种打印方式，以提高效率：第一，按纸质报账单顺序打印凭证，方便凭证和报账单的匹配和粘贴；第二，用户可以自定义凭证打印顺序；第三，支持重复打印；第四，可以关联报账单打印。

凭证匹配：为了形成一套完整的财务档案，电子档案系统需要将会计凭证与实物档案和电子报账单进行关联。在信息采集阶段，电子报账单提交时会形成唯一编码的单据号和对应实物档案单据的票据号；当实物档案进行扫描转化为电子档案时，系统会赋予其扫描时的索引号；会计凭证一般根据报账单自动生成，从而形成唯一的凭证号。基于此种模式，单据号、票据号、索引号和凭证号均可建立联系，最终实现会计凭证与实物档案的匹配。

凭证分册：电子档案系统按照会计凭证号的顺序自动排序，且保证会计凭证号连续、完整。系统可以根据凭证份数实现电子档案的自动分册，而后纸质档案则同样根据这种规则实现人工手动分册。在凭证分册的过程中，电子档案系统可自动进行缺号分析，并对缺号凭证的负责人进行系统催办。

凭证入柜：电子档案系统将自动分册后的凭证册按照一定的规则合并至对应的凭证盒

中，而后根据企业实物档案保管的场地空间限制保存至对应的凭证柜中。实物档案的凭证入柜路径均记录在系统中，使得档案使用人通过查看系统中记录的保管信息，即可轻松找到对应的原始实物档案。

② 档案查询借阅模块。

档案查询：电子档案系统的查询功能可实现在一个系统中完成从明细账到会计凭证、应付票据、报账信息及原始单据的会计信息追溯。此外，电子档案系统支持查询系统内的不同法人、不同账簿、不同类别的电子档案在系统内的状态、累计册数、实物保管地点等信息，并出具多维度的档案管理报表。

档案借阅：档案借阅功能主要涵盖了档案借阅的一系列流程，包含借阅申请的发起、系统内的借阅电子审批、借阅归还、借阅催还及续借申请。档案借阅主要以调阅电子档案为主，以调阅纸质档案为辅。

库房管理：库房管理功能包含企业电子及纸质档案的入库、出库、归还、盘点等功能。系统可以定位到每一本纸质档案的库存状态和具体库位，方便档案使用人调阅和查找；通过条码技术的应用对纸质档案进行监控管理，确保纸质档案同电子数据一致，提升档案管理水平。

（4）电子档案系统信息对接管理

电子档案系统以影像技术为支撑，以核算系统为基础，进一步与网上报账系统、合同管理系统、人事管理系统等企业的其他信息系统进行集成，解决企业内部会计数据之间信息孤立的问题，提升企业会计数据加工的自动化水平。根据电子档案系统的信息采集来源，其系统对接的主要是网上报账系统中的报账信息、核算系统中的会计凭证信息及合同管理或人事管理系统中的业务信息。

电子档案系统可从网上报账系统同步获取电子报账单单据号、电子影像票据号的对应关系，从而完成系统的凭证匹配归档工作。同时，档案使用人可在电子档案系统中联查追溯到网上报账系统的报账信息。电子档案系统从会计核算系统获取会计年度、会计凭证号、账簿信息、凭证信息等会计档案基础信息。对于没有对应电子报账单的会计凭证，需要打印凭证封面（生成封面条码），并根据实际情况在电子影像系统中补扫原始单据。同时，档案使用人可在电子档案系统中联查追溯到会计核算系统中的会计凭证信息。电子档案系统还可与企业的前端业务系统，如合同管理系统、人事管理系统、OA（office automation，办公自动化）办公系统等进行对接，从而实现企业业务单据的集中电子化档案管理功能。

（5）财务共享模式下电子会计档案管理的现实价值

① 分类式的档案处理，显著提升档案管理精细化程度。

大数据时代，财务共享是财务行业工作的主流趋势之一，在此背景下，要想做好电子会计档案管理，必须明确档案类别，并做好不同类别的整合工作。传统会计档案管理工作中对于档案主要依靠人力手工分类，将原始单据根据不同种类进行编号，统一管理。这种依靠人力进行的档案分类，耗时长，工作效率不高。财务共享模式下，电子会计档案管理基于 FSSC（financial shared service center，财务共享服务中心）云平台对档案进行电子化分类，运用软件对信息进行录入、分类与整合，将不同类别的档案归置于不同文件夹，而且文件夹中的信息也可进行自动编码，这样后期账目的复核与记结账效率将会大幅度提升。财务共享模式下，电子会计档案管理过程中会涉及大量信息，有些信息如合同、订单等仍然需要纸质记载，对此，可在打印纸质文件的同时进行自动化的信息录入，将信息同步于共享系统。经过整合处理，原始数据凭证与企业生产、经营各个环节的会计信息相关联，使会计档案管理更为全面化且精细化。

② 实时化的数据更新，有效提升档案管理的实效性。

传统会计档案数据信息多为静态的，且数据间往往无直接的联系，财务共享模式下的电子会计档案的数据信息既能独立存在，又可与其他信息之间建立联系。例如，分公司财务人员对档案进行扫描，基于影像识别技术对档案信息进行自动读取，而后传送至云端进行后续处理，同时按照档案类型进行自动化的报表分类，便于后续搜索查询，这样就为企业决策提供了依据，切实保障了财务档案管理的有效性。财务共享模式下，基于财务共享云平台将档案数据信息存储于云端，利用大数据、云计算技术进行实时化的数据更新，使数据存储空间变大、报表编制更为便捷、档案管理实效性凸显。

③ 基于云端存储数据，提高档案管理处理效率。

财务共享模式下的电子会计档案管理利用共享技术可将数据进行实时线上传输，减少纸质档案形式，同时，云端具有巨大的存储空间，使得电子档案存储、应用更为方便。基于财务共享模式，利用现代化大数据、云计算、物联网等技术，不管是在会计报表编制还是对档案信息的分析处理上，都进入了自动化时代，并且可根据企业目标计划及领导者需求进行有针对性的档案分析处理，定制个性化数据报表，无需大量人力、物力。由此可见，电子会计档案不管是在分析处理还是在实际应用上都具有极高的效率。

④ 降低信息传输成本，促进生产经营发展。

云端技术处理过的电子会计信息通过网络传输并存储于云端。这种传输属于网络化的线上传输，信息运输成本相对较小，且这些会计档案信息皆可进行跨区域的异地查询、检索、处理等，真正实现了跨区域的财务共享。同时，档案使用人可随时随地查询到历史会计档案，并与当下的会计档案进行直观的分析与对比，这样可以为企业提供更精准的经营发展趋势，便于企业做出更科学的经营决策；基于此，也可以结合企业经营发展现状，有针对性地调整生产经营要素，为企业发展提供正确的航向指标，促进企业正常经营，始终行驶于正轨，且持续前行。

2.2　财务共享系统的总体框架

财务信息系统通过应用创新的信息技术，有效支撑系统中的会计、资金、税务、管理等四大财务职能及财务运营、会计核算、资金管理、税务管理、绩效管理、成本管理、预算管理、内部风险控制、经营决策九大财务流程，助力企业财务转型。一般来说，财务信息系统在企业中主要发挥着支持财务业务运营过程和支持管理者做出更优决策这两种重要作用。根据财务活动的财务交易、处理、管理控制和决策支持四个层次，财务信息系统可划分为业务层、核算层、管理层和决策层四个层次，从而更好地支持财务职能及循环的实现，如图 2.8 所示。

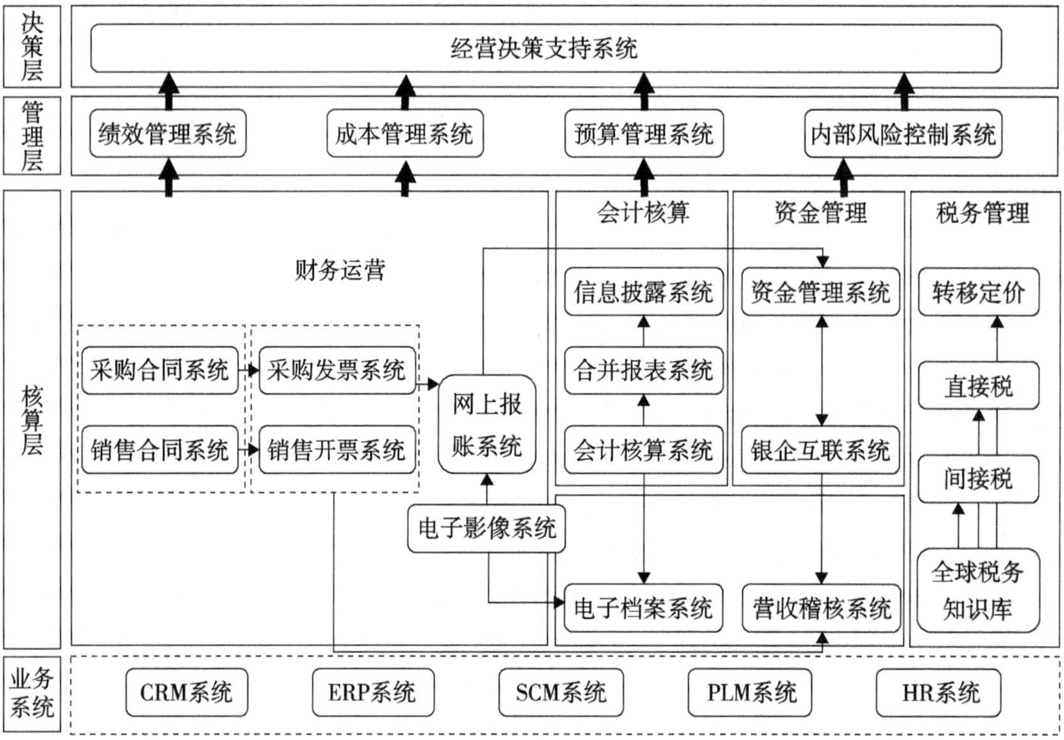

图 2.8　财务信息系统的整体框架

注：CRM 系统：customer relationship management，客户关系管理系统；SCM 系统：supply chain management，供应链管理系统；PLM 系统：product lifecycle management，产品生命周期管理系统。

（1）业务层信息系统

业务层信息系统顾名思义主要为业务人员使用，覆盖企业价值链上的所有业务活动，支持企业主要的业务和管理过程。通常，企业涉及的业务信息系统主要包括客户关系管理系统、企业资源管理系统、供应链管理系统、产品生命周期管理系统、人力资源管理系统等子系统。这里要特别注意，为了能够实现业务数据与财务数据的无缝衔接，在设计业务层信息系统时要充分考虑财务需求，有助于产生的业务数据和信息能够自动流转至核算层财务信息系统。

（2）核算层信息系统

核算层信息系统主要是为了支持企业的财务会计交易处理、财务报告、资金管理、税务管理等职能，对应可进一步细分为财务运营系统、会计核算系统、资金管理系统和税务管理系统，具体如下。

① 财务运营系统。财务运营系统是财务信息系统中的“事务处理系统”，主要对财务基础交易业务进行处理，同时财务人员收集、记录并处理财务交易事务产生的数据，并对

这些财务基础数据信息进行统一管理，把财务活动嵌入业务处理过程中。

② 会计核算系统。会计核算系统主要为公司股东、政府、债权人等利益相关者提供所需的财务报告和信息。会计核算系统有效支持了财务会计循环，实现会计凭证、财务信息的自动生成和会计报表的编制。此外，还可以通过合并报表功能处理复杂的股权关系和合并抵销等业务，出具合并报表和进行信息披露。会计核算系统是核算信息层系统的核心系统，与企业内外部的各业务系统、财务运营系统和资金管理系统存在复杂的数据交互关系。

③ 资金管理系统。资金管理系统主要是对企业资金流、资金调度、资金结算、资金运作进行管理的信息系统，从始至终贯穿于会计核算系统、业务系统和外部银行系统等，有效实现对资金活动的全流程管理。通过资金管理系统可以实现账户管理、资金计划管理、资金结算、资金监控、银企互联、银企对账、票证管理、债务管理、外汇管理等职能。其中的银企互联是资金管理系统中非常重要的职能之一，能够有效提升企业的资金结算效率。

④ 税务管理系统。税务管理系统主要是进行企业税务核算、税务申报、税务管理和监控的平台。一个完整的税务管理系统通常包括税务政策维护、税务数据采集、税务核算、审核、汇总、税务报表、纳税申报、税务预测及分析等功能。

（3）管理层信息系统

管理层信息系统覆盖了企业的管理活动，包括从战略管理到经营计划、预算管理、成本管理、绩效管理及风险管理等相关信息系统功能和模块内容。其中，预算管理系统是衔接企业战略目标和绩效考核的重要管理工具，一般包括战略目标分解、预算编制、预算执行、预算控制、预算评价与考核等步骤；成本管理系统覆盖企业价值链上各活动的成本管理流程，帮助企业实现降本增效；绩效管理系统是在战略规划和经营目标的基础上进行设定的，一般包括企业的 KPI（key performance indicator，关键绩效指标）指标设计、绩效监控、绩效考核、考核结果应用等模块内容；内控及风险管理系统主要涵盖了企业的内控管理、风险管理、风险预警和审计管理等模块内容。

（4）决策层信息系统

决策层信息系统顾名思义主要为管理决策者所使用，能够为管理者提供交互式管理决策支持。在管理者决策过程中，通常会综合使用分析模型、专门的数据库、决策者自己的洞察力和判断力、基于计算机的交互式建模过程等全方位的信息来支持企业的管理决策。

财务信息系统的发展及广泛应用，有助于实现企业财务与业务的相辅相成，大大地提高了企业的管理能力，使企业能够在日益激烈的市场竞争中脱颖而出。而财务共享服务中心建设是一种财务管理模式的创新与变革，把传统的财务活动转换为服务管理的理念创新。财务共享服务的实施是基于创新技术的，因此，财务信息系统是财务共享服务中心运营的重要保障，也是其信息系统的重要组成部分，将直接影响财务共享服务中心的运营效率和运作效果。财务共享服务中心的根本目标是提高客户满意度，只有有效整合多个系统框架，构建面向用户的、灵活的财务共享服务系统，才能实现并发挥财务共享服务中心的更大效用。

2.3 财务共享系统的五大平台

目前，财务共享服务中心的解决方案涉及众多 IT 系统，从管理实践来看，主要可分为以流程引擎为核心和以框架服务为核心的两种 IT 系统架构模式，具体如下。

第一，以流程引擎为核心的 IT 系统架构。财务共享 IT 系统架构首要解决的是财务共享服务中心从采购到付款循环、费用报销循环、资金结算循环等核心业务。因此各系统架构往往直接通过在流程引擎中开发业务表单来实现，这种模式的优点是可以实现流程引擎与 OA 系统的高度集成，还能实现报账业务。但缺点是业务承接的内容需要大量开发实现，且系统间的交互性较差。

第二，以框架服务为核心的 IT 系统架构。财务共享服务中心的核心是以服务请求作为驱动，对任何一种共享业务都能够通过服务请求处理。德国软件公司 SAP（Systems, Applications & Products in Data Processing，思爱普）提出以自助服务、交互中心、流程自动化引擎、SLA（service level agreement，服务级别协议）/KPI 为核心组建的共享中心服务框架 SSF（shared service framework，共享服务框架）系统，与 ECC（enterprise customer customization，企业客户定制）系统高度集成，将服务请求中的业务通过各种接口和方式嵌入，并能实时查询 ECC 系统数据，实现在服务框架下的业务系统整合。

从上述两种财务共享服务中心 IT 系统架构模式中，我们也可以看出，财务共享服务中心系统平台所涉及的信息系统主要集中在财务信息系统整体功能框架下的核算层和业务层，紧紧围绕网上报账平台、业务操作平台、运营支撑平台、运营管理平台和资金结算平台等，以及各个平台之间的衔接，如图 2.9 所示。五大平台的实施实现了与财务核算系统、资金管理系统的集成，也帮助企业建设了财务共享服务中心，提高了企业财务业务的处理效率及质量，充分发挥了财务共享服务对基础财务核算业务的监控和指导作用，提升了企业整体财务管理水平，助力企业实现财务转型。

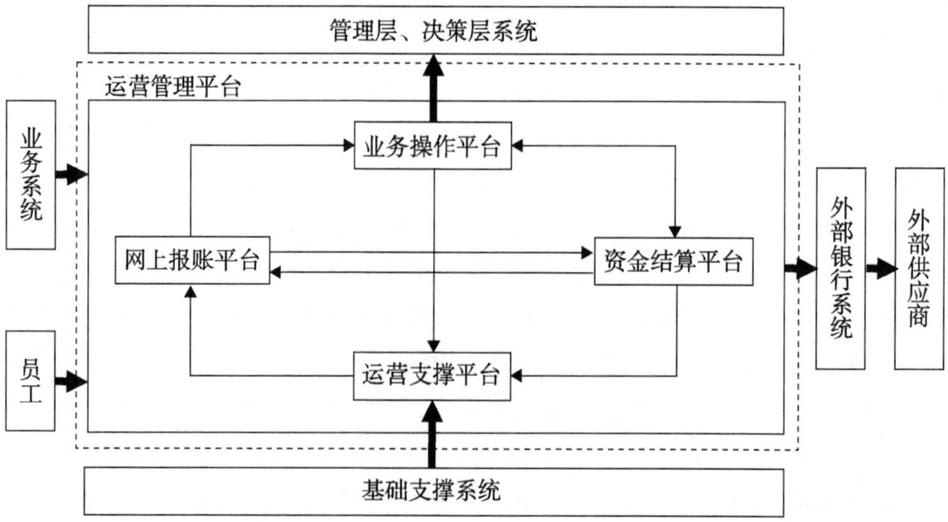

图 2.9 财务共享服务中心五大核心平台

财务共享服务核心信息系统中，网上报账平台、业务操作平台、运营支撑平台、运营管理平台、资金结算平台之间相互关联。员工在网上报账平台上提单，同时提交实物单据，单据经运营管理平台中的影像处理系统扫描上传后，预算计划内且经过业务审批的单据到达审核会计；审核完毕之后，账务信息转化成记账凭证传递至业务操作平台，同时向资金结算平台中的银企互联系统发送付款指令；银企互联系统支付完毕之后返回支付结果，资金支出信息传递至预算管理系统写入预算资金执行数据。

2.3.1 网上报账平台

1. 网上报账平台概述

报账系统是财务共享的核心平台，主要对企业的基础信息进行收集和整合，包括业务单据信息收集、流程执行、影像结合、单据派工、自动生成凭证等。网上报账系统作为业财融合财务共享服务系统框架中重要的一环，将会计系统的业务处理从编制记账凭证提前到了业务流程环节，将会计信息系统的关注点从记账凭证转移到了原始凭证，并大大降低了财务基础工作量，使得财务共享服务得以大幅提升效率并得到有效实施。

网上报账平台作为企业财务数据的采集入口，可以有效克服手工采集数据的弊端，将企业的费用支付数据完全电子化，利用信息技术再现原始业务活动，为每笔支出建立单独的审计线索。系统可以将费用报销延伸到费用发生前的申请、审批和稽核，通过活动申请单实现费用发生的事前控制，能够根据申请审批结果对后续实际发生数进行控制，并作为后续流程的数据来源，最终达到费用发生按计划执行的目的。

但是，由于单据审核是每项业务开展的一个重要基础条件，在财务共享服务中心模式下，财务业务具有特殊性，仅仅依赖于报账中心的单据，不能让异地的财务人员全面了解该项业务所有的信息，因此网上报账平台需要与影像系统紧密结合起来。影像系统的建设，将票据影像与实物流程统一管理，依托电子影像支撑整个审批流程，实现全电子化的财务共享服务中心业务流程。通过将原始发票扫描传入影像系统，进行集中、分类管理，随着报账系统的运作，将单据流转到每一个节点，支持相关人员随时调阅、存档影像信息。同时，电子档案管理为财务共享服务提供了强有力的支撑，解决了票据实物流转的问题、原始凭证调阅的问题、业务处理的分工和效率问题。网上报账平台与影像管理系统相结合的模式便捷地实现了集中化的财务处理，解决了跨地域业务处理的问题。

2. 网上报账平台的作用

网上报账平台有以下几方面的作用。

（1）规范费用管理流程

① 实现了对内员工报销，对外收款 / 付款的申请、审批的管理控制，支持费用、资产、应收、应付等收支管理。

② 节省员工提交、审批、处理、支付及费用报表所需的时间和精力。

③ 实现全过程的网上审批，单位领导可自由安排审批时间，消除被动审批造成的工

作干扰。

④ 实现某些费用申请单据必须先有申请才能报销的控制，规范报销流程。

⑤ 应用条码机，扫描单据条码，记录报销单据投递情况，稽核时通过条码进行单据定位，快捷查找单据进行稽核。

（2）加强费用控制

① 对借款的控制。

为控制资金风险，单位会对内部员工的借款进行控制，其控制方式一般为控制余额或控制每笔借款的金额，也可以采取两种方式混合的方法。在系统中，按照员工的职务级别等信息设定控制金额，在借款过程中进行实时控制。

② 对报销的控制。

报销过程中的控制主要有两个方面：报销限额和报销标准。报销限额控制是对指定报销项目在一定时间范围内的报销总额进行限制的控制方法，常见的有通信费的月度标准、住宿费的日均标准等。报销标准主要是用于计算有关报销费用，如差旅补贴的标准等。在系统中，采用按照员工的职务级别等信息规定报销限额和报销标准，对于报销限额可以设定控制周期为天、月、季、年，并可以进行累计控制。

③ 对预算的控制。

费用的申请是否合理，报销的事项是否批准，这些与报销者个人的限额和标准无关的控制要求，需要根据单位的预算情况进行决策和控制。系统可以在业务申请阶段实现与预算系统的实时连接，对预算进行预计和检查，对超出预算或者达到预警线的业务进行实时控制。

（3）灵活定制表单、审批流程

① 系统预置大量最佳实践的单据模板，提供各种费用单据、收付单据的定制。

② 可以灵活定义报销、申请单据类型及单据格式、打印格式，随时响应用户最新变化。

③ 可以对费用单据设置多级、多步骤的审批流程，支持不同人员不同的审批权限。

（4）实时查询，快速统计报表

① 多维度、多层次、多方式穿透查询，实现管理驾驶舱功能。

② 费用的不同状态满足了不同时期、不同岗位的人员对费用的查询。

2.3.2 业务操作平台

业务操作平台是在对业务和财务系统进行流程梳理和整合的基础上，建立一个支持财务与业务系统一体化的平台，以实现财务会计流程和经营业务流程的有机融合。该平台设置的基本原则是“财务业务一体化”，主要为共享中心业务人员所使用，并产生财务基础信息。共享中心业务人员使用该应用平台主要是为了完成业务单据的稽核、复核、凭证处理、资金结算等业务处理。

稽核是指共享中心人员对单据信息的规范性、有效性，以及原始票据和影像进行核验，补充必要的业务信息及补助计算等。稽核时可联查费用预算信息，也可完成借款的核销。稽核完成后自动发送付款信息到资金系统支付；同时，稽核完成后可生成财务凭证，通过接口传递给总账模块。

复核是指共享中心人员为了进一步确保单据信息的规范性、有效性，可以增加复核人员岗位，按照授权复核某几类业务和某些单位的报账单，实现分权业务单据处理。共享中心人员在复核完成后可以根据业务需要自动生成凭证。单据复核退回时退到稽核节点，并且形成新的稽核任务，新的稽核任务默认处理人为当前单据的前稽核人员。

凭证处理是指已经稽核完毕的各种借款单据需要编制财务核算凭证，利用凭证接口自定义模板功能可以自动生成满足核算要求的各种凭证。财务人员还可以随时从总账的费用核算凭证追溯到每一笔费用报销单据。

业务操作平台在业务市场需求基础上，充分考虑财务需求，将财务所需信息的采集节点都放到业务前端，将财务系统与业务所涉及的人事系统、行政采购系统、资产管理系统、合同管理系统等直接对接，完成整个财务业务一体化的改造。当一项业务发生时，业务人员操作这些系统，业务数据进入信息系统并立即保存到指定的数据库中；同时，该事件触发实时凭证自动产生，虽然实时凭证只是一种虚拟凭证，不是实际的会计凭证，但可以定期或不定期将实时凭证汇总生成实际的会计凭证。会计凭证一经财务确认，可以立即反映到所有相关的账簿和会计报表中，不需要再经过其他部门工作人员另行录入。此外，分类款项、部门、往来等辅助信息也均能实现自动传递，从而真正做到无缝连接。

2.3.3　运营支撑平台

财务共享服务中心运营支撑平台主要对财务共享服务中心的业务开展和运营进行基础信息管理，实现类型定义与业务定制的集成，包括共享服务中心的组织定义、业务定义、作业规则管理及共享中心参数定义，以及共享中心用户和岗位及权限的管理等。

对于组织定义，要根据企业的共享中心建设方案，依次设置共享中心服务定义、业务组定义和用户管理。

对于业务定义，要定义支付方式与具体的业务单据类型，设置每种业务单据的格式及借款核销控制，维护员工报销账户管理、委托管理。依次设置：业务申请类型定义、报销类型定义、支付方式、借款核销控制、报销账户管理，系统运行过程中，根据需要设置委托管理。

以某运营管理型财务共享服务中心的运营支撑平台为例，见表 2.3，对共享中心运营支撑平台功能进行进一步说明。

运营支撑平台的设立主要是为了帮助企业提供关于经营层面的相关信息，支持业务领导做出决策。运营支撑平台的良好运作需要与企业内部财务人员及业务人员建立紧密联系：财务人员需要主动获取业务单位的需求，根据需求作出财务信息模型，提供给业务单位；业务领导从业务系统中抓取有关销售、收入、毛利、利润、收款、现金流、资金预算等决策支持所需要的财务信息和非财务信息，并将企业经营信息与绩效数据进行对比。在决策过程中，运营支撑平台不仅能根据各级领导在企业价值链中所处的不同角度和视野，进行数据权限隔离和控制，做到指标可以向下钻取明细，还可以通过灵活的界限定制，把所有财务和非财务信息联合分析展现给经营决策者和企业高层，为其提供经营决策数据支持。

表 2.3　共享中心运营支撑平台功能

业务平台	功能类别	二级分类	功能名称	功能说明
运营支撑平台	基础信息管理	共享中心定义	组织定义	定义共享中心的内部结构
			服务参数	定义共享中心的服务内容
			影像系统参数	设置影像系统对应关系
			服务定义	定义共享中心服务单位
		用户管理	角色管理	定义共享中心岗位
			用户信息管理	共享中心用户信息管理
	业务基础信息管理	业务类型定义	业务类型定义	定义业务操作平台业务类型
			活动类型定义	定义活动类型
			报销类型定义	定义报销的业务类型
			收付类型定义	定义收付款的方式、类型
		业务参数定义	业务节点定义	定义共享中心节点参数
			单据条码定义	定义单据条码的类型
			业务检查项定义	定义业务操作中需审核校验的检查项
			作业分配方式定义	定义作业的分配方式和规则
		管理配置定义	绩效考核定义	定义绩效考核方式
			问题类型定义	定义共享中心协作问题类别
			应用类别定义	定义共享中心 / 员工信用类别
		影像基础信息	影像参数定义	系统中统一设置影像参数
			参数数据与同步	同扫描仪连接传输参数
		门户管理	人员业务门户配置	配置人员自助门户
			自助查询	业务单据状态自助查询配置
			共享中心员工门户配置	配置共享中心员工门户

2.3.4　运营管理平台

运营管理平台是企业对其提供的产品或服务进行设计、运行、评价和改进活动的总工厂。其常见的活动包括：制定科学高效的运作体系，养成规范良好的作业习惯；确保工作按制度执行，不断检查执行效果；随着组织的发展，不断优化、创新工作流程等。企业通过运营管理平台对其价值链上的各项活动进行分析和设计，提高组织运作效益，从而优化对财务共享服务平台业务运营的任务管理、质量管理、绩效管理和运营分析。

任务管理是指系统将各种待处理的业务以任务的形式放在作业池中，由作业人员以抢单模式或单据提取模式从作业池中提取待处理单据，通过各类规则将系统内各类单据在各组织与用户间进行分工，单据的处理结果可用于绩效考核。

质量管理是指系统通过制定质检任务，定期抽检原始票据及会计凭证，对每笔不合规报账做详细记录和整改、稽核追踪，并可形成日常质量报告和专项质量报告。根据制定的 KPI 指标，对共享中心人员的服务进行质量管理，定期通过单据的质量抽查，了解共享中心服务过程的不足，从而不断优化共享中心运营，保证共享中心的高效运行。

绩效管理主要是对共享服务平台运营过程中的组织和员工进行业绩考评，是各级管理者和员工为了达到运营目标，共同参与绩效计划制订、绩效辅导沟通、绩效考核评价、绩效结果应用、绩效目标提升的持续循环过程。以经营战略和年度经营目标为指导，通过对员工工作绩效的评价，达到奖优惩劣、提高员工绩效水平的目的。

运营分析是指根据条件，查询共享中心日常运营所需的统计数据，如单据流转时间查询、单据分类汇总统计、个人工作量汇总统计、单据处理日报、每日个人工作排名、每日业务处理排名、每日工作情况汇总、单据入池趋势分析、单据处理完成趋势分析、单据库存量趋势分析、单据处理时长对比分析等，方便管理人员掌握共享中心的任务情况，协助共享中心管理者进行资源调配等。

财务共享服务中心的运营管理平台中的目标管理决定着共享中心的管理导向，是开展其他管理活动的基础。流程制度管理、标准化管理及内控质量管理是规范共享中心的流程和工序，控制输出质量。信息系统则是规范和提升效率的有力工具。随着管理成熟度的提高，绩效管理、人员管理、服务管理和知识管理也越来越受到重视，这有助于调动共享中心人员的积极性，保持健康的活力，引导并形成共享中心独有的组织文化。

财务共享服务中心运营管理平台的建立过程是共享中心不断优化自身管理工具和管理手段的过程。建立运营管理平台，能够使其管理手段更加多元化，使得财务共享服务中心的管理更加规范有序，从而带来管理效率和管理效果的提高。

但是，引入共享服务意味着会带来复杂的变革，要求管理者具备更多的非传统的管理能力，对于管理者来说是一种挑战。管理者需要重新审视，财务共享服务中心如何为企业增加价值，并以此为出发点，设定财务共享服务中心的业绩基准，设定客户对服务中心的预期等。为了确保财务共享服务中心有能力达到这种预期，管理者必须在流程设计、绩效、质量、服务等各个方面建立管理体系，不断检查和更新业绩指标，对“供应商—客户”关系进行有效而持续的管理，不断审查、完善伙伴关系协议，鼓励共享中心以低成本提供高效率、高质量、高满意度的服务。

2.3.5　资金结算平台

随着企业经营管理理念的转变和财务管理水平的不断提升，越来越多的企业考虑通过有效的资金管理工作，强化集团财务管控，实现资金价值最大化。为了实现集团资金管控的目标，许多企业选择建设和实施资金管理系统，将原先分布在各个地区分公司的大量资金支付、银企对账等工作汇总到共享中心，对资金进行集中管理，充分发挥集团资金的规模效应，并对集团整体资金进行有效管控，防范风险。而作为资金管理系统中一个举足轻重的子系统，资金结算平台在资金的集中管控和风险防范上发挥着巨大作用。

资金结算平台可以为不同共享中心模式下的资金结算业务提供统一的办理平台，通过参数配置，满足不同企业由于共享中心和资金中心的组织定位及分工差异形成的多种共享模式下的结算场景，实现报账、结算、线上支付的一体化管理。资金结算平台集成自动电子结算、资金计划管理、资金整体管控、平衡有序调动、内部调剂、外部借款等，能够承载和处理所有涉及现金收付的资金业务，不仅为财务共享服务中心的效率提供了保证，而且成为财务管理的重要手段。

企业实施资金共享、推行资金集中管理一般需要建立集团内部的金融管理机构或资金组织，如财务公司、结算中心或内部银行等，通过建立集团结算账户资金池，可以为每家下属成员单位提供资金结算服务。资金管理涵盖了资金计划管理功能、银企互联功能以及资金支付功能等，将企业的 ERP 系统、业务系统、银行系统贯通，实现资金管理的无缝对接，从而有效降低企业集团的资金成本，并不断优化资金结构。

例如，运营管理型财务共享服务中心的资金结算通常分为结算分析、计划控制、计划执行三步，如图 2.10 所示。

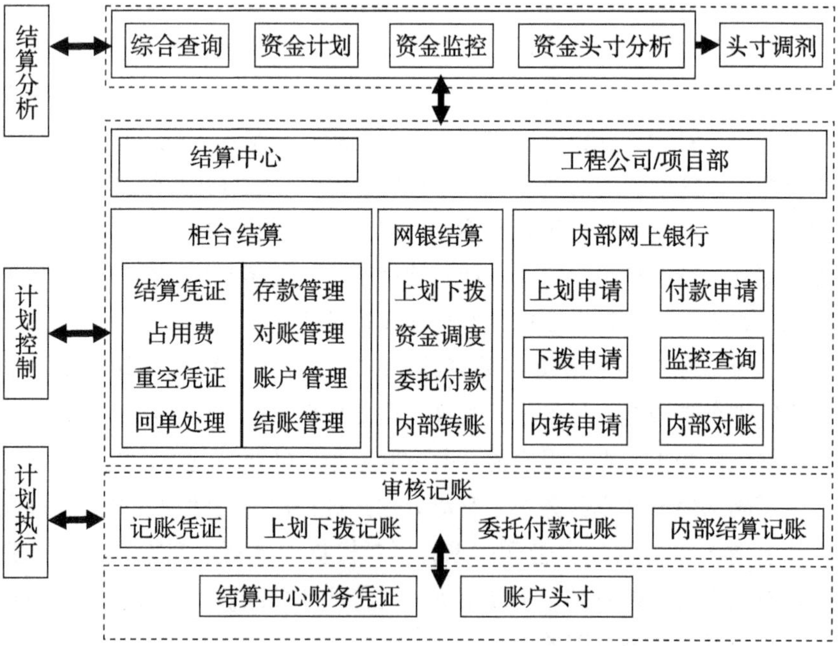

图 2.10　财务共享服务中心的资金结算平台

（1）资金结算分析。对整体资金进行综合分析，全面了解企业的资金计划及资金头寸，掌握企业实时的资金状况。

（2）资金计划控制。对整个资金计划进行控制，包括柜台结算和网银结算，完善线上线下的资金支付业务操作规范。

（3）资金计划执行。在整个资金计划执行过程中做好业务留痕工作，与业务操作平台、影像管理系统等做好衔接，推动整个资金结算平台顺利运转。

资金结算平台帮助集团资金业务构建了统一的标准，规范了资金支付及结算流程，实现了对资金收支的全过程、精细化、动态化管理，提高了资金整体服务水平，提升了工作效率。资金结算平台有利于企业管理者把握资金头寸、控制现金流，更有利于资金总部管理层了解下属成员单位的资金状况，在更广的范围内迅速而有效地控制好现金流，从而使现金的保存和应用达到最佳状态。它还帮助集团降低资金成本，优化资金结构，减少资金占用，有利于系统使用者提高工作效率，将更多的人力、物力用于价值更高的管控分析活动。

2.4　财务信息系统数据的安全管理

财务共享服务体系构建后，当集团绝大部分核心机密数据存储于电子化介质之上时，特别是这些数据又都直接或间接链接到网络中，信息成为集团发展的重要战略资源，数据安全的重要性不言而喻。财务共享服务体系构建极其依赖网络化的信息系统，财务管理越集中，实际上对整个网络、对通信技术的依赖性就越强，一旦出现网络中断或者其他任何系统故障，都将导致巨大的损失。因此，信息系统数据的安全问题是重中之重，如果运维保障不力导致数据丢失，将带来不可估量的损失。

要进行信息数据的安全管理，最有效且最直接的安全管理措施是进行事前预防，这样才能有效降低安全风险和减少事后补救，从而能够以最快的速度恢复业务，并最大限度地降低损失。从国内外成功推行财务共享服务中心模式的实践经验来看，企业可以从管理和技术两个层面努力创造一个安全、稳定的信息环境。

1. *管理层面*

首先，财务共享服务中心应建立专门的信息安全管理领导小组，作为信息安全决策的最高决策机构。在组长的领导下建立并完善信息安全管理体系，基于 PDCA（P 为 plan，计划；D 为 do，实施；C 为 check，检查；A 为 action，处置）管理循环有效推动实施和运转信息安全管理。其中，人员的安全行为和意识的管理始终是整个信息安全防护体系建设的核心所在。其次，在信息安全管理领导小组下设置专业的信息运维团队，对信息系统进行专人专项的、系统化、全面化的管理和维护，形成快速解决和及时预警的双向运维模式，有效防止信息系统的裸露和可入侵。同时，建立监控管理平台，对财务信息系统进行及时有效的监控和管理。最后，财务共享服务中心还需要建立信息系统数据对应的安全保障策略文档，这能准确反映财务共享服务中心的信息安全管理实践，有助于推广使用，并不断修正完善。在这里要注意，安全策略文档应尽量做到浅显易懂，使员工容易理解和接受，相应的奖惩措施还要获得领导的认可才更具可行性。此外，安全策略的执行要与财务共享服务中心的运营策略相匹配。

对于信息系统数据的具体操作安全管理，一方面主要从数据的权限控制和数据的处理控制两方面进行管理。第一，在数据权限控制方面，财务共享服务中心信息平台的每一个子系统都可以根据企业的具体业务需求，量身定制各自的权限管理方案，这将更为科学合理且有效。例如，针对 ERP 和资金管理系统，可以按照使用者的岗位定性设计不同的角色，这样才能保证使用者有权获得合理的数据信息。第二，在数据处理控制方面，一方面要对数据的输入、输出及相应处理的安全性进行控制。例如，在输入环节，要对输入的原始数据、代码进行必要的审核，否则会直接影响财务数据的真实性和准确性；在输出环节，则要进一步验证结果的正确性，并确定其是否已处于最新状态，从而更好地保证呈现出最新、最准确的有效会计信息。另一方面要确保输出结果能够发送给合适的接收对象，且文件传输过程安全准确。此外，还要对用户的访问、操作行为进行记录和监控，通过跟踪系统的活动变化过程，在出现安全问题时能从系统记录中迅速找出问题来源，有助于快速解决问题。

2. 技术层面

在技术层面主要是通过采用信息安全技术，强化控制输入、输出和传输过程的准确性、合法性，建立综合、多层次的信息系统安全体系。随着信息技术的发展，目前可使用的信息安全技术工具和技术手段有很多种，且层出不穷。从实践经验来看，使用频率较高且效果较好的信息安全技术主要有访问控制技术、数据加密技术、数字签名技术、网络审计技术、防火墙技术、信息安全监测、隐患扫描技术和 VPN（virtual private network，虚拟专用网络）技术等，通常可以有效结合使用这些安全技术，即分别在系统数据安全管理的各层面上有针对性地采取相应的信息安全技术。

① 访问控制技术。访问权限控制是控制和管理系统使用者对系统、数据访问的一系列规则。访问控制技术主要是保证资源不被非法访问和使用，通常有入网访问控制、服务器安全控制、目录级控制和属性控制等。根据不同的使用者可设置不同级别使用者的访问、操作权限、信息安全等级等。从访问权限上来看，财务共享并非意味着全部数据都要共享。例如，针对应收账款，可能只有被授权的销售经理或者销售人员才能访问，采购人员则无权访问与应收账款相关的数据。当然，有些数据可能对于整个集团公司来说是公开的，如部门的费用预算报表。因此，在确定共享数据访问权限时，可根据角色级别进行设置，从而保障数据的安全性，同时系统维护的工作量也不会很大。

② 数据加密技术。数字加密技术实现了只有在指定的用户和一定的网络条件下才能获得解密后的原始数据，这样即使出现数据泄露也能有一定的保护作用。系统管理者可根据自身的具体需求，选择合适的数据加密方式和产品，将加密数据的访问权限与用户访问权限进行匹配，有效实现对加密数据的管理。

③ 数字签名技术。这是数据加密技术逐步发展的产物，使用数字签名技术能够确定信息确实是由正确的发送方签名并发出的（其他人无法假冒），同时数字签名能够保证信息的完整性，防止他人篡改信息内容。特别对于需要向外部提供机密信息或接收机密信息

的企业而言，数字签名能够保证信息来源的准确性和内容的完整性。

④ 网络审计技术。在网络化的电商环境中，很多商业信息以电子文件的形式进行存储和传输，传统的盖章已经过时，出现了电子签章审计。为了保障数据信息的可靠性和完整性，出现了数据库审计技术，可采用计算机抽样取证、计算比较与综合分析、嵌入实时审计软件、网络数据实时备份加密技术等，在进行审计工作时能更好地保障数据的安全性和稳定性。

⑤ 防火墙技术。防火墙通过在网络边界上建立相应的网络通信监控系统来隔离内部和外部网络，以阻挡来自外部的网络入侵；通过对服务、方向、用户和行为进行控制，保证只有经过授权的数据才可通过。因此，采用防火墙技术可以对信息系统安全和数据安全进行较好的保护。

⑥ 信息安全监测。通过软、硬件结合的方式对入侵进行监测，对一些入侵信息系统和数据的行为作出实时响应，是一种动态的安全防御技术，通常与静态安全防御技术（如防火墙）结合应用于信息系统安全和数据安全的管理。目前，常用的入侵检测技术主要有统计分析技术、预测模式生成技术、基于神经网络的监测技术、状态转移分析技术、模式匹配技术、数据挖掘技术、针对分布式入侵的检测技术。随着互联网的发展和对信息系统安全和数据安全管理的更高要求，入侵检测系统也会随之发展。

⑦ 隐患扫描技术。通过模拟黑客攻击，对系统的漏洞进行扫描识别，之后向安全管理人员提供一个可靠的安全性分析报告，管理人员可以从中找到系统的薄弱点，并有针对性优化。目前，对于隐患扫描的主要方法有基于客户的安全评估系统、采用网络探测方式的安全评估系统、采用管理者方式的安全评估系统等。

⑧ VPN 技术。目前，VPN 技术已广泛应用于信息系统安全和数据安全管理中，是很多企业的首选。通过利用互联网等公用网络的节点，构建一个安全、独立的虚拟网络，在虚拟网络之间采用一些加密和认证技术来通信，极大地提高系统和数据的安全。

财务信息系统的安全管理体系是复杂多变的，在管理层面更多强调的是系统的整体性、融合性和开放性，随着社会的发展，将来的管理技术也不会是某个单项安全技术，因此，建设完善的安全技术体系、安全管理体系、安全保障体系是信息系统数据安全管理的必然发展趋势。

第 3 章　财务共享服务中心概述

3.1　财务共享服务中心的定义

随着经济全球化的加速发展以及企业跨国经营、企业兼并浪潮、科技革命影响和信息技术飞速发展，财务共享服务已经成为企业集团财务管理转型升级和实现“数字化财务”的必然趋势。财务共享服务并非由财务部门主动发起，而是随着集团公司的管理变革产生的。

财务共享服务中心是近年来出现并流行起来的一种会计业务方式。它是一种通过将易于标准化的财务业务进行流程再造与标准化，把不同国家、不同地域实体的会计业务拿到一个共享服务中心来进行统一处理的财务模式。财务共享服务中心可以使集团公司通过网络系统软件，获得异地子公司的数据，并将集团内所有数据在同一个平台里集中体现、自动控制和自动完成账务处理。财务共享下的企业集团模式如图 3.1 所示。

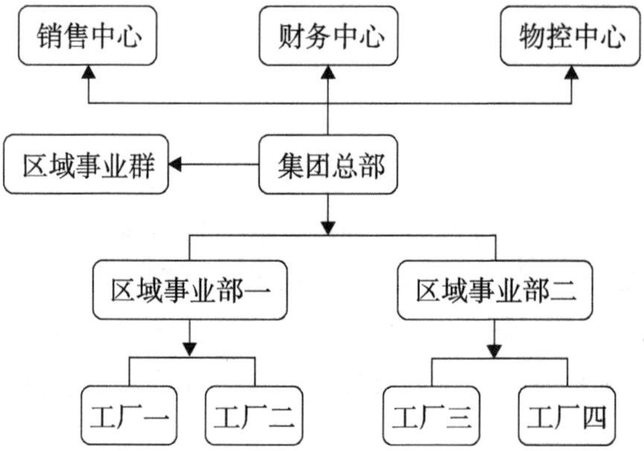

图 3.1　财务共享下的企业集团模式

财务共享是一个系统工程，本质上是组织、流程、系统的再造，更是财务人思想观念的再造。财务共享服务中心是企业集中式管理模式在财务管理上的最新应用，其目的在于通过一种有效的运作模式来解决大型集团公司财务职能建设中的重复投入和效率低下的问题。作为一种新型的管理模式，共享服务的本质是由信息网络技术推动的运营管理模式的变革与创新。在财务领域，财务共享服务是基于统一的系统平台、统一的会计核算方法、科学标准的操作流程等来实现的。财务数据中心模式如图 3.2 所示。

财务共享可以将财务模块和业务模块结合在一起，财务模块给业务模块提供服务支持的同时，业务模块也与财务模块沟通和向其反馈。战略财务参与战略的制定与推进，进行预算资源管理和绩效控制，为公司经营决策提供经营信息分析，支持集团公司扩张发展战略。财务共享服务中心使公司的整个流程得到优化，使信息系统更加透明，在提高财务核算质量、提升财务运行效率的同时，创造更多的企业价值，降低公司系统运行成本以及提高内、外部客户满意度。

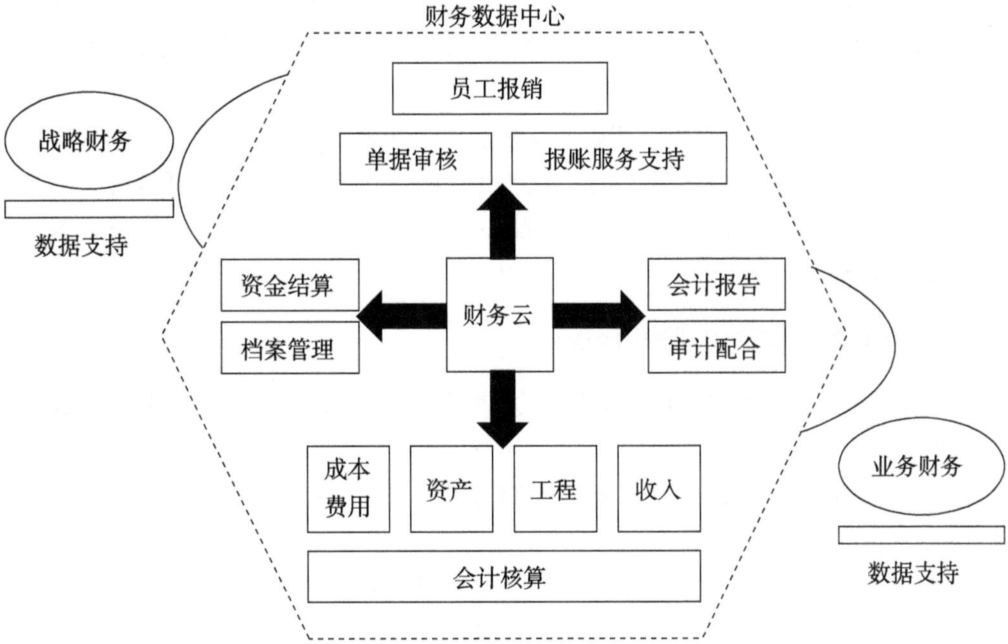

图 3.2　财务数据中心模式

3.2　财务共享服务中心的资源配置和建设流程

3.2.1　财务共享服务中心的资源配置

财务共享服务中心基于企业集团集约化管理的需求而设立，具有重要的战略地位。财务共享服务中心建设需做好以下工作。

① 系统资源配置。财务共享服务中心作为远程服务平台，往往涉及跨地区、跨行业的业务处理，需要完善的信息系统及稳定的网络支持。在具体实施过程中，如何了解系统，对信息系统进行评估并优化，同时对现有的财务和业务系统进行整合及链接，减少数据对接的误差和丢失，推进共享理念的落地，是系统资源配置过程中需妥善解决的问题。

② 人力资源配置。从理念上统一思想，从集团层面推广财务共享理念，发挥集约力量；从意识形态上取得集团各企业的协调及支持。财务的变革，往往变革的是业务处理流程，比如出差的审批流程、差旅费的报销流程以及购销存的管理流程。业务和财务人员的理念均需要进一步统一及提升，提高认识并积极开展共享中心的建设。财务共享服务中心成立后，财务人员需以提供高效、标准、规范的服务为宗旨，充分利用共享中心保障财务安全、保障资产增值保值，提升服务能力。

③ 搭建匹配的组织架构。这是财务共享服务中心成功的关键。选择既懂业务和财务知识，又有战略思维的负责人，从企业集团的高度统筹调配各项资源。同时，建立分项实施小组，保障各项核算、审核和业务流程的设计、执行和修正。配备熟悉企业各类业务、专业知识过硬的财务人员。

④ 企业流程配置。制订各项流程图，编制工作手册，重塑审批流程，明确各职能和分工，提高协同性。根据企业实际情况，调整或整合重复的业务流程，优化资源配置，提高运转效率。

⑤ 明确共享中心使用范围。明确共享中心集中处理集团内分散重复的业务范围，将分散的凭证制单、资金支付、部分发票审核、银行账户管理及票据管理等业务，归集到共享中心。这样，不仅能保证资金安全，还能统一会计核算。随着业务或管理的扩展，逐步实现覆盖所有业务。

3.2.2 财务共享服务中心的建设流程

财务共享服务中心的建设是一项复杂的系统工程，包括调研、设计及建设实施。其具体流程如下。

① 组建项目实施小组。实施小组负责财务共享服务中心的建设，明确财务共享服务中心的战略定位。

② 财务共享服务中心建设的立项。前期应对系统的设立进行可行性分析，了解企业的发展进程及所处的关键环节，是否达到搭建财务共享服务中心的条件。比如初创型企业、小微型企业，或者业务单一、管理流程短的企业，小型家族型企业，可以不设立财务共享服务中心；跨区域、跨行业、集约化管理的大型企业集团，根据管理要求，应当搭建财务共享服务中心。

开展可行性分析时，应当进行成本效益评估。充分考虑系统建设成本，投入的进度及阶段，效益产生的形态及效益实现的过程与时限，资金来源是否有保障，是否符合企业战略目标等。然后编写企业高层及核心部门认可的立项请示，这是项目得以顺利实施的关键。立项请示应表述清晰，有理有据，有足够的说服力。

③ 开展深入全面的调研。既然项目涉及企业的流程再造，对企业所有业务流程进行充分的了解研究是重中之重。所有企业，即便是跨行业企业，都有“万宗归一”的点，最后均需要通过收付款流程体现企业的经济效益，这是财务共享服务中心建立的中心点。从这个“点”出发，辐射到各业务流程，就能把各种业务理清并归于一体。如对各业务的财务报账流程进行梳理；将各项薪酬发放流程、费用报销流程、合同签署流程、预算申报及制订流程等进行梳理核对；对税种分类、税费缴纳、发票开设及报税方式、税收优惠等进行摸底。在调研过程中，项目实施小组可以根据进程调入业务专业人员来协助调研。同时，需要既懂财务又懂信息技术的专家参与，把财务及业务的各项需求转化成技术语言和逻辑，以保证系统开发的质量。根据需要，企业还可以聘请外部咨询团队。咨询团队一般有着较先进的管理经验，有着改进旧流程的办法，在工作统筹安排、知识管理、共享运营

理念中较一般财务团队优越，能够为企业共享中心的建设提供很大的帮助。

④ 编制详细的执行方案。项目方案的作用在于指导项目任务的有效实施，监督项目按方案完成。在开展了充分调研和针对性的评估后，项目实施小组应编制项目方案，明确项目目标、适用范围，结合投入的资源分拆项目任务，列出实施时间表，明确任务责任人。只有各责任人在规定的时间内完成各项任务，项目才能有效推进。同时，项目方案中，应综合考虑到项目风险，对各项风险进行可视性评估，提出风险应对措施，保障项目能顺利实施。

⑤ 重组企业内部业务核算流程。对于跨区域、跨业态、多类型的企业，需要根据一定的原则，重新区分、优化核算。以标准化为出发点，精确画出各业态的核算图，将重复环节集中到共享中心；对不同部分进行提纯分析、归纳分类、重组，经过专业的判断，确定是否可以纳入共享系统。

重组的工作，除企业内部人员的专业判断外，还需听取外部咨询专家的意见和建议，吸取优秀企业的先进做法，这样往往能给企业带来提质增效的启示。不要怕揭短，不要怕红脸，只有勇敢面对企业内部落后或不足，正视管理漏洞，才能真正治疗企业的顽症。

⑥ 建立适合的内部架构。依据企业经营战略和财务战略，明确共享中心的定位后，应划清运营部门的职责和财务管理的职责，清晰审批权限和审批流程，进行流程再造。

在建立新的内部架构时，应先明确以下原则：集约型财务管理原则；扁平化组织架构原则；共享化财务管理原则；透明化财务管理原则；标准规范化管理原则；监控化财务管理原则。

除设定原则外，还需要设定核心组织架构，搭建财务管理中心，设定总会计师、财务总监、财务部经理、运营总监的管理权限及汇报流程。可以采用总会计师汇报制，各项业务均集中向总会计师汇报，使财务共享服务中心的职权高度集中。也可以采用运营总监管理模式，即将企业的职能部门整合在一起，统一标准化管理，更大限度地扩大管理职责，将管理融入流程中。

3.3　财务共享服务中心业务类型

财务共享服务中心最主要的业务类型有会计核算、资金管理、税务管理、数据及报表管理和会计档案管理。

3.3.1　会计核算

会计核算的内容，是指应当及时办理会计手续、进行会计核算的会计事项。《会计法》对会计核算的基本内容做过规定，《会计基础工作规范》（2019 年修订）第三十七条重申了《会计法》的这一规定，即要求对下列会计事项，应当及时办理会计手续、进行会计核算。

1. 款项和有价证券的收付

款项是作为支付手段的货币资金。可以作为款项收付的货币资金包括现金、银行存款和其他货币资金，如外埠存款、银行汇票存款、银行本票存款、在途货币资金、信用证存款、保函押金和各种备用金等。有价证券是具有一定财产权利或者支配权利的票证，如股票、国库券、其他企业债券等。

款项的收付是经常发生的，在有的单位其发生额还很大。有价证券收付的频率在多数单位要低一些，但发生额一般比较大。款项和有价证券收付的业务涉及较易受损的资产，绝大部分业务本身又直接造成一个单位货币资金的增减变化，影响单位的资金调度能力，所以通常要求进行严密、及时和准确的核算。目前实际工作中在这方面存在的突出问题是，有的单位款项收付未纳入单位的统一核算，而是转入了“小金库”；或者单位资金管理失控，被非法挪用，甚至发生贪污、抽逃等问题。因此，必须加强对款项、有价证券的管理，建立健全内部控制等管理制度。

2. 财物的收发、增减和使用

财产物资是一个单位用来进行或维持经营管理活动的具有实物形态的经济资源，包括原材料、燃料、包装物、低值易耗品、在产品、自制半成品、成品、商品等流动资产和机器、机械、设备、设施、运输工具、家具等固定资产。

财产物资在许多单位构成资产的主体，并在资产总额中占有很大比重。财物的收发、增减和使用业务是会计核算中的经常性业务，有关的核算资料往往是单位内部进行业务成果考核、控制和降低成本费用的重要依据。此外，会计核算还对各种财产物资的安全、完整具有重要监督作用。对国有企业、行政事业单位来说，这也是保护国家财产的一个重要关口。

3. 债权债务的发生和结算

债权是一个单位收取款项的权利，包括各种应收和预付的款项。债务则是一个单位需要以其货币资金等资产或者劳务进行清偿的义务，包括各项借款、应付和预收款项以及应交款项等。

债权和债务都是一个单位在自己的经营活动中必然要发生的事项。

对债权债务的发生和结算的会计核算，涉及单位与其他单位以及其他有关方面的经济利益，关系到单位自身的资金周转，同时从法律上讲，债务还决定一个企业的生存问题，因而债权债务是会计核算的一项重要内容。会计基础工作薄弱的单位，往往不能正确、及时办理债权债务的会计核算，使单位的信誉和经济利益蒙受损失。也有的单位利用应收应付款项账目隐藏、转移资金、利润或费用，涉嫌违法乱纪。对此问题，会计人员必须进行制止和纠正。

4. 资本、基金的增减

资本一般是企业所有者对企业净资产的所有权，因此亦称“所有者权益”，具体包括实收资本、资本公积、盈余公积和未分配利润。基金主要是指机关、事业单位某些特定用途的资金，如事业发展基金、集体福利基金、后备基金等。资本、基金的利益关系人比较明确，用途也基本定向。办理资本、基金增减的会计核算政策性很强，一般应以具有法律效力的合同、协议、董事会决议或政府部门的有关文件等为依据，切忌盲从单位领导人个人或其他指示人未经法定程序认可或未办理法定手续的任何处置意见。

5. 收入、支出、费用、成本的计算

收入是一个企业在经营活动中由于销售产品，提供劳务或提供资产的使用权等取得的款项或收取款项的权利。支出从狭义上理解，仅指行政事业单位和社会团体在履行法定职能或发挥特定的功能时所发生的各项开支，以及企业和企业化的事业单位在正常经营活动以外的支出或损失；如从广义上理解，支出是一个单位实际发生的各项开支或损失。费用的含义比支出窄，通常使用范围也小一些，仅指企业和企业化的事业单位因生产、经营和管理活动而发生的各项耗费和支出。成本一般仅限于企业和企业化的事业单位在生产产品、购置商品和提供劳务或服务中所发生的各项直接耗费，如直接材料、直接工资、直接费用、商品进价以及燃料、动力等其他直接费用。

收入、支出、费用、成本都是重要的会计要素，是从不同角度度量一个单位的经营管理水平和效率，计算一个单位经营成果及其盈亏情况的主要依据。对这些要素进行会计核算具有连续、系统、全面和综合的特点。在实际工作中，问题突出的有虚报收入（人为压低或拔高）、虚列支出和乱挤乱摊成本、费用等。这已成为严重影响会计信息质量的根源之一，会计人员有责任制止和纠正这种现象。

6. 财务成果的计算和处理

财务成果主要是指会计主体在一定的时期内通过从事经营活动而在财务上所取得的结果，具体表现为盈利或是亏损。

财务成果的计算和处理，包括利润的计算、所得税的计算和利润的分配（或亏损的弥补）等，这个环节上的会计核算主要涉及所有者和国家的利益。在实际工作中存在的问题，主要是“虚盈实亏”和“虚亏实盈”，一般视单位的所有制性质而异，呈典型的利益驱动倾向，其共同特点是损害国家或社会公众利益，是一种严重的违法行为。

7. 其他需要办理会计手续、进行会计核算的事项

其他会计事项是指在上述六项会计核算内容中未能包括的、按有关法律法规或会计制度的规定或根据单位的具体情况需要办理会计手续和进行会计核算的事项。单位在有这类事项时，应当按照各有关法律、法规或者会计制度的规定，认真、严格办理有关会计手续，进行会计核算。

合理地组织会计核算是做好财务工作的一个重要条件和基础前提，对于保证财务工作质量，提高财务工作效率，正确、及时地编制财务报表，满足相关信息使用者的需求具有重要意义。企业可根据自身情况，选择将全部核算业务或部分核算业务纳入财务共享服务中心进行操作处理，也可以在设立财务共享服务中心后分批次、有选择性地逐步纳入。

3.3.2　资金管理

从企业集团完整、全面的业务开始发生到财务入账、支付、凭证归档的整个过程中，

资金管理业务是财务共享服务中心整体业务范围的主要内容之一。无论企业集团采用何种财务共享服务模式，对应的资金管理业务基本保持在银行账户管理、资金收付管理、票据管理等基本业务上。强化资金的集中管理、提高资金的运作效率、防范资金的交易风险、降低资金的流动成本以及建立多渠道方式的结算机制，可以为企业集团创造更多的价值。

1. 银行账户管理

银行账户管理是企业集团资金管理工作的基础。企业集团的账户通常具有以下三个特点：一是整体账户数量庞大，子公司等下级基层公司账户数量占比大；二是账户开设标准不统一，主观因素较大；三是账户集中化程度不高，使用效率有限。上述三个特点，给企业集团的账户管理工作带来一定难度。强化企业集团账户的管理要求加强银行账户开户、变更和撤销管理，新增网上银行（银企直联）管理，搭建合理的企业集团账户体系，理顺集团成员单位账户的架构，为加强财务管理、有效进行资金的集中运作提供基础。

2. 资金收付管理

资金收付管理按照收支管理对象的不同可分为收入、支出业务的集中管理、集团公司与下级子公司及分支机构间的资金上收、下拨管理。加强资金收付的集中管理，可以全面控制资金流向，整合公司资金集中优势，能有效提高资金的使用效率；强化资金收入、支出的内部控制，有效地控制资金风险，降低资金机会成本；明确各项资金收付审批权限及审批程序，进一步加强公司内部财务管理；加强企业集团下级子公司及分支机构的资金归集，将大量滞留在基层公司的资金进行归集，提高企业集团对下级子公司及分支机构的资金风险管控能力。

3. 票据管理

票据管理包括有价单证及重要空白凭证管理。票据集中管理，可以对票据的购买、领用及保管等方面进行全面管控，满足集团对票据信息的可查、可控的动态监控，这对于“零现金”管理的企业集团意义尤为重大。企业集团通过票据的集中管理，有利于调整和控制下级子公司及分支机构的资金需求和使用计划，监督和把握企业集团及各成员单位的预算执行情况，为管理层提供管理数据，并有效降低融资成本，在一定程度上提高了资金的使用效率，降低了企业集团的财务风险。

4. 资金收付渠道管理

在企业集团资金集中管理过程中，资金收付渠道管理包括：根据企业集团资金收付特点，确定主要合作银行及第三方收付渠道；收付渠道方及收付新业务接入资金系统的需求评估、协议签订、接入安排、日常管理及调整等工作。此外，在选择合作的银行及第三方收付渠道时，应考虑合作银行及第三方支付公司的业务网络、资金调拨效率、成本费用、服务水平、业务需求响应能力等因素。只有资金收付渠道在企业集团资金管理系统中的良性发展，才可提高资金的使用效率，降低手续费成本，增强企业集团资金资源配置效率和财务监控能力。资金的集中管理提升了与银行及第三方支付公司的合作水平。企业集团资金收付渠道的合理配置，为与银行开展全方位的合作、扩大融资额度和拓展融资方式打下了坚实的基础。

3.3.3　税务管理

税务管理的核心问题是税收筹划，企业其他的税务管理活动最终都是以实现税收筹划为目的。所谓税收筹划是指在遵守国家法律及税收法规、不损害国家利益的前提下，通过合理筹划，选择合适的经营方式，实现税负最轻。

可纳入财务共享的税务作业具有可远程操作、可标准化处理等特征，通常包括税务政策咨询、税务合规监控、纳税申报数据整理及提供、网上纳税申报业务等。企业需根据当地税务监管情况，结合自身业务情况，选择性地将部分具有以上特征的税务业务纳入财务共享服务中心进行操作处理。

企业在生产经营活动中的税收筹划，主要指企业在生产经营活动中，通过调节对存货计价方法、固定资产折旧方法、费用分摊和坏账处理，在不同的会计年度内实现不同的所得税，从而达到延缓纳税，提高企业资金使用效率的目的。如在遵循现行税法和财务制度的前提下，通过选择适合的存货计价方法使发货成本最大化，以实现账面利润最少的目标；采用加速折旧法，增加当期折旧计提比例，达到延迟纳税目的；选择最有利的坏账损失核算办法减轻税收负担；等等。

在履行纳税义务时，要充分利用税法对纳税期限的规定、预缴与结算的时间差，合理处理税款，从而减少企业流动资金的支出。

3.3.4　数据及报表管理

数据及报表管理是财务共享服务中心的升值业务，也是共享服务中心的核心价值所在。财务共享服务中心具有会计核算、资金交易等“大数据”平台，应充分利用好这部分数据，为管理层和相关利益主体提供优质服务，所以财务数据管理在财务共享服务中心各项业务中显得尤其重要。

财务共享服务中心的报表管理可以从报表提供、报表梳理、报表优化、报表需求管理等几个方面着手。在集中提供法定财务报表的基础上，财务共享服务中心可以根据管理层要求对财务管理报表进行优化、调整，实现高价值服务。财务报表是财务报告的主要组成部分，它所提供的会计信息具有重要作用，主要体现在以下四个方面。

① 全面系统地揭示企业在一定时期内的财务状况、经营成果和现金流量，有利于企业经营管理者了解本单位各项任务指标的完成情况，评价管理人员的经营业绩，以便及时发现问题，调整经营方向，制定措施改善经营管理水平，提高经济效益，为经济预测和决策提供依据。

② 有利于国家经济管理部门了解国民经济的运行状况。通过汇总和分析各单位提供的财务报表资料，了解和掌握各行业、各地区的经济发展情况，以便宏观调控经济运行，优化资源配置，保证国民经济稳定持续发展。

③ 有利于投资者、债权人和其他有关各方掌握企业的财务状况、经营成果和现金流

量情况，进而分析企业的盈利能力、偿债能力、投资收益、发展前景等，为他们投资、贷款和贸易提供决策依据。

④ 有利于满足财政、税务、审计等部门监督企业经营管理。通过财务报表可以检查、监督各企业是否遵守国家的各项法律、法规和制度，有无偷税漏税的行为。

3.3.5 会计档案管理

会计档案管理工作主要包括对会计凭证、会计账簿、财务报告及其他会计资料进行审核、整理、装订、立卷、归档保管、查阅和销毁等。纳入财务共享服务中心的会计档案管理，通过流程改造、现代化系统支持等一系列手段，从前期收集、内部流转到后期保管及调阅形成一套完整的操作流程，可以保证会计档案管理的完整性、准确性。

随着信息技术、互联网技术发展的日益成熟，会计档案的管理从以纸质为媒介的传统管理储存方式转变为数据驱动的数字化管理方式。根据财政部 2013 年发布的《企业会计信息化工作规范》(财会〔2013〕20 号) 中要求，有条件的企业应积极推动电子档案相关工作开展。

企业内部生成的会计凭证、账簿和辅助性会计资料，同时满足下列条件的，可以不输出纸面资料：①所记载的事项属于本企业重复发生的日常业务；②由企业信息系统自动生成；可及时在企业信息系统中以人类可读形式查询和输出；③企业信息系统具有防止相关数据被篡改的有效机制；④企业对相关数据建立了电子备份制度，能有效防范自然灾害、意外事故和人为破坏的影响；⑤企业对电子和纸面会计资料建立了完善的索引体系。

可见，企业会计档案管理不仅包括纸质会计档案的管理，也可以探索并推广电子会计档案管理的相关工作。财会信息的数字化、网络化已经成为财会管理发展的必然路径，与之相应的会计档案的管理内容和方式必然随之发生改变。财务共享服务中心具有流程高度标准化、自动化的作业模式，更应该积极推广使用会计档案信息化管理工作。

3.4 财务共享服务中心的优势和局限性

财务共享服务中心的优势在于其规模效应下的成本降低、财务管理水平及效率提高和企业核心竞争力上升。财务共享服务中心在具有以上优势的同时，不可避免地存在一些局限性，如财务共享服务中心不具有普遍的适用性，企业在实施财务共享的同时会带来一定的税收风险，不利于员工的综合发展等。

3.4.1 财务共享服务中心的优势

(1) 提高了服务质量和工作效率

传统的财务管理模式会由于各个企业业务、地方特色以及管理风格的不同而略有差异，集团在数据报告的一致性、真实性方面会存在一定的偏差，因此这会拖延集团尤其是上市公司报告的出具时间。财务共享服务中心可以使所有的财务职能归集在同一个职能部门，由同一个管理团队管理，对所有的子公司采用相同的标准化流程。财务共享服务中心可以直接拥有相关子公司的所有财务数据，使整个集团的业务数据更加统一和真实，及时给管理层和股东在进行战略决策时提供数据支持。财务共享服务中心统一进行核算，有效防止下属企业财务与下属企业高管之间串通舞弊，提高了集团总部的管控能力。财务共享服务中心建立新型的组织机构和制定合理的激励制度，能显著提高员工的工作效率，并形成不断进取的文化。

（2）有效降低了运营成本

财务共享服务中心的建设使得流程更加规范统一，流程的精益化、信息化也会减少简单重复的核算工作，并将各业务单位聚集到更高附加价值的核心业务上，从而降低了后台运营成本并提高了整体效益和服务质量。传统的财务部门仍用超过 80% 的资源进行简单的交易记录和活动控制，造成了人力资源的严重浪费。财务共享服务可以有效降低人工成本，实现人力资源效用的最大化。建立新的财务共享服务中心，集团总部会选择新的办公地点，通常选择的新地点，当地的薪资水平会较低，这样就能达到大幅降低成本的目的。财务人员只需要按照日常工作流程操作处理数据，这在某种程度上降低了对财务人员专业性和数量的要求，某些岗位对人员的学历、技能等要求也会有所降低，这就能通过降低整体薪资的支付从而降低成本。

（3）提升了企业的整合能力与核心竞争力，促进企业发展战略的实现

企业集团将其他的辅助业务交由财务共享服务中心来完成，使管理人员能够集中更多的精力在公司的核心业务上，从而更好地为公司创造主营业务价值，提高核心竞争力，而更多的财务人员从会计核算中解脱出来，能够为公司业务部门的经营管理和高层领导的战略决策提供高质量的财务决策支持，促进核心业务发展。企业实施财务共享服务模式，可以将分散在不同子（分）公司的共同业务集中起来，置于财务共享服务中心完成，使得很多人在不同的子（分）公司完成的工作，在财务共享服务中心由个别人完成，从而提高了财务核算的效率，确保了整个企业业务处理的规范化，支持企业的战略发展。财务共享服务中心的建立可以使企业在收购和兼并其他企业时操作更为容易，企业在新的地区建立子公司或收购其他公司，财务共享服务中心能马上为这些新建的子公司提供财务服务，为其财务交接工作免除了会计处理的后顾之忧。

3.4.2　财务共享服务中心的局限性

（1）财务共享服务并不适合所有的企业

目前来看，财务共享服务并不适用于所有企业，只是企业集团当前的一种最佳实践，有些小型企业并不需要耗费成本建设财务共享服务中心。因为建立财务共享服务中心，首先要考虑成本效益的对比，企业的规模、量级不够，信息化建设所产生的成本可能高于原有的管理模式。此外，企业还需要考虑人员的因素、地域文化的因素等。对于通过实施兼并重组战略以实现全球化经营的大型企业集团来说，其建立财务共享服务中心可以降低跨国经营管理方面的难度，有利于促进集团内部不同业务之间的资源整合。对于中小型企业来说，其较为关注的是成本能否降低，而建立财务共享服务中心并不是简单地降低成本，

只有企业规模足够大才能体现出规模效应，才能最大限度地减少人员数量，从而降低人力成本。

（2）企业将面临高额的信息建设、管理成本，巨大的税务风险以及税务机会成本

企业建设财务共享服务中心，需要功能全面的企业资源计划（ERP）系统来支持账务处理，如员工报账系统、票据影像系统等。财务共享服务中心的一台普通影印机往往是原财务人员一年的薪资，这些设备都需要高额投入，在开创初期会给企业带来一定的经济负担。企业建立财务共享服务中心会考虑节约成本，选择新的办公地点，但原工作人员的安置、新员工的招聘、组织架构的变化，都需要一定的限制，企业达到盈亏平衡点的耗时也会较长。同时，为了配合财务共享服务中心的需要，企业必须指派专人负责设计财务共享服务中心的信息管理模式及提升信息系统管理功能，这些花费都非常巨大，甚至给企业造成严重的负担，更有一些企业因为盲目推崇昂贵的国外大型信息系统而导致破产。

财务共享服务中心要求不同国家、地区的财务业务聚集在同一个地方进行统一处理，但不同地方可能会涉及不一样的税务、外汇管理政策。一方面，财务人员不再直接接触子公司及分支机构所在地税务局，对税务风险的敏感性极大地降低；同时，为了配合税务人员的约谈、询问、审计等工作而疲于奔命；另一方面，财务人员在具体处理业务时，有可能因为与当地政府沟通不及时和不全面，导致各项税收优惠政策申请的困难程度不断加大，使得企业失去大量税收优惠的机会，或者增强某些地区对当地政策的风险管控。

（3）财务共享服务中心降低了员工的积极性，不利于财务人员的综合发展

对于企业集团而言，财务共享服务中心极大地支持了企业集团的低成本扩张，使企业集团提高了效率。但是由于高度的分工细化，对于会计个体而言，财务共享服务中心的业务处理涵盖面过窄，长期来看对个人和组织都会造成不利影响。企业实施财务共享服务中心模式后，财务人员不再与企业的业务部门直接接触，并且工作只是按照标准工作流程负责业务处理过程的某一环节，单一、专业的细分会计岗位将个人定格为“会计操作工”，降低了财务人员的工作积极性，使得员工产生消极情绪或干脆选择离开组织。高度细化的职责分工使得财务人员过分关注自身的业务流程，视野必然受到局限，业务的敏感性降低且容易忽视客观实际的变化，无法从企业整体价值链的角度看待问题，难以满足客户的需求，不利于财务人员的综合发展。

第 4 章　财务共享服务中心建设规划

4.1　财务共享服务中心的战略定位确定

战略定位是指为配合公司整体经营战略而确定的财务共享服务中心未来工作的主要目标，以及为达成目标而采取的行动。作为整个模型的主干和灵魂，它主要包括财务共享服务中心的战略目标选择、战略结构选择、战略分析和战略职能规划四个方面。战略定位在整个共享服务管理框架中处于主导地位，决定了业务流程、组织人员、运营管理和信息系统的方向和措施，对共享服务中心的定位和发展方向具有至关重要的意义。战略定位是建立财务共享服务中心首先需要考虑的内容，对其他各要素起决定性作用。

4.1.1　财务共享服务中心的战略目标

战略目标是对企业战略经营活动预期取得的主要成果的期望值。战略目标不是唯一的，不同企业建立财务共享服务中心有其各自侧重的战略目标，并且在共享服务建设的不同时期，在不同的企业里，其成立这一中心的首要目标也各有不同。

企业建立财务共享服务中心的战略目标可以划分为三类：成本降低、风险可控和促进财务转型。在成本降低的战略目标下，财务共享服务中心通过整合资源，实现成本的降低和效率的提高，从而稳固、加强企业的财务职能；风险可控目标看重通过建立财务共享服务中心，加强内部控制和风险管理，从而实现对财务强有力的管控；促进财务转型目标则希望通过实现财务共享服务的模式推动更广泛的变化，促进财务人员发展，财务流程改革，以此提升财务部门的能力，为企业战略发展作出决策支持。

企业采用什么样的模式，其中的驱动因素永远都是“在某个特定时点，公司到底需要什么，能满足这些需求的最佳模式应该是怎样”。不同企业面临不同的内、外部环境，处于不同的发展阶段，所选择的财务共享服务战略目标也会有不同的侧重点。欧美跨国企业实施共享服务更多是对成本的追逐，因此乐于选择远离本土的印度、中国等共享服务中心处理财务工作，降低成本；国内许多企业则是为了加强财务风险控制，更倾向于选择成立位于企业总部的共享服务中心；还有一些企业目标不仅在于使财务流程运作更加顺畅，而且要创造出一种新的模式，对公司运行进行管理。这三类目标并非截然分开，只是选择的侧重点各有不同，企业在决定财务共享服务模式的侧重点时，需要根据企业的战略规划和当前的生产经营状况来作出判断。不同的企业整体战略目标决定了不同的财务共享服务战略目标。同时，不同的财务共享服务战略目标决定了不同的财务共享服务具体业务目标。

1. 国际企业财务共享服务中心的战略目标

随着财务共享服务的影响力不断扩大，2012—2013 年，ACCA（The Association of Chartered Certified Accountants，特许公认会计师公会）分别同 HFS Research、德勤合作，在全球范围与中国范围进行了财务共享服务行业调查。调查结果表明，国外企业和国内企业在建立财务共享服务中心的战略目标选择上有着明显差异。

对国外企业的调研结果显示：提高财务流程效率、降低财务成本以及提升总体业绩表现排在战略目标的前三位，其后是提升财务部门能力、提升财务的服务质量。相对于没有采用财务共享服务的企业更看重能力、企业业绩、效益和质量等来说，采用财务共享服务的企业更注重财务共享模式带来的成本降低的好处。

（1）降低成本、提高效益才是共享的主要原因

欧美企业认为效益是最初的出发点，他们采用财务共享服务首先是出于提高效益的考虑，以较少的投入换取更多的回报；其次是利用标准化流程带来的影响，一方面标准化流程可以降低财务成本，更快速地提升财务盈利曲线，另一方面标准化的流程能够降低财务操作的复杂性，从而提高财务透明度，实现对监管要求的配合，以及财务服务的价值增值。

（2）在效率、管控和统一标准之间寻求平衡

大部分专家学者认为，财务共享服务要在效率、管控、统一标准之间寻求平衡。2012 年，ACCA 对全球的首席财务官和财务高管进行了调查，调查结果显示，分别有近 70%、近 60% 和约 55% 的受访企业认为共享服务在实现提升财务效率、提高企业在监管环境下的透明度、流程标准化转型三个方面十分重要。效率是要在行动分配上提高效益和有效性；管控是要掌握一定的平衡，既要保证控制的力度，又不能束缚公司；统一标准则是企业集团财务要在合理范围内实现标准的一致性，确保集团层面的财务制度标准化，才能够在集团层面实现财务业绩的可比性，保证对各个业务单位经营状况的掌控，实现有效的绩效管理。财务共享服务模式能够实现上述三个目标，但是应当注重三者之间的平衡。毕竟衡量财务管理者业绩的是财务部门提供的整体服务质量，而不仅仅是共享服务的质量。

2. 中国企业财务共享服务中心的战略目标

据 ACCA 2013 年 2 月发布的《中国企业财务共享服务现状与展望》报告，回收的 249 份有效调查问卷显示，超过 60% 的中国企业实施财务共享服务的目标是提升财务部门能力、转型到标准 / 预先设定的财务流程。超过 50% 的中国企业认为，实施共享服务对降低财务成本、提升财务流程效率、创造更有价值的工作目标的实现非常重要。而提升财务人员能力、实现总体财务转型、改善控制 / 监管要求的透明度、提升财务的服务质量等目标，也被超过 40% 的中国企业认为是十分重要的。

对数据和理论的分析之后，可以得出，在战略目标上，中国现阶段的企业更多把精力放在改善财务部门能力、降低成本、实现标准化流程、提升内控和风险管理能力方面，已经实施的企业认为财务共享服务中心是实现上述目标的较为有效的手段，计划实施的企

业也在一定程度上认为财务共享服务中心正是促进这些任务有效达成的一个较为理想的手段。

提升财务部门能力、转型到标准 / 预先设定的财务流程、整合后台以支持核心业务的快速发展以及降低财务成本，几乎概括了国内企业选择共享服务模式的主要原因。对于国内企业来说，降低成本还不是国内企业建立共享服务中心的最主要原因，将非核心业务标准化、合规化从而带来财务流程效率，实现企业财务转型才是更为重要的推动因素。

比较而言，在具体业务目标上，国外企业更看重提升总体业绩表现、提升财务的服务质量、提升财务的内部和外部客户满意度、推动数据透明度等方面；国内企业更希望获得跨职能的最佳实践、提升财务人员能力、转型到标准 / 预先设定的财务流程、更广泛地支持公司的战略决策等。也就是说，国外企业更注重在财务上提高效益、降低成本，国内企业更希望财务共享服务模式能够对企业整体产生战略推动作用，通过加强流程管理实现强有力的财务管控，从而促进企业整体层面的财务转型。

4.1.2　财务共享服务中心的战略结构

1. 财务共享服务中心三种战略结构

战略结构规划指财务共享服务中心的结构性定位规划。不同的战略结构会对财务共享服务中心的战略定位、业务复杂程度、管理复杂程度产生根本影响。无论采取何种战略目标，共享服务中心的战略结构选择总是无法绕开或回避的实际问题，也是建立共享服务中心第一步怎么走的具体问题。根据面向客户提供服务所涵盖的领域划分，财务共享服务中心主要包含三种战略结构模式，即“全球中心”“区域中心”“专长中心”。

（1）“全球中心”

“全球中心”是指将企业全球范围内的某些业务流程集中到一个全球共享服务中心来处理，服务于全集团的各业务单位，通过业务流程重组和标准化，为企业提供低成本的增值服务。这种战略结构在实际操作中难度最大，因为中心要同时应对不同国家和地区法律法规的需要，以及面对语言、文化、时差等差异，所以一般企业很少采用这个模式。目前采用该种战略结构的公司有：通用数据公司（Data General）、惠尔浦等。

（2）“区域中心”

“区域中心”是企业的一个或多个业务单元共同建立的共享服务中心，是基于业务交易的支持服务，以企业整体成本降低为目标的组织形式。“区域中心”将企业的全球业务划分为数个大区，然后将某些业务流程集中到某个大区的共享服务中心处理，如欧洲、美洲、亚太地区。采用该种战略结构的公司有：美国银行、英国石油公司（British Petroleum，BP）、百时美施贵宝（Bristol Myers Squibb）、福特等。

（3）“专长中心”

“专长中心”是指就每种适用于共享服务中心的业务流程在全球范围内建立相应的共享服务中心。专长型共享服务是在某种 / 类功能的全球化管理和各种功能合作的基础上建立的，是基于价值、知识的支持服务，重点在于消除重复劳动、提供专业服务，着重于核心业务的处理。如专门处理应收的全球共享服务中心，专门处理采购和应付账款的全球共享服务中心等。这种结构与前两种结构的不同点主要在于前两种主要以地域为标准，专长中心主要以单个 / 类业务流程为标准。采用该种战略结构的公司有：惠普（Hewlett Packard，HP）、百事可乐（Pepsi Cola）、联合信号（Allied Signal）、葛兰素史克（GSK）、加德士（Caltex）等。

2. 财务共享服务中心三种战略结构的特点比较

全球中心规模经济优势明显，但对于信息系统的支持，对人员的技能要求（例如语言、工作时间等）都有较高要求，并且在应对全球税务法规方面也面临较大压力，对企业而言可能收益最大，但管理难度最大。见表 4.1。

表 4.1　全球中心、区域中心、专长中心对比

对比项目	战略结构模式		
	全球中心	区域中心	专长中心
标准化和适应当地要求程度	在最大范围内对流程实现标准化、规范化和简单化；但是很难适应全球不同的要求	可以设计与当地要求相符的流程	单个 / 类流程在全球范围内得到标准化，但难以适应全球不同的要求
规模经济性的实现程度	最充分、最完全地实现规模经济性	较为充分地实现规模经济性	较为充分地实现规模经济性
对系统的要求	需要一个完全整合的系统	不一定需要完整整合的系统	不一定需要完整整合的系统
对人员的要求	很难对共享服务中心的人定义技能要求	地区性的文化和语言差异较易适应和调整	鼓励发展各类职能的专家
受全球税务和法规的影响	将面对全球税务和法规的影响	地区性税务和法规问题可以在各个地域的共享服务中心得到解决	将面对全球税务和法规的影响
管理难度	相对最难	相对容易	相对容易

区域中心淡化了全球集中的人员和适应性要求，通过划分区域的方式使各方面的要求在相对适中的范围内统一，虽然标准化程度低一些，但对系统和人员的要求相对较低，管理难度较小。

专长中心主要就单个 / 类流程在全球范围内统一标准，为企业培养这类职能的专家，虽然涉及地域广泛，但业务单一，管理难度最小，同时，专长中心是针对某类具体业务的全球中心，不可避免地面临全球税务和法规的挑战。

需要注意的是，现实操作上没有纯粹的最佳模式，各公司实际采用的结构模型与这三种模型可能会有些区别，需要视各个公司的具体情况而定。无论采用哪种模型，关键是要寻求各种利弊因素之间的平衡点。以上只是给出一般分类，对于企业来说，最重要的是选择与自身情况相符的战略结构。共享服务中心的战略结构划分应基于以下规则。

（1）形式上灵活

除了上述三种模型之外，战略结构选择的形式还可以进行灵活调整，比如国家下设地区作为新的地域划分，如华东地区、华南地区、东北地区、西北地区、西南地区等。不同地域之间存在着差别和共性，如果企业认为地域越是相近，其相同点就越多，那么以地域相近作为划分标准可以成为一种简单的战略结构划分方式。

（2）起到实质作用

事实上战略结构的选择更应该根据不同共享服务中心的业务能力进行划分，这时地域上的划分被弱化了。一方面，如果某个国家共享服务中心有能力，完全可以将企业集团在相近国家的相应业务都纳入该中心的业务范围，那么它实质上起到了区域共享服务中心的作用；另一方面，虚拟共享服务中心的出现更是借助网络技术打破了以地理位置划分业务覆盖范围的界限，在虚拟共享服务模式下，本应归属于同一共享服务中心的相近地域可能划归不同的虚拟共享服务中心，因而可能带来不同的解决方案和运行模式。

（3）权力划分的结果

企业财务转型过程势必带来权力结构的打破重组。现有的战略结构经常反映的并不是经济实质上的最优，而是当前企业内部决定权的重新划分，是在企业财务流程再造过程中新一轮权力角逐的结果。战略结构的选择还对将共享服务中心的办公地点设立在哪个国家/城市起到很大的影响作用，特别是在将共享服务中心设定为“区域中心”的战略结构定位下，共享服务中心的选址更要与之相匹配。

3. 财务共享服务中心战略结构演进

在惯常的思维模式下，很多人认为财务共享服务中心的战略结构建立应当是自上而下的演进过程，企业集团应当先根据总体战略目标绘制蓝图，再将任务一步步往下分解实施，然而在实际操作中，先进行区域试点的方式是建设财务共享服务中心的常见做法，许多企业先在部分地区的部分业务中进行试点，由试点带动整体，稳步实现整个财务转型过程。

如此看来，财务共享服务中心的战略结构演进与其说是一场自上而下的设计，倒不如说是自下而上逐步推广和集中的结果。很多时候企业集团并不是在整体范围下划分各个中心的范围，而是先确定各个中心的范围再形成整体的范围。因此财务共享服务战略结构的演进往往体现出自下而上的路线图式特点。

（1）全球范围财务共享服务中心的战略结构演进

在全球范围财务共享服务中心的战略结构演进中，大多企业在共享建立过程中，通常不会选择直接建立大型的全球共享服务中心，而是，根据业务重心、客户分布和资源最优调配的原则，先选择在国内某个地理区域作为试点，建立区域性共享中心。试点运行稳定后，逐渐将区域财务共享服务中心的经验复制至全国，成立全国财务共享服务中心。

随着财务共享服务中心的稳定运营和持续发展，共享服务中心逐渐吸收和纳入海外适用业务，在全球范围内进行共享服务中心布局，例如建立亚太区、北美区共享中心等，以支持相关地区的共享服务业务，并最终实现整个集团全球财务共享服务中心的建立，为公司业务在全球拓展提供战略支持。

SAP 的财务共享服务建设就是从地区试点开始的。亚太区首先成为试点对象，建设共享服务中心。因为没有别人的经验可以学习，不能从其他地方获得帮助，建立财务共享服务中心先从较小的领域开始尝试：例如在员工工资、薪金支付系统、合同管理等领域来实施。在试点领域取得成功后，SAP 以此为基础进一步推广，逐步扩大它的实施范围，直到财务和行政管理。整个过程从起步到真正扩展开花了三年多的时间，又用了大概一年半的时间从战略层面在整个公司推广，从亚太区扩展到美国和欧洲。这样 SAP 共享服务可以划分为三个地区——欧洲、美洲、亚太地区，这三个共享服务中心是在不同的业务领域分配设置，而发展目标将会是一个统一的、一体的共享服务中心。

皇家壳牌集团公司是世界著名的大型跨国石油公司，在世界 100 多个国家和地区拥有 2 000 多个子公司，现有员工 10 多万人，他们最初在 1992 年开始采用共享服务模式管理海外财务业务。壳牌的第一家共享服务中心成立于 1998 年，目前共享中心达到 6 家，分别位于英国、菲律宾、波兰、印度、马来西亚以及南非。其中：格拉斯哥中心（536 人）、克拉科夫中心（1 512 人）、金奈中心（1 412 人）、吉隆坡中心（2 138 人）、马尼拉中心（2 826 人）、开普敦中心（343 人），统一提供财务服务与监管。在财务共享战略结构演进过程中，他们将财务业务中能固化的流程全部进行统一集中设计，建立了全球统一的会计核算标准、财务报告、报销流程、资金支付审核流程，各中心各司其职，功能尽量不重叠，中心内部机构设置简洁高效，例如全球 10 万人的报销全部集中到马来西亚的吉隆坡共享中心，而中心负责报销操作业务的才 60 多人。中心整套财务管理体系基于 SAP 系统建立，财务审批流程全部定制开发，资金授权额度固化在 SAP 系统中，财务管理流程严密。壳牌共享服务中心为壳牌旗下各业务单元提供标准化的服务，包括小额采购、资金支付审批、清欠、会计报告、全球差旅及费用报销、信用额度管理、贸易合同管理、人力资源管理、客户服务、物流配送、IT 服务、审计、内控。

各个共享服务中心在职能划分上有所不同，如集中报销业务仅由格拉斯哥中心承担，为全球服务；会计报告、客服服务业务由各共享服务中心承担，为所管辖区域内业务单元服务。

（2）中国企业财务共享服务中心的战略结构

财务共享服务在中国的发展才刚刚起步。相比较而言，中国与先建立起共享服务的欧洲国家之间的地域特征存在很大区别：欧洲小国众多，国与国之间文化相近，经济相通，这就决定了许多跨国企业在欧洲各国之间设立区域共享服务中心，集中欧洲各国相关财务业务；而我国幅员辽阔，一开始就设立全国性的共享服务中心恐怕会带来运行管理上的困难，因此在共享服务中心建设上，许多中国企业会优先选择建立地区中心，在地区中心运行成熟后，再整合建立全国中心。

① 全国中心：指将企业全国范围内的某些 / 全部业务流程集中到一个全国共享服务中心来处理；

② 地区中心：指将企业的全国办公区划分为数个大区，然后将某些 / 全部业务流程集中到某个大区的共享服务中心处理，如华南区、西北区等。

2012 年，中兴通讯与 CIMA（The Chartered Institute of Management Accountants，英国特许管理会计师公会）在对国内实施财务共享服务的企业进行调研时发现，52.17% 的样本企业建立的是区域财务共享服务中心，服务于中国区或亚太区，30.43% 的企业建立的是全球财务共享服务中心，17.39% 的企业建立的是专长共享服务中心。说明区域财务共享服务中心仍是现在中国企业建立共享服务中心的主要选择。

4.1.3　财务共享服务中心的战略分析

为更好地实现企业战略发展，在财务管理创新、职能演进方面，大型企业集团都进行了积极的尝试与探索，其核心就是构建由集团战略财务、业务支持财务、财务共享服务中心三层运营模式共同组成的集团财务组织环境。

集团战略财务主要关注整个集团的财务方向、路径、政策、资源和风险控制；业务支持财务主要在实现最大限度的集中管控之后，更多地融入业务中，与业务部门成为合作伙伴，用专业技能为业务发展提供事前决策支持；财务共享服务中心则是通过集中化、标准化和端到端的流程管理，整合互联网资源，打造云端服务模式。这三层运营模式循环运作中，战略财务对业务财务和财务共享服务中心进行管理指导；业务财务在此基础上负责与战略财务和财务共享服务中心的沟通反馈，不断加强业务财务一体化；财务共享服务中心作为两者的集中平台，应为战略财务和业务财务提供高效规范的服务，为企业战略提供支持。

因此，财务共享服务中心作为集团财务管理的重要组成部分，需要明确自身的战略定位，以保证集团整体财务管理能够长远发展，并成为集团战略实施的有效支持。

1. 财务共享服务中心战略定位的确定

集团根据其战略定位实施战略管理，制定企业文化、整合信息资源、搭建组织架构和监控风险等实现对整个集团公司的有效管控。财务共享服务中心的建立是在推进全集团财务集中化和标准化的基础上，实现集团财务管理水平的提升，保证集团战略管理、信息整合等决策的有效实施，增强财务管理风险防范能力，为集团战略决策提供支持服务，实现公司对全集团财务的集中管控。

因此，集团公司的发展战略定位决定了财务共享服务中心未来发展的方向。财务共享服务中心应依据集团对自身的职能定位和战略需求，确定不同的战略定位，目前主要分为集团管控、服务支持、集团管控兼顾服务支持三种战略定位。

（1）集团管控

“集团管控”概念在我国最早出现于 2000 年，由北京仁达方略管理咨询公司提出。集团管控主要是大型企业的总部或管理高层通过设置管控部门、设计流程以及制定企业文化等途径来影响下属企业或部门的战略、营销、财务、经营运作等方面工作，从而对子公司运作产生规则和源头上影响的行为。同时，为了适应市场经营环境和企业内部组织的变化，企业需要通过集团化的组织结构和管控模式，以资产、产品、技术等为纽带，管控更多的资产和更宽泛的业务，通过投资及生产经营协作等多种方式，对下属企业或部门实施更行之有效的管控措施，实现企业集团管理的提升、核心竞争力的强化扩张及多项业务之间的战略协同。

基于集团对财务共享服务中心的战略需求，使得财务共享成为财务运营工作管控的一项重要举措。集团管控定位的财务共享更侧重于管控职能，作为集团财务部的主要组成部分，发挥管控效益，主要通过制定统一的流程制度，形成全集团财务集中化和标准化管理模式，整合财务管理和风险控制资源，对集团下属公司实施财务全程化管控，为集团战略制定提供高质量的财务决策支持、促进核心业务发展，实现集团对其下属企业或部门的实时监测，提高集团的综合掌控能力，从而有效支撑企业集团的发展战略。

（2）服务支持

集团的服务支持战略要求各下属企业或部门相互独立、各司其职，侧重于为集团战略决策提供各方面的服务支持，使集团企业得以持续有效运行，确保集团企业的正常有序运营。

基于服务支持战略定位的财务共享服务中心主要是作为集团的下属独立服务部门，更强调服务支持职能，为集团提供独立专业的财务服务，负责整个集团的财务核算工作，通过不断优化业务流程，提高会计业务处理质量和效率，保证集团内部财务工作的标准化和规范化，释放规模效益，降低财务人员人力成本，提高财务核算水平与效率，为集团提供及时、准确的财务信息。

（3）集团管控兼顾服务支持

财务共享服务中心的集团管控定位是专门为集团的战略决策提供有效的管控支撑，保证集团与各下属企业和部门的有效沟通，有利于集团做出正确的战略决策。然而，只强调财务共享服务中心的集团管控，不注重其服务质量，可能会造成基础会计核算工作质量不高、效率低下等问题。

相反地，服务支持定位只单纯强调为集团提供会计核算服务，忽略了对集团战略决策的支撑，不能有效发挥财务管理职能，会造成集团与各下属企业和部门的信息沟通不畅，削弱集团对各下属企业和机构的掌控能力，不利于管理层使用财务管理信息做出集团长远发展决策。

随着集团的不断发展，战略需求不断变化，在前两者的定位基础上，衍生出基于集团管控兼顾服务支持的财务共享服务中心战略定位，这样的定位集合了集团管控与服务支持两种战略定位的优势，以集团战略发展为依托，在满足为集团战略提供财务决策信息的同时，也为集团各下属企业或部门提供高质量会计核算的各项服务，建立从基础核算、预算管控到决策分析的全方位财务管理，既注重财务管理又注重服务质量，两者相辅相成，有效提升集团管理水平，为集团公司的发展提供全面支持。

2. 实施主体的评估分析

财务共享服务中心的建设是企业集团化发展的必然选择，如何确定符合集团战略需求的财务共享服务中心定位，确保财务共享服务中心的建设过程及建设完成后均能够适应企业的发展，能为企业的战略制定提供财务决策信息，这要求财务共享服务中心在建设初期，对企业进行全方位的评估，项目评估是建设财务共享服务中心的起点，也是财务共享服务中心能否满足企业需求的核心问题。

（1）实施主体的现状和发展阶段分析

分析实施主体的现状和发展阶段是建设有效财务共享服务中心的前提条件。通常，对实施主体现状和发展阶段的分析需要考虑企业文化和价值理念、企业机制和组织结构、管理基础和规范建设三个方面。这三个方面相辅相成，互相影响。优秀的企业文化和价值理念能够完善企业机制和组织机构，保证企业规章制度的贯彻实施；同样，合理的企业机制和组织结构能够促进企业文化的传承和发扬。

① 企业文化和价值理念。

企业文化是企业的灵魂，是企业信奉并付诸实践的价值理念。企业文化和价值理念是企业依赖的文化价值观，主宰着企业一切经营活动和经济价值观，是企业长远发展的前提。纵观国内外的成功企业，无一例外都有着深厚的文化底蕴。这种文化的沉淀反映在企业的价值观、企业所表现出的士气、企业的沟通方式，甚至是企业员工的行为习惯当中。这正说明企业文化与企业的生存与发展息息相关，甚至决定着企业的生死存亡。只有在正确的企业文化和价值理念的指引下展开经营，企业才能获得长远发展。

财务共享服务中心的建立是企业行为的组成部分，理所当然要依赖企业文化和价值理念的指引。不同的文化与价值理念匹配不同的企业经营发展战略，财务共享服务中心建设初期，在充分考虑与企业文化和价值理念契合度的基础上，明确自身的发展，保证财务共享服务中心符合企业的整体发展战略，促进集团合理配置资源，实现企业价值最大化的财务管理目标。

② 企业机制和组织结构。

企业机制和组织结构是企业的科学化、现代化管理问题。企业作为一个经济有机体，为适应外部经济环境应具有相应的内在功能和运行方式。企业机制决定了企业经营行为的各种内在因素及其相互关系，通过共同约定的组织结构框架，保证资源和信息流通的有序性，提升企业的经营效率。任何组织都必须有相应的机制和组织结构来保证其最终目标的实现。

财务共享服务中心作为一个独立运营实体，必须具备相应的机制和组织结构保证其业务正常、有序地开展，不同的发展阶段也需要不同的机制和组织结构与之匹配。财务共享服务中心建设初期，应根据集团现有的运行机制与组织结构设置合理、高效的运行机制与组织结构，保证财务共享服务中心能够融入集团内部，运行顺畅，各项业务与集团需求紧密衔接，成为集团整体运作过程的重要环节。

③ 管理基础和规范建设。

管理基础和规范建设是为了加强企业管理能力，通过制度建设、管理创新、流程优化及技术开发等方式，建立规范的工作秩序。对财务共享服务中心而言，管理创新与流程优化再造正是其自身的重要优势之一，因此，财务共享服务中心在建设初期，要评估企业管理基础和规范建设的成熟度，及时发现问题，依据企业现状“对症下药”，充分发挥财务共享服务中心的优势，有效解决企业存在的问题。同时，财务共享服务中心强调高度的集中化、标准化、规范化，从财务共享服务中心内部管理出发，也需要注重管理基础和规范建设，这与集团企业的管理基础和规范建设相辅相成、相互作用，可以共同提升集团企业的整体管理规范水平。

（2）实施主体的管控模式分析

管控模式是集团对下属企业基于集权程度不同而形成的管控策略，它与企业的组织架构、业务流程紧密相连，管控模式决定了组织架构和业务流程的设置，组织架构、业务流程又制约了企业管控模式的实施效果。因此，明确管控模式是工作流程设计和优化的依据，是保证公司整体工作流程高效运行、促进业务流程再造的基础。

财务共享服务中心在建设初期，通过对实施主体的管控模式进行分析，考虑如业务战略目标、人力资源管理、工作流程体系及管理信息系统等重要的因素，可以帮助财务共享快速明确集团管控模式现状，更好地从集团角度出发，进一步提高集团工作效率、防范集团经营风险、提升集团管理能力、提高集团决策的科学性。

集团企业的管控模式主要有财务投资型、战略指导型、战略控制型和运营管理型四种，详见 7.1.1。现实中，企业集团的内部管控往往是以一种模式为主导的多种模式的综合。企业的管控模式并不是一成不变的，它将随着集团的整体战略转型而进行动态调整，因此在财务共享服务中心建设初期，应充分考虑未来如何及时适应企业因战略转型而带来的管控模式调整，如何高效地帮助企业完成转型并实现转型目标。

（3）实施主体的行业特点分析

财务共享服务中心是集管理创新、制度创新、流程创新和信息技术于一体的新型管理模式，由于集团企业所处行业及业务特点不同，形成不同的财务管理需求，导致各行业各领域利用财务共享服务中心的程度随之不同，因此需要对财务共享服务中心的实施主体的行业特点进行详细分析，包括集团企业的扩张程度、下属分子公司的数量、企业发展的成本控制以及相同流程和标准业务的范围等。

对于适合建立财务共享服务中心的实施主体，通过将实施主体中标准化程度较高的业务从集团公司剥离出来，集中化、规范化进行财务处理，能够大幅降低实施主体的运营成本，增强实施主体的风险防范能力，提高实施主体的标准化、规范化程度。

从已经实施财务共享服务的行业来看，公用事业、电信、旅游、运输及物流、零售及餐饮行业采用财务共享服务的比例最高；软件及高科技、能源及化工、物业行业采用财务共享的比例最低；医药及生命科学、消费包装品及制造业、银行、金融服务、保险行业处于中间比例。

4.1.4　财务共享服务中心战略职能规划

战略职能规划是企业对财务共享服务中心的服务模式定位。随着财务工作从分散走向集中，从集中到共享，再到市场化为财务外包公司，共享中心的战略职能定位也在不断地变化，大概经历了三个主要的发展阶段。

① 定位为一个企业内部职能中心，主要为企业内部业务单元提供跨组织、跨地区的专业支持服务，包括基础会计核算、财务报表出具、财务数据信息加工等。

② 作为虚拟经营单位，依据市场机制独立运营、服务收费，向企业内部各业务单元提供跨组织、跨地区的服务，业务成熟后，可与外部供应商竞争来让内部顾客选择，市场机制下的模式也有发展的层次，从初步市场化向高级市场化发展，其本质就是外向型特征更加明显。

③ 作为独立经营的外包服务公司，以服务提供商的定位向企业内部客户提供专业支持，同时承接外部企业的服务业务，独立经营，创造价值。

这三种战略职能的定位，在共享服务中心的发展过程中是呈现逐步推进的趋势的，从公司内部的职能部门做起，逐渐地形成一个独立运营责任主体，再向外发展为一个独立的盈利组织。例如简柏特公司从 GE 的职能部门发展而来，成为全球知名的财务外包公司。

当然，对于现在决定实施共享服务的企业，完全可以在这三类职能中选择其一，既可以选择从内部职能部门做起，也可以选择从一个虚拟经营单位做起，还可以选择成为独立经营实体创造价值。对职能定位模式的选择，主要取决于对共享服务中心的定位。

举例来说，大部分企业建立的共享服务中心首先是作为对内提供服务的职能机构，这方面的著名企业有沃尔玛、微软、福特等。

即使是现有的大多数独立经营的财务外包公司，一般从一个企业内部的服务单位发展而来，比如非常有代表性的简柏特、埃森哲等。

确定财务共享服务的战略定位是整个项目实施的主导性工作，它与企业集团的发展战略密不可分。例如，企业集团实施成本领先战略，希望通过财务共享服务项目的实施使业务的整体运作成本得到改善，从而通过成本节约为组织创造价值；企业集团实施差异化战略，则希望通过实施财务共享服务项目形成与同行业竞争者的差异，进而形成自身的竞争优势。

财务共享服务的战略定位通常由战略目标、战略结构和战略职能三个方面组成。战略目标的确定直接决定了共享服务中心的性质和实施重点，也决定了共享服务中心的战略结构。不同战略结构下的共享服务中心，其业务与管理的复杂程度有较大差异，企业在确定战略结构时，应综合衡量企业财务体系的现状、共享服务中心的目标与不同结构类型之间的差异，并具备战略结构演进的思想。财务共享服务中心的战略职能规划定位了财务共享服务中心的职能地位，必须在集团财务体系的整体规划与指导下，进行清晰的界定，从而发挥对集团层战略的重要支持作用。

4.2　财务共享服务中心的模式类型及选择

了解财务共享服务中心的模式类型，有助于企业集团确定适合自身发展需求的财务共享服务模式，这是建立有效的财务共享的关键。

4.2.1 按照财务共享服务中心的建设目的进行分类

依据企业发展的战略定位，从财务共享服务中心的建设目的出发，可以分为成本节约型、管控型、成本节约与管控结合型三种。

（1）成本节约型财务共享服务中心

成本节约型财务共享服务中心的主要建设目的是在确保企业持续有效运行的情况下，最大限度地降低企业的财务运作成本。该类财务共享服务中心纳入范围的业务多为劳动密集型、发生频率高的会计核算业务，侧重实现会计集中化核算；然后通过不断优化业务流程，提高会计业务处理质量和效率，保证集团内部会计核算工作的标准化和规范化，逐步释放规模效应，降低财务人员人力成本，提高财务核算水平与效率。从建设阶段来说，其往往是初期财务共享服务中心建设的目标。尤其对于新设的业务单元，会计核算成本的降低尤为明显，财务共享服务中心的规模效应会因为不断增加业务单元而凸显，因为它不需要再设置会计核算岗位。本类型财务共享服务中心适用于不断进行业务扩张、处于发展中的在全国乃至全球范围内具有同质业务的企业集团。

（2）管控型财务共享服务中心

管控型财务共享服务中心的建设目的是将其作为企业集团管理控制的一项重要手段。其核心理念认为管理的核心在于控制，控制的核心在于会计控制。希望通过财务共享服务中心的集中管控功能在会计控制领域实现规范化、流程化、标准化，然后以此去带动业务的流程化、标准化，实现集团公司对于分子公司管控的目标。这种模式下的财务部门往往是强势部门，其强势来自高级管理层对于财务工作的重视。通过财务共享服务中心的流程再造，有利于整合财务管理和风险管理资源，对集团下属公司实施财务全程化管控，为集团战略制定提供高质量财务决策支持、促进核心业务发展，实现集团对其下属企业或部门的实时监测，提高集团的综合掌控能力，从而有效支撑企业集团的发展战略。以管控为主要建设目的的企业集团，通常是已经处于成熟期，业务类型多元化，重组、并购、变革频繁，并且已经实现全国乃至全球运营的企业集团。

（3）成本节约与管控结合型财务共享服务中心

单纯的成本节约或管控，都不能充分发挥财务共享服务中心的全部优势，因此更多的公司采用了成本节约与管控结合的模式。此模式结合了前两种模式的优势，以企业战略发展为依托，在释放规模效益、节约成本的同时发挥整体管控作用，建立从基础核算、预算管控到决策分析的全方位财务管理。它可以有效提升企业整体管理水平，为企业发展和持续管理优化提供全面支持。

4.2.2 按照财务共享服务中心的运作形式进行分类

从国际财务共享服务实践经验及传统财务共享服务发展理论来看，财务共享服务的发展经历了四种最常见的模式：基本模式、市场模式、高级市场模式与独立经营模式。依据财务共享服务中心的发展趋势，四种模式呈现出递进的关系。但近些年，随着管理实践的进一步提升，财务共享服务还进一步发展出了第五种管理模式，即众包经营模式。这也是我们在研究中需要关注和重视的。

（1）基本模式

该模式下的财务共享服务中心定位为企业内部的一个职能中心，主要为企业内部业务单元提供跨组织、跨地区的专业支持服务，如基础会计核算、出具财务报表、进行财务信息的数据加工等。这时候的财务共享服务中心的建立，大多通过合并和整合日常事务性会计核算处理工作和资金交易活动，实现规模经济并消除冗余，最终以降低成本和流程规范化、标准化为目标。这种模式下的财务共享主要强调标准化的流程、灵活化的组织、专门化的分工和核心化的能力。

（2）市场模式

市场模式是在基本模式基础上进一步发展起来的，它摆脱了内部职能部门的定位，强调财务共享服务中心独立运营责任主体的地位。作为虚拟的经营单位，该模式下服务不再是托管式的，决策权由接受服务的客户全面掌握。财务共享需要不断提升自身服务质量、优化流程、加强沟通，根据确定的服务流程与标准提供服务，提升自身服务的专业化。除此之外，财务共享服务中心还需要基于基础信息提供更为专业的顾问和决策咨询服务。

（3）高级市场模式

高级市场模式的外向型特征更加明显，它使得财务共享服务中心面临更多的外部竞争，服务的客户存在更大的自主权，他们可以在以上两种现有的共享服务机构中进行选择。如果他们认为内部共享服务机构的服务数量或质量难以满足需求，则可以自由更换，甚至从外部购买自己所需要的服务。可见，高级市场模式的目的是引入竞争，向客户提供、推荐最有效率的供应商，供客户进行决策选择，最终有利于提升内部财务共享服务中心的服务质量。

（4）独立经营模式

独立经营模式是财务共享服务中心模式发展的最高阶段，其特征主要体现在“独立”二字上。这种模式下的财务共享服务中心是作为独立的经营实体来运作的，其定位是外部服务提供商。它不仅向企业内部客户提供产品和服务，而且服务于外部客户。该模式下，财务共享服务中心凭借其专业技能、技术及知识与第三方外部服务机构、外部咨询机构等展开完全竞争，服务收费也完全呈现出市场化态势。由于完全没有来自投资企业的先天庇护，迫使这种类型的财务共享服务中心创造稳定的收入和利润，并且不断提供服务与产品的升级或更新，维持老客户，吸引更多的新客户，从而不断发展壮大。这时的财务共享服务中心已经从过去的成本中心转型为价值创造中心。

（5）众包经营模式

众包经营模式是在我国的社会化网络充分构建后形成的一种新兴运营模式。传统财务共享通过规模化的人员集中，构建起服务端运营能力，但这种运营模式存在两个方面的问题。

首先，存在复杂的人员管理问题。财务共享服务中心是劳动密集型产业，人员具有一些特征。如人员数量众多，通常在数十人至上千人不等；人员以年轻化为主，平均年龄在

25 ~ 30 岁；人员专业能力要求较传统财务人员偏低；人员构成中女性员工占比较大。正是以上人员特征，决定了财务共享服务人员管理的复杂性，并引发出以下问题：①长期从事简单重复性劳动，员工流失率高，人员职业发展受限；②现场管理复杂，员工之间的绩效评价公平性保障困难，容易引发管理矛盾；③人员待遇受运营成本约束难以提升，人员激励和人员招聘困难。

其次，财务共享服务中心随着业务的不断扩展，其人员规模以及配套的职场、办公设备等都会发生持续增长。加之随着经济的发展，我国劳动力成本普遍上升，共享服务中心本身随着人员的增加、办公设备的增加，成本也开始逐步提升。在这种情况下，如果公司的业务规模能够保持持续稳健的增长，共享服务中心的规模扩张不会产生太大问题。但一旦经济周期发生改变，企业的经营情况急速发生变化，在所谓的过冬期，共享服务中心重资产运营模式则会带来管理问题。业务缩减后，财务共享服务中心应当相应削减规模，但大量的基础作业人员要在短时间内进行分类消化存在较大的困难，一旦这种规模削减执行后，经济环境再发生改变，需要扩大规模的时候，之前的裁员行为会导致人员招聘更为困难。因此，我们可以看到，尽管共享服务模式能够带来规模效益，但其背后隐藏的管理难点也是不容忽视的。

众包模式的出现能够从一定程度上缓解以上困难。众包模式的基本原理是将工作流程进行充分的标准化和拆解，将其中一些对专业技能要求不高的环节通过互联网平台分发出去，平台对接客户端广泛的人群，通过抢单的方式进行作业，完成作业且达到预期质量要求的单据，按预设定价进行结算。通过众包模式的简单基础的流程环节，利用社会人群的碎片化的时间来进行处理，即使付出同样的成本，在人员管理上和轻资产化方面带来的收益也能够给企业带来价值，如图 4.1 所示。

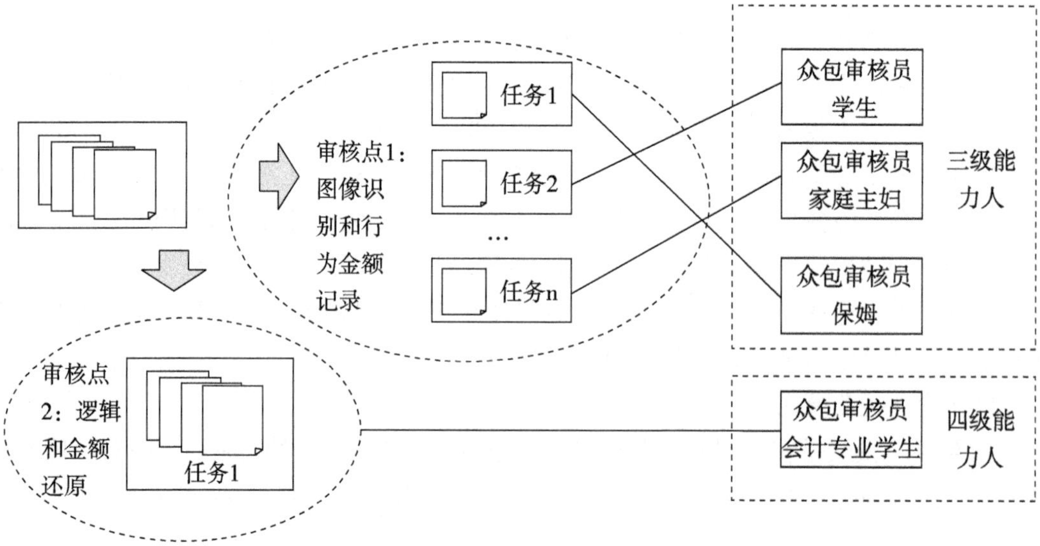

图 4.1　众包模式下财务共享服务任务拆解示例

随着财务信息化从财务业务集成系统阶段向财务智能化阶段进一步演变，众包模式与

OCR 模式的结合能够为智能化作业提供很好的前端信息采集平台。充足准确的前端信息输入，能够为后端使用系统规则自动化作业带来可能。

4.2.3　按照财务共享服务中心的分布模式进行分类

财务共享服务中心的分布模式，随着企业的扩张而变化。财务共享服务中心的办公地点选择主要从两个方面来考虑：一是便捷，二是成本效益。企业可以根据自身各分支机构的分布情况进行评估。便捷方面，着重分析所在地的商务环境、政治环境、基础设施、交通便利性、信息通畅，以及是否与公司的发展战略相符合。成本方面，主要考虑选址成本、人员成本、租金成本、运营成本，以及人员素质与供应量。另外要考虑税收优惠、政策稳定性等方面。

财务共享服务中心地点的选择，依据企业的集权模式而设定。对于完全集权的企业集团，总部管控所有经营的财务运作，单一财务共享服务中心主要考虑选址的成本问题。对于集权模式下的多元化企业，除总部设立财务共享点外，需要设立多元中心，分别承担一个或几个工作审核点并最终汇总到总部共享点。对于分权模式下的多元化企业，设立承担一个或多个业务模块的分中心，或以事业部制形式，各分中心完成自己的流程后再汇总到总部。如安永会计师事务所，将亚太区的财务共享服务中心集中设在了福建。对于更分散的分权化单一业务企业，可采取区域中心的概念，每个中心自行提供全流程的业务管理，仅上传报表数据至总部；或是采用“灾备中心”模式，设立业务中心及后援中心，按同一套标准一起处理流程和服务，相互之间互为灾备，当其中一个中心出现问题时，其他的中心可以随时接替。中国平安作为“灾备中心”的典型案例，在上海、成都等地设立后援中心。

一般来看，财务共享服务中心的分布模式，有以下几种。

（1）集中型财务共享服务中心

这种模式是企业将其所属的财务报销核算人员，集中到一个特定地点集中建立财务共享服务中心。这种模式已被许多跨国企业所采用。该模式要求企业将分布在不同地点的财务核算人员集中到一个地点，即上面讨论的合适的办公地点，通过互联网来实现实时互联互通。该办公地点可以与总部分离，甚至可以与所有的业务中心不在同一地点。这种设置，企业常常会重塑流程以提高运作效率。在建立共享中心的过程中，也经常要求企业搭建新的、统一的系统以代替企业原有的分散且传统的系统。这样，企业往往在前期需投入一笔款项，但在以后的财务年度内，会减少人员成本及信息系统成本。在这种模式下，财务共享服务中心仍是企业的职能部门，成本将分摊到各个使用其服务的业务部门中。

（2）独立财务共享服务中心

这种模式是建立一个独立的财务共享服务中心，选定一个独立的地点，配备独立的财务核算人员、独立的信息系统以及全新的流程。这些全新的因素为共享服务中心的独立运作创造了充分的条件。四川长虹控股集团有限公司采用了这种模式，以提供高质量的财务核算、管理咨询和信息化管理服务为宗旨，在长虹总部设立长虹财务共享服务中心。该共享中心独立于长虹集团，以法人实体形式存在。共享中心为集团和外部的企业提供财务支持服务。从2011年起，该共享中心通过提供财务服务、协助和咨询服务等，收取客户费用，实现了独立自主运营。

独立财务共享服务中心也存在一定的缺点，此类中心前期投入成本高、筹建时间长，且不够灵活，对于企业需求无法随时响应和调整。

（3）虚拟财务共享服务中心

虚拟财务共享服务中心并不需要将人员集中到一个统一的办公地点，而是通过互联网信息系统及相关技术，将不同地理位置的员工及工作联结起来。员工不需要局限于一个地方，只要符合企业需求，通过测试具有相应的能力，就可以成为财务共享服务中心的虚拟员工。财务共享服务中心通过一定的分派方式，将业务分派到个人的虚拟节点，员工通过电脑及VPN等接入网络，进行异地办公，在规定的时间按规定的标准完成工作。这种模式联结不同地区、不同系统，在建设初期需经过大量精准的调研，并充分考虑各联结主体的差异，才能达到最大协同。其不足之处是可能丧失税务优惠及区域优势，同时由于缺少经常性面对面的沟通，容易导致不同地域员工之间合作的困难。另外，部分企业可能受到现有技术水平等的限制，难以获取建立虚拟财务共享服务中心所需要的带宽、内部网络、视频会议等设施条件。尽管如此，当企业无法获得建立财务共享服务中心所需要的员工和地域配置时，虚拟财务共享服务中心仍然是一种有效的替代方案。

（4）全球财务共享服务中心

全球财务共享服务中心是集团企业的全球化布局、企业发展战略的产物。很多跨国集团会建立全球统一的财务共享服务中心，以此解决全球会计核算问题。采用这种模式时，要充分考虑各国政治、税收、监管、进出口关税、汇率等不同的环境因素以及会计准则的差异。同时，语言和时差也是财务共享服务中心需要解决的重大问题。系统设置并磨合后，以及通过借助第三方服务机构的支持，企业可以快速实现全球共享场景的目标。如爱立信的北京财务共享服务中心，承担了该企业在全球的费用报销业务。国内企业开展全球业务，如果采取分散式的财务管理模式，将面临高昂的维护成本以及效率低下的问题，且人员也难于匹配。如华为撤回早期在海外建立的财务中心，中兴通讯撤回8个海外财务中心，除政治原因外，成本及人员配置也是企业的痛点。不过，在国内搭建全球财务共享服务中心面临着非常大的挑战，企业要有充分的预判。

（5）外包财务共享服务中心

对于行业单一、业务流程简单、重复性大的企业，根据企业规模和战略，暂时无须搭建自有财务共享服务中心，但为了提升管理力度、压缩成本，可以采用外包财务共享服务中心的方式。目前，我国有不少相对独立的共享服务中心，大部分选在一线或新一线城市，如上海、北京、广州、深圳、大连、成都、武汉、西安、合肥、郑州等地。选址的原因主要为网络畅通、资源优厚、税收优惠、行业先进、聚众能力强等。其中以北京的信息技术共享中心需求量最大，广东佛山市也已成为国际金融数字共享中心的集散地，中西部地区借助税务优惠及人员成本红利的优势，逐步形成共享服务外包产业格局，通过分梯次、相互链接，形成外包服务产业闭环，吸引了越来越多的企业参与。

企业选择哪种分布模式，只有合适，没有最优。企业应根据自己的实际情况做好全盘规划，逐步推进。

4.2.4　我国财务共享服务模式的选择

我国企业集团财务共享服务的模式选择是一个复杂问题，我国经济发展的事实也证明不可能一味模仿甚至完全复制国外共享服务的成功模式，还需要考虑我国企业自身的文化特征、所处生命周期、公司治理特性等因素，认识到这一点至关重要。为此，在选择适合自己的路径建立财务共享服务机构时，应考虑哪些对企业的健康发展有利、哪些有害，并不是说，对其他公司有效的策略或者模式，同样对自己的公司就有效。

接下来，以按照基本模式、市场模式、高级市场模式、独立经营模式、众包经营模式的分类方式为例，讨论财务共享服务模式的选择应重点考虑的因素。

（1）追求成本降低还是追求高质量的绩效

未来国家之间的经济竞争，在很大程度上还是大公司、大企业集团之间的竞争。一个国家拥有的大公司、大企业集团越多，这个国家的经济实力就越强。正是因为看到这一点，我国在完善市场经济、积极参与国际竞争的过程中，始终重视发展大型企业集团，甚至不惜通过发挥政府的行政力量，推动企业集团的形成和做大做强。组建初期，更多的集团公司依托优势企业、名优产品，带动同行业及相关的企业发展，后期开始逐渐通过兼并、重组由纵向横发展，由过去专一的企业集团发展为多元化的企业集团。企业集团的核心优势在于规模经济，因此，规模化成为企业集团发展的主流。规模经济是由企业规模扩张而收获的成本优势，即企业生产的平均成本（尤指平均固定成本）随着产出增加而下降。反之，则称为“规模不经济”。我国的大型企业集团恰恰依赖于规模经济、劳动力、原材料等成本优势在国际竞争中不断取得优势地位。但是，随着通货膨胀、人民币升值，原材料、劳动力成本上升，多元化业务发展缺陷带来的管控分散、组织模式重复、信息隔阂、效率低下等规模不经济问题愈发突出。

因此，选择实施财务共享服务模式，更多的是一些大型企业集团看重了该模式避免重复组织建设带来的成本投入降低，由于标准化、自动化的操作可以批量处理业务，从而有显著降低单位成本的优势。很多西方企业在建立共享服务中心时，成本预期所占的比重远低于其对标准化、高业务质量的预期。这些西方企业很多时候愿意使用更高的人力成本来从事共享服务业务，以获得更高质量的绩效。而在对中国企业的研究中，可以看到成本领先战略往往是中国企业建立共享服务中心的首要目的，高质量绩效更多的是通过管理手段来实现的。其实，这一观点也并不全面，我国企业集团发展之初，确实由于片面地追求速度、规模经济产生负面效应，加大了对于成本降低的迫切需求，但是，目前很多企业集团也已认识到大不等于强，我国的企业集团应加快由速度规模向质量效益转型，推进企业实现由做大到做强、做优的转变。这个优的实现必须从管理上要质量、要绩效。

所以，我国企业集团财务共享服务模式的选择应结合企业集团所处的发展阶段，集中在市场模式与高级市场模式之间进行选择，不能单纯地定位于简单追求成本降低的基本模式，而是应在降低成本的基础上，逐步通过财务共享服务实现高质量的绩效。这个观点必须要在我国企业集团的高层领导中进行贯彻。财务服务共享不是单纯由成本驱动的，在这个过程中还会涉及人力资源的重新调整、程序和技术的重新设计、组织机构的重新构建。这些都是为了增加价值和改善财务服务水平。如果选择模式的定位起点较低，甚至会使企业集团的高层在针对财务共享服务建立的短期投资预算上就树立起了成本意识，财务共享服务机构将以恶劣的服务质量宣告共享服务的失败，甚至带来更高的成本，面临其他共享服务机构竞争的压力，这也是实施这一计划最大的风险因素。

削减成本固然是财务部门持续关注的，但站在为企业创造价值的趋势来构建财务共享服务机构更应是未来的发展之路。高级市场模式与独立经营模式是一种最优的模式，但考虑到我国企业集团所处的发展阶段、行业差异、财务数据的机密性等问题，这可能仅是一个努力的方向，毕竟出于安全和同行业竞争的考虑，很少有中国的大型企业集团，尤其是国有大型企业集团敢于将自己的核心财务职能交由其他公司的共享服务中心完成。对于现阶段的我国企业集团来说还很不现实。

综合以上分析，关于追求成本降低还是追求高质量的绩效，我国企业集团财务共享服务机构的建立更应该选择市场模式。

（2）兼顾管控还是单纯服务

柯明从法律因素、现代企业制度因素、流程执行不到位因素三个方面论述了我国企业集团财务共享服务模式的选择应考虑环境制约因素，他认为我国适合构建一种加入管控内容的财务共享管控服务模式。我们暂且不去评论这一模式的正确与否，但至少说明了我国企业集团实施财务共享服务的特殊环境，有别于国外企业集团已经建立甚至十分成熟的客观与主观因素。在国内当前的财务共享服务实践中存在两种不同的态度，一种态度认为，财务共享服务中心应当作为服务及作业机构存在，仅基于既定的政策审批结果进行标准化的操作，但在过程中不承担任何的管控职责。如对于员工报销业务来说，在此观点下，认为费用报销政策均应由独立于财务共享服务中心以外的财务部门制定，在报销业务的处理过程中，财务共享服务中心基于财务部门对于政策合规的审定结果，直接进行账务处理和后续的结算工作。另一种态度认为，财务共享服务中心是财务信息最直接的接触者，它能够更好地管理和落实财务政策，应当作为实施财务管控的重要工具存在，承担管控职责。同样，对于员工报销业务来说，在此观点下，认为财务共享服务中心应作为财务政策制定的重要参与者，并且在业务处理过程中，对报销业务直接进行政策的合规审核，并进而进行账务处理和后续的结算工作。

事实上，上述两种不同的态度也正体现了财务共享服务模式中市场模式和基础模式的最重要的差别。从财务共享服务模式理论上来说，市场模式代表了更为领先的模式类型。但在实务中，应当关注实施财务共享服务的企业集团本身的管控状况及所处发展阶段，以便做出更加合适的选择。

对于我国企业集团来说，当前存在分散管控、集权管控以及正在由分散向集权管控转变三种模式。对于分散管控模式的企业集团来说，往往不会在集团层面建立财务共享服务中心，在这里不做深入探讨；对于已经实现集权管控模式的企业集团来说，其自身已经能够形成比较完善的财务管控体系，无须依托财务共享服务中心实施财务管控；对于正在由分散向集权管控模式转变的企业集团来说，财务共享服务中心的建立是其实现集团财务管控的重要契机，依托财务共享服务中心能够在尚未形成健全管控体系的情况下，快速建立起集团层面的管控能力，并在后期集团财务管控体系健全后，逐步将这些管控能力进行移交。

基于上述分析，从兼顾管控还是单纯服务的视角考察，对于已经形成完善集团管控体系的集权型企业集团，可以直接采用市场模式建立财务共享服务中心；对于正在由分散向集权管控模式转变的企业集团来说，应考虑采用基础模式建立财务共享服务中心，并在此基础上吸收市场模式在质量绩效方面的优点，逐步地向市场模式进行转变。

（3）关注财务共享服务不可忽略的缺陷

实施财务共享服务并非全都是优点，而没有任何缺陷。事实上，实施共享服务后，财务人员和业务人员原有的沟通被彻底隔离，基于流程和业务分工的财务作业模式将单据随机分配到每个业务处理人员手中。业务人员面对的不再是固定的财务人员，而是经过整合的财务共享服务中心。将财务部缩至统一中心地点，会使财务部门的触角缩短，会与业务部门间产生沟通问题，原本应进行的面对面沟通成为不可能。因此，财务共享服务机构的建立应考虑到这一点。此外，财务共享服务中心集中了大量简单、重复性的操作，容易使员工陷入大量复杂和烦琐的操作流程，从而导致团队的不稳定，人员流动率较高。

在财务共享服务模式中，市场模式、高级市场模式以及独立经营模式较之基本模式对于上述缺陷有着更多的关注与应对。

在上述三种模式下，客户服务与沟通方面，财务共享服务中心更加关注自身的作业质量和作业绩效。尽管财务共享服务中心与业务部门的接触点在缩小，面对面的服务难以维系，但其通过对服务渠道的再造尽可能缩小了上述影响。如建立财务热线和公用邮箱，服务于各级财务及业务客户；建立信息发布窗口，提升信息公开能力。基于独立的财务客户服务组织，将原先面对面但分散难以标准化的客户服务转化为集中、专业化的客户服务，不仅能够弥补上述不足，而且能够进一步带来服务能力的提升。人员管理方面，财务共享服务模式市场化程度越高，人员管理的压力会越小。当达到完全市场化即独立经营模式时，员工的选用标准趋同于服务外包行业，人才的管理模式也和服务外包行业相似。在这种情况下，员工不会产生和企业集团内部财务人员之间的纵向比较，更多地关注于独立经营模式的财务共享服务中心之间以及服务外包行业之间的横向待遇及职业发展比较，较低的预期能够降低人员管理的难度。此外，市场模式和高级市场模式较之基本模式在人员管理方面的压力已有减少，但仍存在员工纵向比较的问题。

综上所述，考虑到财务共享服务的缺陷，在模式选择过程中，应选择市场化程度较高的模式类型，但考虑到国内企业集团的实际情况，市场模式仍然是当前更为适合的选择。

4.3 财务共享服务中心的办公选址

4.3.1 财务共享服务中心选址应考虑的因素

从国际经验来看，财务共享服务的办公选址正确与否将直接影响能否充分共享及投资报酬率的高低，且制约业务执行效果。具体到决定将财务共享服务中心的办公地点设立在哪个国家或城市，这是一个相当复杂的问题，需要考虑许多因素并在这些因素之间进行平衡。这些选择从总体来看，受制于中心定位、运营模式、长远战略、企业规模大小等多个因素。具体来看，受制于成本效益分析、高素质人才的数量、工资水平、通信网络等基础设施环境、税收法律及其他法规的灵活性等因素。这些具体因素的考虑取决于总体因素的考虑。

财务共享服务的主要定位是降低成本，从中获得收益，选址时会更多地考虑人力成本和运营成本等成本因素。其中，对于人力资源的成本要求也很低，不会过多投入。如果追求财务共享服务带来的业务服务质量，则会产生较高的人力资源成本。需要注意的是，事实上不存在能够满足所有选择标准的办公地址，所以在决策过程中应对各种因素进行排序，选择其中最适合的即可。地震、飓风、洪水等自然灾害都有可能引起业务中断，在选址时也必须加以考虑。

总的来说，财务共享服务中心的选址可以从城市环境因素和公司内部因素两个角度进行考察：城市环境因素方面，我们可以重点考察人力资源、基础建设和经济环境三个方面。人力资源方面，需要考察当地人才的专业技能、教育水平、流动性、人力成本；基础建设和经济环境方面，需考察房产价格、自然环境、通信成本和通信质量。国内很多企业自建的财务共享服务中心在城市选址上和服务外包的产业集群有很多相似之处。一方面，两者在决策中有很多的相似之处；另一方面，二者相互依存，在人才交流上能够互为补充。

如果选址决策并不适合企业自身，会带来各种水土不服的问题。比如用人困难、运营成本高等问题会随之产生。选址在财务共享服务中心的方案设计中是比较重要的一环。如先要按地域划分或按流程划分，确定后，需要考虑是建立在总部还是其他城市，不同的选择利弊是什么。在进行选址前，首先要决策的是建立一个还是多个财务共享服务中心，在真实的案例中，企业的选择是多样的。不同的考虑因素形成不同的决定。尤其在当前，房产价格的影响尤为突出，办公室的成本固然很关键，但更重要的是员工是否能够在当地买得起房子，这是影响团队稳定性的重要因素。另外一种比较常见的是总部式选址，即将财务共享服务中心建设在总部所在城市，这在建设财务共享服务中心初期较为常见，无论在沟通还是管理上都比较方便。

企业财务共享服务中心的选址，还应考虑当地的人文环境、居民的幸福指数，特别是对离岸外包业务，还应考虑选择区域对发包方的商业文化熟悉度或相似性。在竞争激烈的大城市，由于财务共享服务中心的工作枯燥单一、重复性高、工资相对不高，这将一定程度影响员工的稳定性。在安逸的二、三线城市，员工压力低，又会在一定程度上促进员工的稳定，也有利于中心的持续与长远发展。财务共享服务中心的选址必须有前瞻性，并取得内部各服务对象及员工的认同，建设初期的效率影响、成本攀升以及操作习惯的变化，都会给企业带来阶段性阵痛。这需要财务共享服务中心的建设者获得其他部门以及中心财务人员自身的认同，让他们看到低谷后面的曙光。

提前做好全盘规划，保证人力资源的稳定，是财务共享服务中心选址的核心要素。此外还要加强人才队伍的培训，人才的培养有利于运行机制的创新。支持和鼓励各类企业与高校共建实训基地，对于推进实用型人才的培养和选址工作至关重要。

我国境内已有超过 1 000 家共享服务中心，涵盖了各行各业。《2022 年中国共享服务领域调研报告——迈向世界一流》显示：“从受调研企业共享服务中心的选址情况可以看出，35.06% 选择北上广深，四大一线城市依然是中国共享服务中心最聚集的城市；同时，新一线城市同样颇受青睐，24.7% 的受调研企业共享服务中心设立在武汉、成都、西安、合肥、郑州、杭州、南京等地。”由此可以看出，近六成的共享服务中心选址在一线或新一线城市。这些城市凭借自身的资源禀赋分别在业务先进性、行业代表性、服务辐射性、规模增长性四个方面呈现出各自的特色。从行业角度，呈现出与本地优势行业紧密关联的特点，如上海在金融业共享服务中心拥有量上占有绝对优势，而苏州在制造业具有优势；从服务辐射区域来看，全球性共享中心多布局上海，大连在服务东北亚地区的共享中心领域有较明显优势，深圳在服务东南亚市场有较大优势。

国内财务共享服务以及财务外包呈现出明显的地域集群趋势。环渤海集群：该集群已形成以北京为核心的中国最大内需市场和以大连为门户的东北亚服务外包中心。长三角集群：中国城市化程度最高、经济发展水平最高的地区，该地区以上海为核心，依托国际金融商贸中心的优势，发展以金融后台服务为特色的服务外包中心。珠三角集群：依托政策体制先行所积累的经济基础以及东南亚文化融合的地缘优势，以广州和深圳为核心，打造“东南亚软件与信息服务外包中心区域”。

落实提升企业核心竞争力的执行力，考察如何通过某种变革方式释放更多资源，提供更好的资源来支持决策以及为业务部门提供更优质的服务，这一切都离不开财务共享服务中心初建时信息技术和政府政策的支持，否则如果选址失误，一旦迁址会消耗更多的成本和人力资源。

对于中西部地区来说，其具有后发优势：与东部地区三大产业集群不同，中西部内陆地区尚未形成明显的城市集群，各城市竞争实力相距不大，战略中心型城市缺位。但是中西部产业集群的形成将必然成为我国服务外包产业布局的走向，随着服务外包产业在中西部内陆城市的加速推进，中西部服务外包产业集群展现出“围绕中心城市，协同共进发展”的格局，也在日益崛起，从而使服务外包产业在有限区域范围内能够形成有梯次、有衔接、完整性强的产业链条，通过合作之力打造出更为强大的承接大额高端服务外包项目的能力的集群，成都、西安、武汉等均是企业建立财务共享服务中心越来越关注的重要城市。

值得注意的是，财务共享服务一次选址后，并不是一成不变的，很可能会随着外部环境和公司业务的变化，进行二次选址。

观研天下发布的《中国共享办公行业趋势研究与投资前景分析报告（2023—2030年）》就指出了企业发展重心从一线城市向新一线甚至是二线城市转移的趋势明显，具体如下。

“长久以来，共享办公空间主要集中在一线城市，尤其是北京、上海、深圳和广州等大城市，这些城市经济发达，创业氛围浓厚，政策环境良好，因此吸引了大量的初创企业和中小微企业。数据显示，2018 年中国头部品牌共享办公空间主要分布地域 TOP3 为北京、广东和上海。

进入 2023 年，以深圳、上海、广州为代表的一线城市依然是企业布局的重点城市，但北京的优势地位已经明显被深圳替代，2023 年 H1 深圳新开项目贡献占比为 18.18%，位居城市首位。

对比 2018 年新开项目城市分布可以发现，2023 年上半年新开项目在城市选择上分布更广，同时一线城市关注度有所下滑，上半年一线城市新开项目数贡献占比下滑至 45.45%。而以珠海、南京、武汉等为代表的新一线及二线城市重视度提升，企业发展重心从一线城市向新一线甚至是二线城市转移的趋势明显。这一变化主要源于以下几个方面：①市场拓展需求：一线城市的市场竞争激烈，共享办公企业的增长空间逐渐饱和。为了寻求新的增长点，扩大市场份额，共享办公企业开始将目光投向新一线和二线城市，这些城市经济发展迅速，创业氛围逐渐浓厚，具有较大的市场潜力。②成本考虑：虽然一线城市的经济发展水平高，但是其写字楼租金、人力成本等也相对较高。相比之下，新一线和二线城市的租金和人力成本较低，能够降低企业的运营成本，同时，这些城市还提供了更多的政策支持和优惠，吸引企业投资发展。③人才吸引：新一线和二线城市拥有丰富的人才资源，尤其是一些新兴产业和领域的人才。共享办公企业通过在这些城市布局，可以更好地吸引和挖掘优秀人才，满足企业的用人需求。④多元化发展：共享办公企业在一线城市的发展已经相对成熟，为了寻求新的发展机遇和挑战，开始将业务拓展到新一线和二线城市。通过在不同城市打造多样化的共享办公空间，提供特色化的服务，满足不同企业和团队的需求。”

事实上，随着国内企业为业务发展争夺人才，中西部地区和沿海城市的成本差异也会不断缩小。财务共享服务中心作为企业的内部组成部分和从企业独立出来的税收各有不同，独立以后的税收显然高于内部机构。这对建设财务共享服务中心本身起步就晚的中国企业的激励措施明显不利，所以区域政府激励政策也将是财务共享服务中心选址和确定运作模式的重要决策依据。

选址不但对企业自身业务有影响，而且影响到供应商和供应链伙伴，随着激励措施的调整和市场的变化，企业应对财务共享服务中心的地点做出新的选择，并梳理当地政策和自身优势。政府也应对财务共享服务中心的建设加以重视，以政策积极引导，政府的管理策略不能简单借鉴国外先进经验，需要和企业一道发掘属于自己的潜力，理性选择适合企业自身的地点，让财务共享服务中心融入当地的文化，协同发展。

4.3.2　财务共享服务中心选址标准

财务共享服务中心位置的确定需要考虑多方面的因素。虽然技术上可以实现虚拟实体的共享服务中心，但是由于财务功能的数据要求严谨性，往往财务类的共享服务中心还是要选用固定的地点，并在组织机构上独立于其他的营运机构。地点的选择需要考虑的问题很多，到底设立哪些选择标准并分配多少权重，都需要精心的考虑。往往一个共享服务中心获得的规模效益最大，对于执行流程的统一也最好。但是这往往是太理想的状态，因为一个共享服务中心往往较难满足全球的时区差异、语言差异和文化差异，而且打破大区划分的管理界限也不容易，在发生灾难之时因为没有备份体系容易使全球流程陷入瘫痪。所以，建立两个共享服务中心主要是考虑灾难时的备份。采用多个共享服务中心往往是考虑到区域差异和职责差异。同时，具体地点的选择还要考虑经济因素、战略因素和素质因素等。成本是其中很重要的原因，包括劳动力成本、通信成本、物业成本等。

4.4　财务共享服务中心业务范围的确定

4.4.1　企业财务的职能梳理

财务共享服务中心建设初始阶段，企业需开展的工作有很多，其中最为重要的是确定财务共享服务中心的业务范围。为保证财务共享服务中心业务范围确定的准确性、完整性，应首先对企业财务职能进行梳理。随着财务管理定位的逐步强化，公司财务职能的成熟度也逐渐提升，逐步从会计账务处理向业务运营绩效管理、公司决策支持的管理会计转变并提升。通过对公司财务职能的梳理分析，可以判断企业当前财务职能是否齐全、完善，对企业财务职能的现状有个清晰的认识，有利于调整并优化企业财务发展规划；企业对其所有财务职能进行梳理及分析，有利于后期职能划分、财务共享服务中心业务范围确定等各项工作的顺利开展。

企业财务职能按照不同维度可以有多种分类方式，每种分类方法各有侧重，也可以交叉同时采用。此处重点对按照财务职能性质分类和按照财务业务类型分类两种分类方式进行介绍。

按职能性质分类，企业财务职能可分为财务运营职能和非财务运营职能。财务运营职能是指财务工作中与日常运营管理及具体作业紧密相关的基础职能，一般包括会计核算、资金管理、财务报表管理等内容。财务运营职能是企业财务总体职责的基础，是企业财务工作正常运作的基石。非财务运营职能是指除财务运营职能以外的其他职能，通常具有较高的服务价值和管理价值，主要包括三个方面：风险与成本管理、资源配置职责和决策支持职责，具体包括税务管理、财务分析、预算管理、财务风险管理、权益管理和其他财务服务等内容。

按业务类型分类，在职能定位方面，一个完善的公司财务职能至少包括十大模块：会计核算、资金管理、财务报表、税务管理、财务分析、预算管理、财务风险管理、权益管理、其他财务服务、财务管理。

4.4.2 企业财务职责的划分

根据企业财务战略发展规划及前期确定的财务共享服务中心在企业中的定位，可以对企业所有财务职责在原有业务体系和财务共享服务中心之间进行明确界定。在企业财务职责梳理的过程中，可能会发现一些边界性的问题，应组织相关各方进行充分讨论、界定清楚后再继续进行职责划分。需要先界定清楚财务职责，因为职责划分是以职责梳理清晰为前提的，两者有前后关系，职责没有梳理并定位清楚，职能划分也就无从谈起。

通常而言，企业更倾向于将财务职能中高价值内容保留在原有的财务业务体系中，不选择纳入财务共享。这些高价值内容涵盖：财务计划及分析、预测与预算、管理会计及报告、财务及法定报告、业务支持、税务分析、纳税申报、资金管理、内部审计、风险管理、公司治理、投资者关系和融资项目等。

此外，部分企业也会考虑将高价值内容中个别内容纳入财务共享服务中心，主要有财务及法定报告、税务分析、纳税申报以及资金管理职责，主要是因为它们与交易性内容的联系较为紧密，存在前后端的关系，更容易被标准化。与管理决策相关较大或涉及商业秘密的内容，如财务计划与分析、预测与预算、资金管理、内部审计、风险管理等，其共享程度较低。涉及政策法规及专业性强的内容，如财务及法定报告、纳税申报和税务分析等，为了有效制定管理决策以及防止核心数据泄露，企业通常不会纳入共享（外包）。

值得一提的是，有些企业将资金管理纳入了财务共享服务的范畴，这一内容具体分为金融风险管理、资金运营管理以及融资平台管理。资金运营管理中资金交易平台的搭建，可以体现财务共享服务中心规模化、作业自动化的功能，能明显提高资金结算时效，达到提高工作效率、降低工作成本的目的。

4.4.3 实施业务范围的确定维度

企业中各项财务职责划分清晰后，讨论并确定实施财务共享服务中心的实施范围就显得尤为重要了。财务共享服务中心的实施范围包括行业范围及业务范围，其相关的确定维度主要包括业务处理的集中性程度、业务规范性程度、流程标准化程度和业务处理自动化程度等几个方面。

对一个集团化的公司来说，财务共享服务的实施范围需要考虑纳入哪些行业的子公司。在实践中，制造业、电信运营、银行、保险、零售等行业都是适合采用财务共享服务模式的。此外，财务共享服务并非只针对公司，一些公共服务部门，例如医疗康复机构已经接受了创建共享服务中心的理念，即以最小的成本获取最大的收益，同时也避免了重复性的活动。尽管医院面临严格的记录约束、提高效率和相互协调等问题，一些独立的医院仍决定建立共同的共享服务中心。

确定财务共享服务的业务流程范围是实施共享服务的首要任务。一般来说，那些重复性高、劳动密集型、能够实现、容易见效或者已经具有标准化工作流程、可自动化处理的财务业务，应纳入财务共享的服务范围。如应收账款、应付账款、总账、员工薪酬、固定资产、费用报销和资金管理。

业务范围的确定可以从定性和定量的角度进行对比、分析和筛选。

（1）定性分析

定性分析需要考虑流程是否具有业务量大、重复发生且没有必须保持分散的约束条件。一般来说，越具有同质性的流程，越有可能成为财务共享的目标。

（2）定量分析

定量分析主要通过基于活动的成本分析法（activities-based cost method，ABC 分析法）来确定流程步骤，分析现有流程的全职工作时间（full time equivalent，FTE）及流程的成本，并考虑实施共享服务中心之后的流程工作人员数和成本，以方便进行投入产出比等相关分析。

最后管理层可根据统计分析出的数字和图表数据确定实施范围。

纳入财务共享的业务范围通常具有重复性高、劳动密集型、能够实现、容易见效或者已经具有标准化工作流程、可自动化处理等特点。财务共享服务中心所提供服务主要分为四类：一是会计账务处理，包括往来账、应付账款、应收账款、固定资产、存货等；二是现金管理，包括资金管理、工资管理、现金存量和流量管理等；三是财务报告，包括公司内部管理报表、对外财务报表、报表合并等；四是其他会计业务，包括发票管理、差旅费管理、税务筹划等。

4.5　财务共享服务中心的成本效益评估

搭建财务共享服务中心，需要从以下方面考量和评估平台的成本效益。

① 财务共享服务中心应当分阶段建设，从易到难。从简单的会计网报系统开始，到会计核算、人员薪酬结算、合同及采购链结算，再到营销收入结算、上下游供应商结算等，分期分步建设，保证平台能尽快投入使用。建立成本分析、预算管理体系，通过投产比的数据分析来反映中心的运营效率。对共享中心需要配置的人力、物力，应当按阶段配置，特别是劳动力集中的岗位，按建设阶段来安排人力，避免人力资源浪费。

② 共享中心的成本预算，应当合理分配到各部门、各分支机构。与各部门、各分支机构达成分配协议，定期进行成本结算。

③ 合理安排成本构成。共享中心主要成本构成为硬件采购成本、软件成本、人力成本、咨询成本及管理费用等。在建设期，主要成本为硬件采购成本、软件成本；在日常运营期间，主要成本为固定资产折旧、人力成本、维保成本和管理费用等。按照服务的强度和数量，除固定成本外，变动成本可以适当调整并增减。

④ 设立适当的成本摊销方式。对于关键成本，在明确划分出固定成本及变动成本后，按量本利分析方法计算出保本点，按现有业务量测算共享中心的盈亏情况，以此来改进平台的状况，采用相应对策，扩大业务量，或降低单位成本。

⑤ 企业内设的财务共享服务中心，应当按成本中心的模式运作，核算投入的成本是否能覆盖服务的效益或降低成本。按企业的规划，在一定的合理期限内设定项目回报期。一般设置长度以三年期为限，第一年为建设期，第二年为过渡期，第三年为成熟期。根据企业的需求，可设置核心硬件及匹配的软件，其他软、硬件按需求插拔使用。核心软、硬件的投入成本由企业按预算执行。

⑥ 考虑绩效成本。财务共享服务中心的人力资源成本是非常重要的核心成本。由于共享中心应用了信息技术，实现了流程规范、数量可计、分类清晰，人力资源成本可以很迅速地量化。对于具体从事业务操作的员工及系统维修保养员工，在设定了可量化的绩效管理考评的模式和相关指标及系数后，可以较便利地使用绩效信息系统，快速地统计绩效。从会计核算系统、营销管理系统、ERP 系统、档案管理系统等相关系统中取得量化的数据，并对包括时效信息、投诉信息、纠错信息等设置一定的参数和系数，以及设定员工绩效基数，按岗位不同分别设置计算公式，可以适时得出员工的绩效报告。针对管理岗位的员工，应当采取激励措施，充分调动他们的主观能动性。可以财务共享服务中心产生的效益或降低的成本作为绩效考核的依据。对于积极创新、为企业实现降本增效的员工，绩效工资的比例应当相应提高。

⑦ 考虑后续财务共享服务中心优化升级的成本。财务共享服务中心根据企业管理需求，应定期进行升级优化，帮助企业战略目标的达成。作为共享的流程，受初始设计期的资金预算及管理层的眼光影响，一般会有局限性。随着业务发展成熟和实践经验的丰富、资金逐步投入，财务共享服务中心有升级优化的基础。因此，在设计初期，建造者应当建立流程的持续优化机制，以实现效率的提升和成本的有效管控。

流程优化是一项持续的工作，可以设置优化的触发点。可以按一定的时长，如以两年为限，达到两年则必须优化系统。也可以设定一定的指标值，如投诉达到 10%，则触发优化警报。也可以通过定期对共享中心开展评估，结合内外部环境及业态的发展，确定优化计划。

当优化的需求出现时，管理层要果断地进行系统升级优化。可以按照初始设计的流程，分步建设，也可以仅就需要提升的节点，增加插件或模块进行拓展。

财务共享服务中心是一种新型财务管理模式，它的初衷是集中处理集团各下属企业或部门的事务性操作，以达到规模效应，降低运营成本。虽然目前财务共享服务中心在跨国公司和国内大型集团公司中逐渐兴起与推广，但在企业决定是否实施财务共享服务中心项目时，首先应明确该项目的投入及产出，引入成本效益分析法，以评估该项目实施效果。

第5章　财务共享服务中心流程管理

财务共享服务模式与财务集中管理最显著的区别是流程的再造和整合。流程管理是共享服务建设的主要思想，保证了财务共享服务中心对业务流程不断进行分析、鉴别、改进、优化，使流程的效率和质量得以实现最优的持续管理。流程标准化和科学化是财务共享服务得以高效运作的基础，也是实现信息化的前提。基于流程管理的重组和优化，财务共享服务中心得以使共享模式标准化、规模化、高效化的优势不断凸显。财务共享服务中心规范和标准化的运营流程管理能更有效地控制运行成本、优化信息输出的质量、提高企业灵活应变的能力、综合改善企业的组织结构和资源配置，让客户满意度大幅度提高，实现企业在经济效益方面的质的提升，促进企业战略目标更快落地。

5.1　流程管理概述

5.1.1　流程

1. 流程的概念

1885年，弗兰克·吉尔布雷斯发现工人砌砖时速度不一，且容易产生疲劳感，于是对工人砌砖的动作进行分析：工人每砌一块砖，先俯身以左手拾取砖块，同时翻动砖块选择最佳一面朝外；然后右手开始铲泥灰，敷于堆砌处，左手放置砖块，右手再以泥灰铲敲击数下用以固定，以此为周期，进行重复性操作。经过分解，吉尔布雷斯将其拆分为17个基本动作：伸手、握取、移物、装配、应用、拆卸、放手、检验、寻找、选择、计划、对准、预对、持住、休息、迟延和故延。其中前8种为“必要动作”，中间5种为“辅助动作”，后4种为“无效动作”。为提高工作效率，吉尔布雷斯提出一种新的方法：先由廉价工人将砖块挑选出来放在一个木框内，每框盛90块，并将最好的一面朝向特定方向，木框悬挂于工人左侧；当砌砖时，工人左手取砖的同时右手取泥灰，并改善泥灰浓度，使砖放置其上时无须敲击。这一方法的改进大大缩减了基本动作量，速度由原来每小时砌120块砖增加至每小时砌350块，砌砖的效率提高了近200%。

这个故事中廉价工人预处理砖块，以及砌砖工砌砖的过程就是流程。砌砖效率提高200%就是流程的收益。

流程是由一系列的活动组成，接受一个或多个输入，并产生一个或多个为客户带来增值的输出，是一种按照规律性方式，将输入转化为输出的相互关联且相互作用的连续过程的组合。因此，流程一般由输入、活动、活动的相互关系、输出、客户和价值共六个要素组成。

2. 流程的评价标准

业务流程重组理论创始人哈默曾说："一个差的流程总比没有流程好，当然，拥有一个好的流程自然更好。"那么什么样的流程是一个好的流程，它的评价标准又是什么？从流程的合理性、有效性及对业务处理所带来的有利影响出发，根据哈默对流程所下的定义，总结并提出能综合反映业务流程性能的评价指标体系，主要包括以下四个方面：流程的成本、流程效率、流程客户满意和流程责任。

简而言之，好的流程标准化程度更高，可以让客户满意，让业务更灵活有效，让质量更有保证且风险更低，还能让流程的成本更加低廉。

5.1.2 流程管理

1. 流程管理的基本概念

流程管理的核心内容是业务流程，因此流程管理也被称为"业务流程管理"。流程管理是将企业中的各项业务流程细化，通过标准化的运行方式，将输入、输出有机地关联并相互转化的过程。可以说流程管理存在于任何一个企业中，即使没有明文的规定，也会有隐形的流程潜移默化地影响员工的操作和任务的执行，企业管理可以依照流程管理为导向进行。流程管理源于管理的分工理论。传统的分工理论认为，越细致的分工越能使工作效率有更高的提升。但随着企业规模的扩张、经营业务种类的不断增加、多元化和经济全球化发展趋势的到来，越细致的分工会带来越高的管理成本，企业庞大的组织机构不但不能产生正面的效应，反而会造成很多的问题，如协调沟通成本大、集团难以统一调控各项业务、职能部门之间产生利益冲突等，致使企业的管理效率低下。此时的业务分工背离了其刚出现时的原始动机，流程管理的理念在企业管理中逐渐被淡化。但进入 20 世纪 80 年代后，随着计算机的普及，互联网的迅速发展，智能化的软件服务使得流程管理环节被简化，部门与部门之间的信息传递可以通过计算机编码的方式进行，由自动化平台代替了复杂、烦琐的人工操作，既解放了很多基础的人力，也大幅地提高了管理的效率和准确度。在此之后，流程管理又重新出现在人们的视野。

2. 流程管理的收益

流程管理，是一种以规范化的构造端到端的卓越业务流程为中心，以持续提高组织业务绩效为目的的系统化方法。流程管理对企业效益的提升可以体现在以下三个主要方面。

（1）成本优势：降低业务能力要求，减少人力成本，提高流程效率，消除流程中的非正常支出。

（2）质量改进：识别流程节点，制定缜密的规范，进行管理监控，固化标准流程，减少错误概率，提升输出质量。

（3）应变能力：分解为标准化单元，快速响应需求，按需进行调配和组合，提升灵活性和应变能力。

流程管理带来的还远远不止这些。流程管理是一种理念，它以流程为中心，通过优化企业的组织结构、灵活易变的流程设计、面向客户的流程管理体制等一系列措施，来提高企业的运行效率，优化资源利用率，优化人员之间的协作关系，从而降低企业的运营成本，提高企业对客户需求的响应速度，以争取企业利润的最大化。

3. 流程管理的主体

流程管理是一个持续改进的过程，期望通过一次流程变革从根本上解决其管理问题是不现实的。流程管理要发挥其力量，必须做到持之以恒，这种持续改进需要来自一线业务人员的发起。业务人员处于生产一线，他们是流程的直接应用者，对流程的优劣有着最深刻的体会。因此，业务流程的优化应由业务人员发起。

尽管业务人员能够发现流程优化的契机，但业务人员常常缺少优化流程的能力和动力。因此，当流程优化的需求提出后，需要专业的流程管理人员介入，他们将负责推动流程优化需求的具体落实。

4. 流程管理的闭环模式

流程管理是一个系统化和不断改进的管理方法，其本身的管理活动就是一个流程。流程管理通过流程梳理实现流程的价值定义，通过流程的绩效结果验证流程价值的实现程度，这就建立了流程管理的闭环模式。流程管理的闭环模式可以简单地概括为四个阶段，即流程战略、流程设计、流程实施和流程优化。

流程战略确定明确的流程目标，建立关键绩效指标体系。流程设计搭建流程架构，在流程现状分析的基础上进行优化设计。流程实施对流程设计结果进行验证、测试和推进流程的具体实践。流程优化建立流程绩效监控体系，对流程实施结果进行控制和持续改进。

5.1.3 财务共享服务中心流程管理

财务共享服务中心流程管理指的是在建设财务共享服务中心的过程中，为了提升财务集中后的管理效率，针对企业的财务流程展开具体的流程管理方案设计，结合对业务流程开展充分的分析、跟踪、识别、优化工作，合理地划分职责范围，让各项流程管理活动包括质量和效率两个方面实现本质上的、可持续性的最优效能提升，最终目的是配合其他组织部门实现企业的总体战略目标。财务共享服务中心的建设需要以财务系统软件和强大的计算机技术作为支撑，在组织和管理层的推动下，逐步实现对企业经济业务的集中管控。

虽然财务共享服务中心的工作集中在一地，要处理的经济业务却面向全球。一方面，财务共享服务中心每天都要接收从全国甚至全球各业务发生地传来的数据，并对其展开一系列的审核、记账、归档等工作；另一方面，财务共享服务中心会产生大量的财务数据，为企业集团管理层做决策提供基础的信息资料。财务共享服务中心通过对业务进行标准化的流程再造，通过端到端的流程定义，实现集团不同维度的连贯性和一体化，对企业进行精细化管理，将流程设计做到较为细致的程度，使得会计记录更加规范，结构更加统一，并因其能为企业删减大量的基础会计业务工作，使得会计人员从繁杂、琐碎的事务中脱离出来，为财务管理者节省出更多的精力，转而为其投向更高级的战略化财务管理提供基本的保证。

5.2 财务共享服务中心的流程要素

1. 流程闭环

财务共享服务中心是一个希望通过专业化分工，将财务工作从繁杂、琐碎的操作中解脱出来，优化管理流程，提升企业总体效益的组织，其成功与否很大程度上依赖于流程管理所达到的程度。完整的财务共享流程管理可以概括为以下四个环节：流程目标确立、流程梳理与再造、流程执行、流程优化与维护，并且这四个环节都是围绕企业整体的战略目标展开。具体管理内容可以循环形成一个完整的闭环模式，如图 5.1 所示。

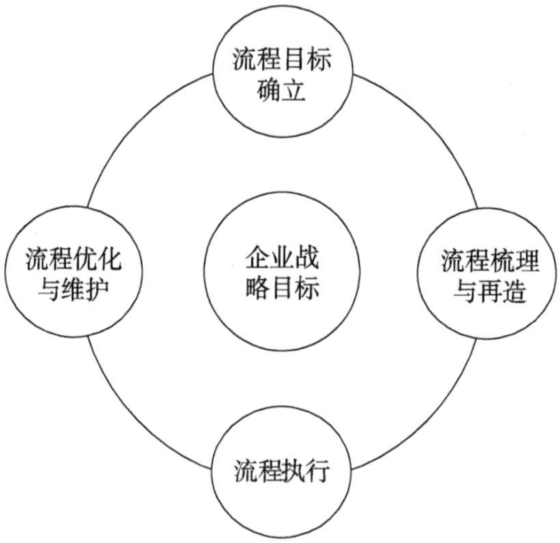

图 5.1 流程闭环

2. 企业战略目标

企业战略目标是指企业在实现其使命过程中所追求的长期结果，是某些重要领域企业使命的具体化。企业的战略目标反映出其在一定时期内经营活动的方向和所要达到的水平，衡量的办法可以是定性的，也可以是定量的，如竞争地位、业绩水平、发展速度等。企业使命过于抽象，企业的战略目标则要有具体的数量特征和时间界限，时间跨度通常为 3 ~ 5 年或以上。企业战略目标为企业的发展指明方向，是企业未来发展路线的总括性指导。企业战略包含多个层面，如销售渠道管理、财务管理、产品服务管理、市场稳定性管理等，多个维度需要相互配合才能使得战略落地，帮助企业更好地实现使命的达成。

3. 流程目标确立

流程目标为流程管理的设计提供方向，明确流程管理的目的，细化管理方向，将关键指标建立为统一的整体，界定流程再造的范围。流程管理的目标要和企业整体的战略目标紧密结合在一起，任何流程管理的最终目的都应该是更好地实现企业的总体战略目标。财务共享服务中心成立的初衷是更好地达成企业的战略目的，财务共享流程管理的目标是对企业战略目标在财务管理方向上的进一步细化，我们需要按照流程管理的闭环模式，在财务共享服务中心一开始设立的时候明确组织定位，结合企业实践，确立财务共享服务中心的战略目标，再以企业的总战略目标为核心，建立财务共享服务中心的流程管理模式，确定相关的流程设计方案。相较于企业的战略目标，财务共享流程管理确立的目标要让细节更加具体，因此必须具有更强的可操作性和可理解性，为后期的流程再造和执行提供明确的指导思路。

4. 流程梳理与再造

流程再造是流程管理过程中的关键环节，流程再造的起点是对企业所有的流程进行全业务梳理，打破原有的流程管理模式，重塑流程体系。此外，考虑到流程再造会引发企业内部组织管理架构的适应性问题，对此企业应及时予以调整。流程再造是财务共享流程管理中非常关键的一个环节，流程梳理是展开流程再造的起点。合理的流程再造方案能通过对竞争环境的分析，甄别达到目标所涉及的所有关键环节，结合企业以往的实践操作经验，充分理解各业务中可能涉及的各环节所发挥的重要作用，寻找阻碍企业管理效益达到最大化的限制因素，针对限制因素提出解决方案，有目的地去除流程操作中非增值部分的工作，将复杂的工作简单化，提高整体的工作效率。在流程再造的过程中并非所有的流程都需要保留，流程管理要提高企业的整体效益必然要有所取舍，因此需要谨慎地选取关键流程进行流程再造和优化。根据“二八原则”，通常起到关键作用的流程在流程的总数目中可能只占 20% 的比例，但会对整体目标的达成发挥 80% 的影响力。

流程再造后，良好的信息传递能够降低沟通成本，使每一个任务的传达和执行能更好地落到实处。信息的传递和沟通可以依靠图表、文字的方式进行。流程图的画法有很多，矩阵式流程图是其中的一种。矩阵式流程图的好处在于它能将职责明确地标示在图解的左侧，直观地说明该环节对应的执行部门和执行岗位。图的核心区域则可以明确地示范业务流程的衔接。但仅依靠图解无法明确所有的问题，因此需要通过文字进行补充说明。对流程再造设计方案的细节阐述应围绕流程实施的前提假设、流程涉及的相关术语解释、流程对应的职责划分等关键问题展开，使流程再造后的方案具有更强的可操作性。此外，当流程管理的目标发生改变时，要关注企业原有的组织管理架构是否还能满足企业流程再造后的运行管理需要。由于组织结构的变革具有滞后性，因此更应当在流程管理的过程中给予充分的重视，及时汇总问题，调整组织结构，为实现财务管理目标打下坚实的基础。

5. 流程执行

流程执行是将理论转化为实践应用的关键，只有在实践中才能展开对流程再造合理性的验证。执行的过程需要各部门和全体员工的配合，因此需要协调好人事关系，否则容易产生负面效应。流程执行一方面需要依照已确立的流程操作手册有条不紊地展开；另一方面，新旧流程的对接、人员岗位的重新配置对于流程执行的顺利展开也会起到关键性的作用，这直接决定了前期投入能否在实施中得到验证和成本的收回。首先，流程执行是对流程再造的检验和论证，是使流程再造方案落地的过程。对于刚建成财务共享服务中心的企业集团，最好分批次迁移集团的财务工作，循序渐进地实现整个集团财务共享的全线覆盖；其次，流程管理的执行要落地到具体的部门和岗位上，因此要在企业内设立一个有针对性的系统考核指标，以此为依据评判各流程管理参与者对于任务的执行情况；最后，执行力度的高低、管理者对于流程的理解程度等都会影响整个财务共享服务中心的流程管理输出结果。明确流程执行中的关键要素，自上而下、有层次地开展流程建设，把握工作中的重点和难点，才能使流程管理在企业管理中发挥更好的作用。

6. 流程优化与维护

与流程再造不同的是，流程优化不需要从本质上推翻原有的流程进行变革，只需要对目前出现的问题进行局部调整，是对流程再造的补充。对于庞大的数据系统，还应当关注后期的信息维护工作，持续管理系统的优化升级。在流程管理的持续升级和维护中，企业会发现原本流程管理中可能存在的问题已被解决，但又能从新的实践中总结出更多的流程管理需求，影响目标的重新确立。这一切都将紧密围绕企业的总体战略目标展开，因而会形成一个以战略管理目标为核心的标准的闭环管理模式。

5.3 财务共享服务中心的流程设计

什么样的组织能够从流程管理中获益？一个希望从流程优化中获取价值并希望实施专业化分工的组织会从流程管理中获益，财务共享服务中心正是这样一个组织。流程管理结合财务共享服务自身的特点，能够有效提升其竞争优势，使财务共享服务中心从本质上改善运作能力。

5.3.1 财务共享服务中心的流程设计框架

流程设计是流程管理的核心内容，共享服务模式作为一种新的管理理念、管理方法，必将引发财务共享服务中心流程的变革和优化，因此，完善、缜密的流程设计工作至关重要。

流程设计主要是根据流程框架进行逐层的分解和设计。财务共享服务中心作为一个独立运营的实体，其流程设计框架一般分为：流程地图、流程区域、流程场景及流程（见图5.2）。流程地图为最高层次的流程全景，可以涵盖财务共享服务中心所有的流程范围；流程区域在流程地图基础上，按照流程特性进行划分、汇总和分级；流程场景勾勒流程区域中流程的起始和结束状态，以及与其他流程的接口关系；流程则是最小单元，最为明细的流程过程的展开，对流程的执行岗位和信息进行描述。

1. 流程地图

流程地图是共享服务中心的流程全景，一般按照流程功效，可以将共享服务的整体流程分为三大类别：管理流程、核心流程及支持流程。

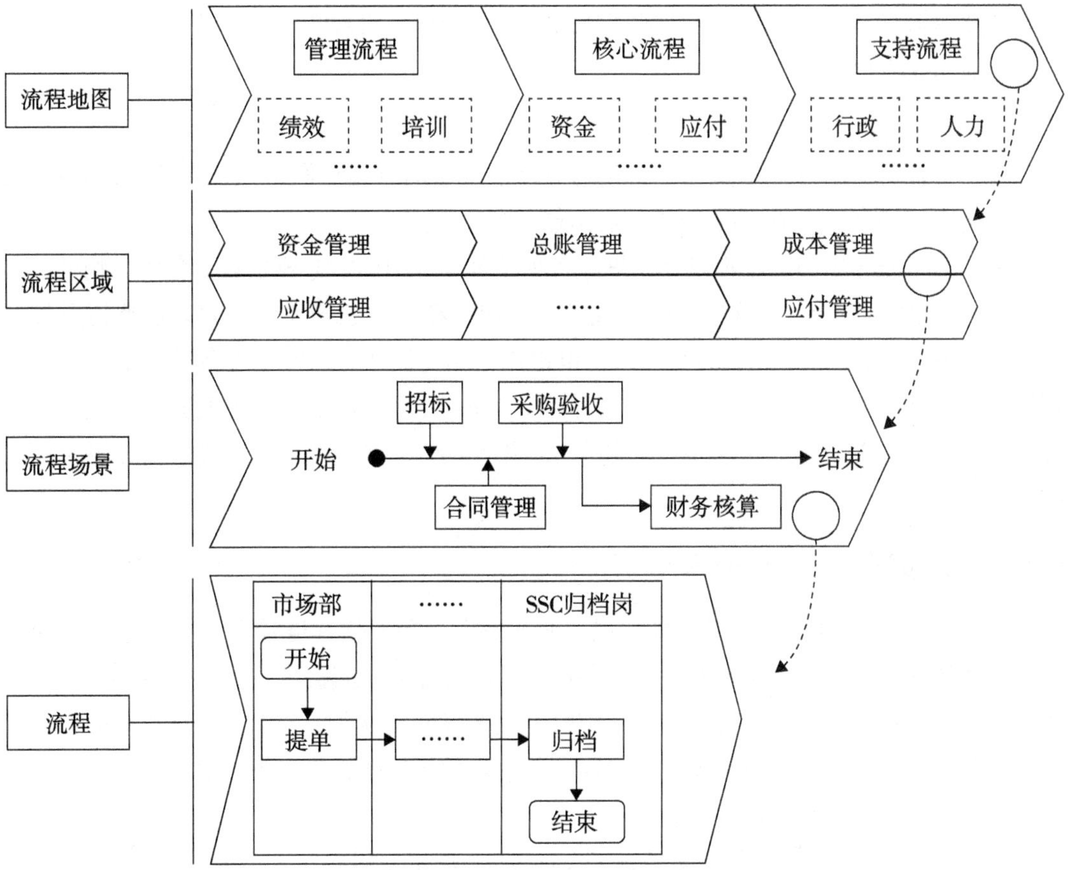

图 5.2　财务共享服务中心流程设计框架

① 管理流程：对共享中心运作进行规划、管理、协调和拓展。例如绩效、培训及系统管理等。

② 核心流程：实现共享中心营运功能，构成核心业务并创造基本价值。例如资金管理、应付管理、应收管理等。

③ 支持流程：支撑管理流程和核心流程顺利实施的流程。例如：人力资源管理、行政管理等。

管理流程对核心流程和支持流程进行指导，支持流程为管理流程和核心流程提供支持，而财务共享服务中心所聚焦的正是专注于共享业务开展的核心流程。

2. 流程区域

流程区域是根据流程的业务性质进行的流程划分，一般可以分为资金、总账、成本、应收、应付、绩效、培训、行政、人力等流程区域。财务共享服务中心一般聚焦于财务核算模式的变革，因此与财务核算相关的流程区域是财务共享服务中心流程管理的核心。

3. 流程场景

流程场景是指流程从起始到结束的整个状态中，流程间的嵌套关系，即流程之间的关联与前后关系。流程场景的展现有利于流程设计人员加深对流程的了解，使眼光不局限于财务核算流程本身，而是拓展到业务维度，清楚与核算流程相关联的整个业务的流转关系，从而树立流程的全局观念。

4. 流程

流程是流程架构的底层建设，也是业务活动次序的过程映像，正是有了流程的基础，才能搭建流程场景，组成流程区域，规划流程地图。

财务共享服务中心的流程设计，剔除各项核算业务中的财务要求对业务的影响外，其基本处理流程是类似的，通常由经办人发起流程，经相关领导审批，同时由票据员扫描影像（如不需影像上传的跳过此环节），审批流与实物流匹配后转入财务共享服务中心处理环节，财务共享服务中心人员处理完毕后，流转至资金会计进行相关资金的收付及账务处理（如不需要资金支付的跳过此环节），最后实物票据流转至档案管理员处进行档案归集。

5.3.2 财务共享服务中心的流程

财务共享服务中心适合将重复性强、业务量大、标准化程度较高的业务进行集中处理，财务核算流程属于财务工作中最为基础和核心的业务，其标准、重复的特性正符合财务共享服务的业务需求。同时，在对实施财务共享服务或准备实施财务共享服务的企业调查中发现，大多企业也都选择将财务核算业务纳入财务共享服务业务范围。

1. 财务共享服务流程范围

财务共享服务流程地图中属于核心流程层次的流程区域，正是专注于财务的核算业务。因此，财务共享服务中心的流程设计应针对核心流程区域，逐一展开进行优化和设计。

归属于财务核心流程的流程区域一般包括：总账管理、应收管理、资产管理、成本管理、应付管理和资金管理等。

财务核算的各项内容是紧密相连的。它们之间相互的数据传递交织成共享服务的总体流程。财务共享服务相关流程中，总账管理作为核心，和应收管理、应付管理、资产管理、成本管理及资金管理等发生紧密的交互。上述业务在进行业务处理的同时形成了记账分录，这些分录通过过账的方式进入总账业务循环中。

① 总账管理：包括日记账处理、会计循环的管理、凭证过账、余额重估、余额转换、合并账套、出具财务报表等业务。

② 应收管理：包括对订单及合同管理、收入确认核算、发票开具管理、应收账款龄管理、客户管理、对账管理等业务。

③ 应付管理：包括合同管理、应付款账龄管理、供应商管理、费用报销、借款还款核算、对账管理、付款管理等业务。

④ 固定资产 / 无形资产管理：包括资产新增、资产减少、资产调拨、资产折旧与摊销、减值计提等业务。

⑤ 成本管理：包括成本的核算、人力成本管理、费用的分摊、成本计提等业务。

⑥ 资金管理：包括对收款、付款的管理，资金调拨管理，贷款管理、利息管理、银行账户管理等业务。

2. 财务共享服务流程层级

流程是有层次性的，这种层次体现在由上至下、由整体到部分、由宏观到微观、由抽象到具体的逻辑关系。一般来说，可以先建立主要流程的总体运行过程，然后对其中的每项活动、每种业务情况进行细化，落实到各个部门、岗位的业务过程，建立相对独立的子流程以及为其服务的辅助流程。以财务共享服务中心的资产核算流程为例：资产核算流程属于一级流程，资产核算流程中所包含的固定资产核算流程属于二级流程，固定资产核算流程中更为细化的固定资产新增流程、固定资产减少流程、固定资产调拨流程、固定资产折旧流程属于资产核算流程的三级流程。

为保证财务共享服务中心未来流程的高效、稳定、规范运转，财务共享服务中心流程设计工作应尽可能地深入流程的最小单位，从全业务场景出发，为最低层级的子流程进行明细设计。

财务共享服务中心流程设计的一级流程一般包括费用核算流程、资金核算流程、资产核算流程、收入核算流程等。

3. 财务共享服务中心的典型流程

财务共享服务中最为普遍的流程主要包括应付流程、应收流程、固定资产流程及总账流程等。对这些典型流程的研究和了解，有利于在实践中更好地对其实施流程管理，提高流程运作的效率和质量。

（1）应付流程

应付流程是共享服务中最为普遍的业务流程，这与其自身高度标准化，且有大量业务量支撑的特点相一致。应付流程主要解决面向公司内外部供应商的费用报销及货款或服务支付。

应付业务通过影像管理系统、ERP 系统、银企互联 / 网银系统、供应商管理系统的支持能够实现基于信息系统的高效共享服务流程（见图 5.3）。在 AP（accounts payable，应付账目）业务过程中最为重要的环节是公司和供应商的业务交接界面。这种交接体现在两个方面：第一，供应商发票及业务信息向公司传递的界面；第二，SSC 进行支付并接受供应商查询的界面。基于这两个界面和 SSC 内部处理过程，整个 AP 业务可以分为下面四个逻辑过程。

① 发票信息采集。发票信息采集过程包括实物发票的接收和扫描。这两个步骤的主要目的在于提取发票中的信息，并将这些信息作为后期应用的依据。

很多共享中心采用条码技术并结合影像管理系统来实现对发票等票据信息的全程管理。SSC 的票据室收到票据以后，需要对票据进行简单整理，并检查票据的条码是否打印齐备，同时对票据的粘贴质量进行检查。检查合格的票据由扫描员依次进行扫描，票据经过高速扫描仪扫描后转换为影像存储，扫描系统跟进条码对票据自动分拣，扫描完毕的影像需经过检查复核后，上传至服务器。

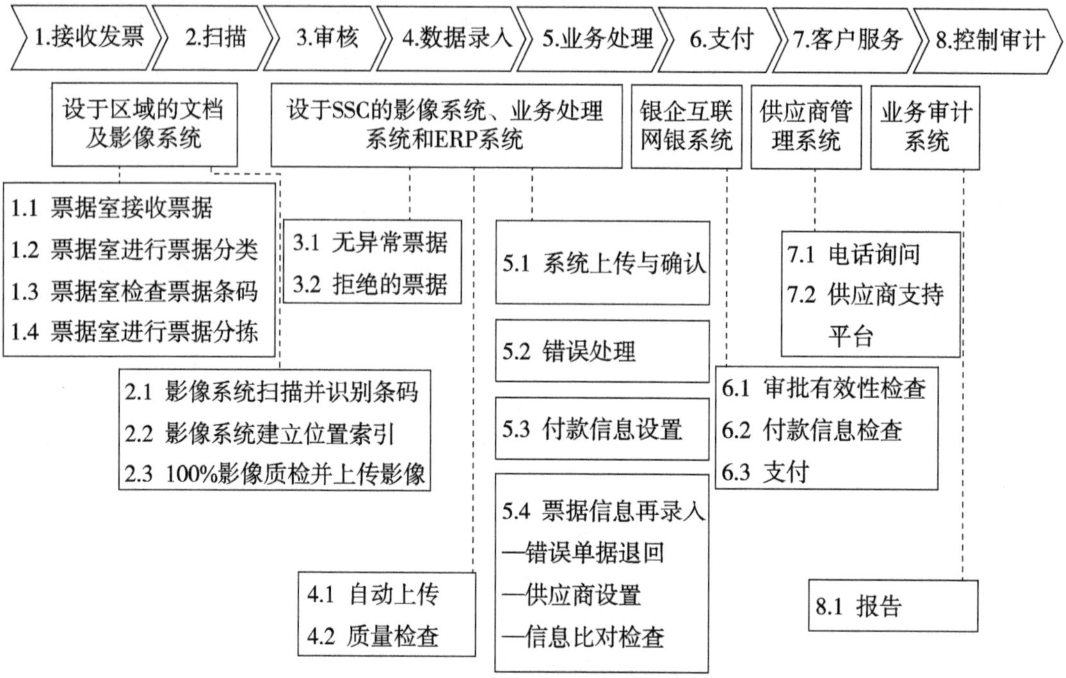

图 5.3 AP 核心业务逻辑

② 数据及业务处理。数据处理过程主要实现对采集的发票信息进行审核以及向 AP 和支付信息的转换。

影像系统根据设定的影像推送机制，将待处理影像传递到审核人员手中。审核人员对影像及相关业务信息进行审核，检查本次支付申请是否经过了足够权限的业务审批，并审核是否符合公司财务制度的规定，影像中的重要信息需要补充录入系统，并和发票信息采集过程中获取的信息或系统中已存储的判断条件进行比对复核，有异常的单据需要退回或修正后重新审核。比对无误后，检查发票的付款信息和账务信息，借助业务处理系统形成 ERP 发票信息，并将这些信息导入到 ERP 系统中，形成账务处理记录。导入前，需要对发票信息进行复核，导入后需要进行核销、中转等后续处理。

③ 银行支付。业务处理系统中的付款信息可以导入 ERP 系统中，ERP 系统将这些付款信息转换为符合网络银行接口标准的支付数据，通过网络银行或银企互联的方式完成支付。

④ 客户服务。由于应付流程面对众多企业内外部供应商，因此财务共享服务中心需要提供强有力的服务支持系统，比较典型的是通过呼叫中心、财务邮箱、供应商管理系统等方式来接受内外部供应商对业务的咨询和对单据的查询。

（2）应收流程

应收流程解决企业和客户之间的财务关联，包括合同管理、发票开具、收款对账等业务环节（见图 5.4）。应收流程因涉及收入确认，相对于应付流程略微复杂，但其标准化程度在企业电子商务系统和客户关系管理系统的支持下也相对较高，因此，也是 SSC 中常见的业务之一。

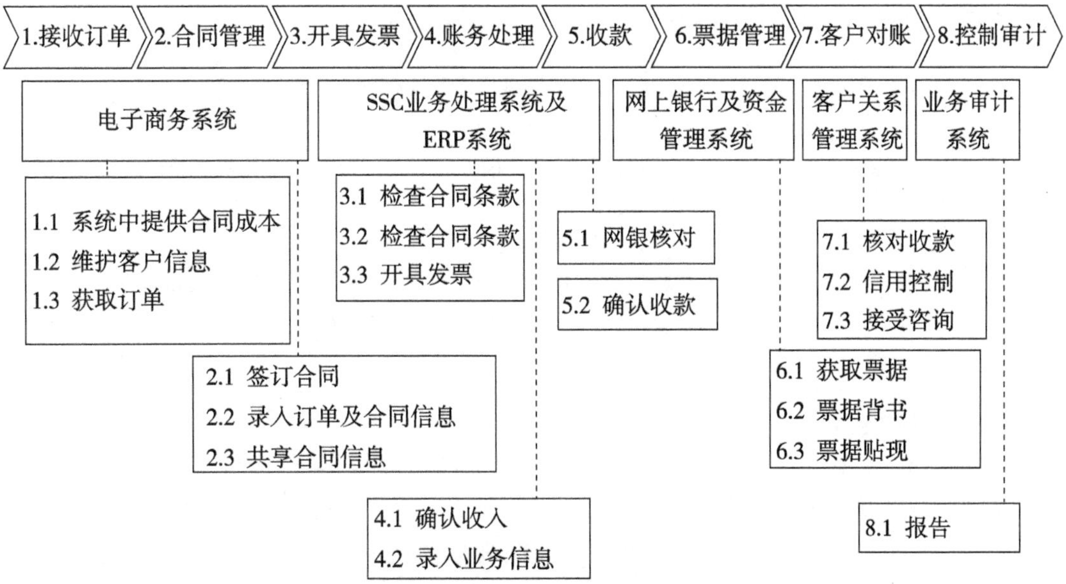

图 5.4　AR（accounts receivable，应收账款）核心业务逻辑

应收流程的核心业务包括订单及合同管理、开票及收入确认、收款及票据管理、对账反馈和内部控制几个业务环节。

① 订单及合同管理。这个环节的业务一般基于企业的电子商务系统和合同管理系统来完成。市场人员根据系统中的合同报价功能，提供应标合同，并最终获取订单。订单取得后，需在系统中记录合同关键信息。这个环节可以采用人工录入或影像扫描、识别等方式进行处理。合同信息进入系统后，向共享服务业务处理系统和 ERP 系统提供数据支撑。

② 开票及收入确认。根据业务人员开具的发票请求，SSC 检查相应的合同条款，并据此开具发票。与此并行的，在合同达到收入确认条件后，SSC 需进行收入确认。开票和收入确认的相关信息反映到 ERP 系统中形成账务处理记录。

③ 收款及票据管理。当接到客户付款通知后，SSC 检查银行收款记录，确认收款后完成银行及应收账款科目的会计处理。如果收到票据，可以根据资金管理需要进行进一步的票据贴现或背书等操作。

④ 对账反馈。在确认收款并入账后，通过客户关系管理系统将收款信息反馈至客户，并和客户定期进行对账，以发现可能存在的差错。

⑤ 内部控制。应收流程的内部控制贯穿于经济业务的事前、事中和事后，这样才能将一些不可控因素的影响降至最低。

（3）固定资产流程

固定资产（fixed assets，FA）流程主要是对资产购置、资产折旧、资产维护、资产处置以及资产盘点的整个过程的业务处理（见图 5.5）。固定资产流程的特点在于其种类繁多，涉及资产多种状态的变化。需要持续跟踪其变动情况以及最终状况。

① 资产购置。在资产购置环节，SSC 首先接收业务人员验收后交送的固定资产验收单。借助资产采购系统自动获取相关资产信息或手工录入资产信息。资产购置信息从资产

采购系统传递到ERP系统，完成最终的资产购置账务处理。

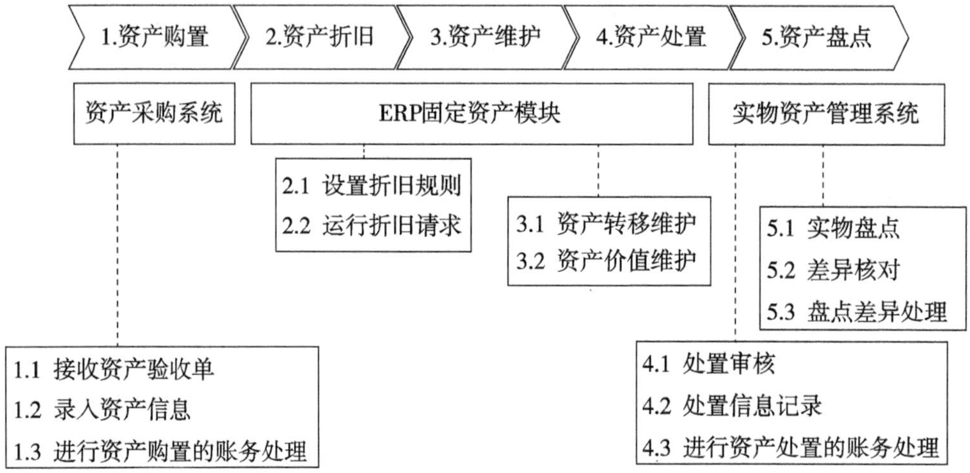

图 5.5 FA 核心业务逻辑

② 资产折旧。通过给各类资产统一设定折旧方案的方式，由系统在会计期间内自动计提折旧，或由资产业务处理人员定期允许请求，完成固定资产折旧计提。

③ 资产维护。固定资产会因为地点的调拨等因素发生基本信息的变化，这些变化要及时地在ERP系统中反映出来。共享服务中心则提供对这些基础信息的日常维护。此外，固定资产由于维修、改造等原因会发生价值变化，此时还需要及时维护固定资产价值。

④ 资产处置。固定资产盘亏或变卖、报废，需经过特定程序的审批，共享服务中心要对这些审批程序的有效性进行审核。审核后，需进行必要的固定资产信息处理和账务处理。

⑤ 资产盘点。固定资产实物管理系统中可以对公司内所有资产进行统计，比较先进的方式是通过条码或射频技术进行管理。通过将这种实物盘点的数据和账务数据进行比对，能够及时发现资产管理中的问题，并采取必要措施进行处理。处理结果将反映在ERP系统中的资产信息和资产价值中。

（4）总账流程

如上文所述，应收流程、应付流程、固定资产等业务处理流程更多地侧重于业务过程的共享服务支持。总账（general ledger，GL）流程则更多侧重在会计处理业务流程中。总账业务是一个基于会计期间的循环，从会计期的打开，到日记账的录入、日记账复核、期末过账、外币重估、期末结账、报表出具等业务环节形成完整的会计循环（见图5.6）。应付流程、应收流程、固定资产等业务处理的最终结果都会反映到总账循环中。总账循环关闭前，必须先关闭上述各个业务流程。总账循环和传统会计业务结合最为紧密，对此流程的理解有助于从相对宏观的角度了解整个共享服务流程。

下面对一些GL会计周期中的主要环节进行简要介绍。

① 打开会计期：每个总账循环的开始都是基于会计期的打开，正常情况下可以通过系统设定自动打开会计期，也可以手工打开会计期。

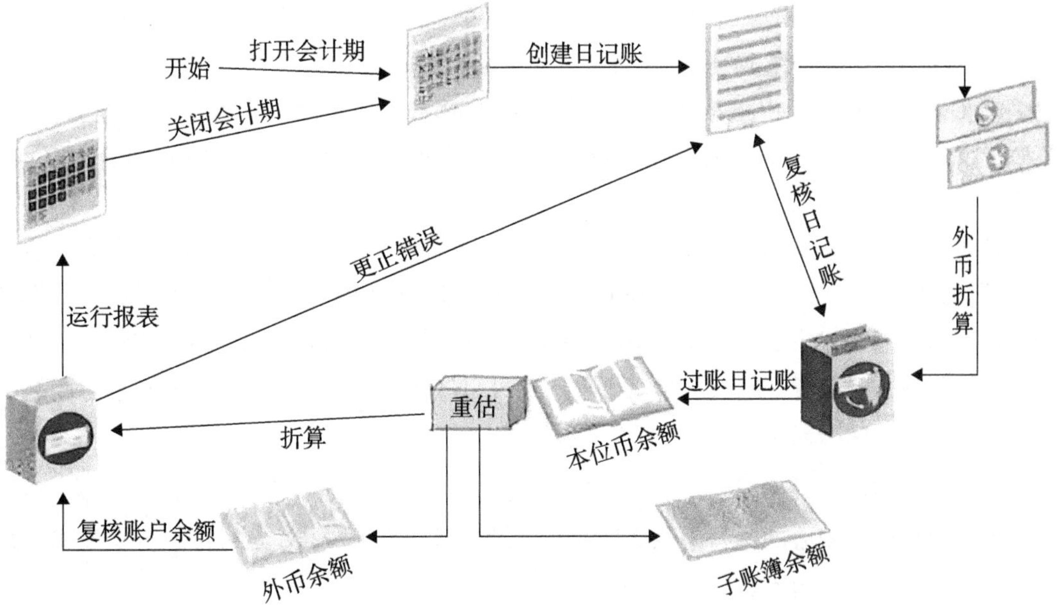

图 5.6　GL 会计循环

② 创建日记账分录：日记账分录多数来自各个业务处理流程，如应付流程、应收流程、固定资产流程等。除此之外，总账中也会单独录入一些财务业务的日记账分录，如财务费用、社保计提等。

③ 日记账复核：对于录入的日记账要进行复核，以保证业务处理质量。日记账复核往往由独立岗位进行，以保证其复核的独立性。

④ 期末过账：完成所有日记账分录并进行复核后，可以进行期末过账。期末过账是对前端业务系统关闭的过程，过账后，各业务系统不能再修改已过账业务数据，为后续业务处理提供一个稳定准确的数据环境。

⑤ 外币重估：基于过账后数据，运行外币重估，完成期末汇率变化对资金及往来科目账务的调整。

⑥ 运行报表：上述业务处理完毕后，即可运行报表，进行报表编制。一般情况下需要编制资产负债表、损益表和现金流量表，以及对上述报表进行解释的明细业务表。

⑦ 关闭会计期：在完成报表后，可以关闭会计期。在借助系统进行总账业务处理时，可能存在短时间内两个会计期并存的情况，这对整个总账业务循环不构成影响。

5.3.3　财务共享服务中心的流程示例

财务共享服务中心的流程是以底层子流程为设计基础，使用 SIPOC（supplier-input-process-output-customer，供应者 – 输入 – 流程 – 输出 – 客户）模型，通过流程图示、文字描述等方式对流程进行固化和展示。

1. 流程梳理采用的描述方法

SIPOC 是质量大师戴明提出来的组织系统模型，是用于流程管理及改进的最常用且有效的方法。戴明认为任何一个组织都是一个由供应者、输入、流程、输出、客户这样相互关联、互动的 5 个部分组成的系统。

SIPOC 模型能展示出一组跨越职能部门界限的活动，不论一个组织的规模有多大，SIPOC 图都可以用一个框架来勾勒其业务流程，有助于通过全景视角来分析核心流程的实质。

通过 SIPOC 模型，首先，参与了某一特定工作流程的人能够看到一幅描绘了一项业务从开始到结束的实际完成过程的较清晰的图像，还能够鉴别其他团队或部门成员所作出的不同努力；其次，流程中的每个参与者都可以看到他们或他们的部门执行的任务与其他个人、部门执行的任务之间的关系是怎样的，可以理解产品和服务的供应商和其他产品以及服务的客户之间的关系。

2. 流程规范文档框架

财务共享服务中心的流程规范文档框架一般包括：流程概述、流程图、流程描述、系统功能需求四方面的内容。

3. 财务共享服务流程规范文档示例

下面以财务共享服务中心典型的收入核算流程为例，对流程设计做一些示例。

① 流程概述。在编写流程时，一般需要以流程概述的方式简要论述该流程的业务内容，流程的各个环节应完成工作、各环节之间的流转关系，及其涉及的系统等主要内容，便于流程相关人员了解流程。要求用语简明、准确，对专有名词的使用应与其他文档保持一致。

② 流程图。流程图是对流程概述的一个形象化展示，让流程相关人员能够更加直观地了解全流程主要环节及各岗位的职责。在绘制流程图时，第一，应保证完整体现流程，对流程中涉及的岗位、环节都应在流程图中体现；第二，流程图应简明，避免过多的交叉往复；第三，对流程各环节中涉及的系统、文档应清晰表明；第四，对影响流程的关键判断环节也应在流程图中注明；第五，对专有名词的使用应与其他文档保持一致。

流程图示例中，包含了以下主要的四个方面。

发货：这个环节的业务一般基于企业的销售管理系统和合同管理系统来完成。市场部人员根据系统中的合同报价功能，提供应标合同，并最终获取订单。订单取得后，需在系统中记录合同关键信息。这个环节可以采用人工录入或影像扫描、识别的方式进行处理。合同信息进入系统后，向后期共享服务业务处理系统和 ERP 系统提供数据支撑。

开票及收入确认：SSC 收入会计根据订单及客户要求，在数据处理中的系统、应用、产品，又称企业管理解决方案（system applications and products in data processing）中进行发票开具操作，系统自动结转成本确认收入，并生成发票信息。SSC 收入会计导出发票信息后，编制发票信息表，通过邮件方式传递给子公司财务。

打印发票：子公司财务根据 SSC 收入会计发送的发票信息表，打印纸质发票，同时将发票转交市场部相关人员。

归档流程：归档岗打印会计凭证与发票匹配，并整理顺号，装订成册。

③ 流程描述。流程描述是对流程图中各个环节的详细描述，包含各环节的责任岗位、输入、输出、工具系统及操作详细描述。流程描述也是各岗位之间工作职责划分的依据，通过流程描述，流程相关人员可以清晰、明确地了解如何开展工作及所在岗位的职责。流程描述要求用语简明、准确，对专有名词的使用应与其他文档保持一致。

流程描述示例中，以流程图的以下四个方面动作为例分别予以阐述。

发货：此环节主要依赖公司的信息系统进行订单和合同的管理，市场部为此环节的责任人，需要市场部人员确保订单及合同信息无误。订单及其合同信息的准确确认是本环节的关键控制点。

开票操作：此环节主要是在 SAP 中录入订单及客户需求，并在 SAP 中进行开票操作。SSC 收入会计为此环节的责任人。由于此环节中涉及手工操作，因此信息录入的准确性是此环节的关键控制点。

打印发票：子公司财务根据 SSC 的发票信息表进行开票操作。子公司财务为此环节的责任人。开票信息的完整性、开票的及时性和准确性是本环节的关键控制点。

归档流程：归档岗进行发票的归档操作。SSC 归档岗为此环节的责任人，归档的完整性与及时性是本环节的关键控制点。

④ 系统功能需求。系统功能需求是为保证流程顺利实施，对流程所涉及系统的必要功能的需求说明，这是后期系统开发的重要依据。系统功能需求首先需要有详细描述，避免因描述与实际需求的差异，导致功能不满足实际需要；其次系统功能应考虑周密，将涉及的功能一一进行描述，避免二次开发。

功能需求示例中，描述了流程中主要的两个需求点。

发票操作："在 SAP 系统中进行开票操作后，系统自动结转成本确认收入"是对系统基本功能的描述。其中"使用金蝶 K3 系统的公司，需手工进行成本结转和收入确认"的系统自动化以及发票信息自动推送给子公司开票员，可视为下一步系统功能需求的方向。

打印发票：由于税控系统受国家管理，因此企业自身要实现通过自有信息系统直接开具发票有一定难度，目前势必需要进行在信息系统和税控系统的双重操作，因此此处系统功能需求受到局限。

5.4　财务共享服务中心的流程实施与优化

5.4.1　财务共享服务中心的流程实施

针对关键流程进行分析并重新规划设计后，必须进行有效的流程推进和执行，否则流程管理将流于形式。财务共享服务流程设计完成后，如果不能采取有效的方法并坚决执行，必然使方案的有效性随着时间而消逝。因此，流程推进的过程必须是有组织、有计划的过程。

财务共享服务流程实施的过程一般包括以下步骤。

（1）组建流程团队

流程的推广离不开高层领导的支持，财务共享服务的流程团队应在试点单位的高层领导带领下，由能力强、经验丰富、对业务熟悉、具有创新能力的财务及业务骨干员工组成。

（2）选择试点流程

流程实施可先从一个分支机构、分支公司入手，选取流程管理效果比较显著、实施成功率较高、业务具有代表性的部门做试点，有助于降低流程实施的阻力，即时获取反馈信息。一般而言，财务共享服务的费用报销流程、应付流程是流程试点的首选，集团总部或是主要子公司是流程试点单位的较好选择。

（3）实施总结

试点过程是一个发现问题、解决问题并调整方案的过程，流程试点团队应该深入业务前端，即时获取试点中发现的问题并挖掘问题原因，提出问题解决方案。同时，随时与领导沟通试点进度情况，对流程实施进行全局把控。财务共享服务的流程主要聚焦于财务核算流程，在实施中，不仅需要关注财务核算人员对于流程的信息反馈，而且要搜集共享服务中心客户对流程的意见。

（4）逐步推广

制定推广计划，分阶段实施。财务共享服务的实施对流程带来的影响和冲击是巨大的，因此在流程的实施中需要加强培训，将流程调整前后的不同讲清楚，减少他们由于缺乏了解产生的抵触和恐惧。同时，高层领导的介入，通过多种途径向员工及合作伙伴阐述共享服务流程的意义和价值，对于流程的推动和落实可以起到积极的作用。

流程的实施阶段，即流程的推行和控制过程，既是流程设计落地的关键保证，也是流程设计效果的检验。通过流程的实施推广，搜集和汇总实施中的相关信息，在流程的时效、质量、成本等各个维度，与流程实施的绩效考核体系进行比对和分析，从而获取不断进行优化的数据基础和方向。

5.4.2　财务共享服务中心的流程优化

1. 销售至应收款流程

销售至应收款流程描述了当业务单位发生销售业务并开具增值税发票后，通过扫描相关单据至影像系统并传递到财务共享服务中心进行影像资料的审核，收入暂估及确认记账、对账、核销等一系列的操作并生成收入凭证的端到端流程，如图 5.7 所示。

销售至应收款流程在财务共享模式下的优化点包括以下五个部分。

① 统一单据格式和扫描要求：规范业务单据标准化格式，通过影像系统对收入入账的原始单据进行扫描上传。

② 收入暂估及调整环节统一标准：对于收入暂估，在获取确认的结算单后，进行差异调整时统一做全冲重新入账处理。

③ 收入暂估凭证次月自动冲销：对于暂估收入冲销环节，在获取准确的结算单后，系统自动生成冲销凭证，这样可以减少人工干预，提高效率和准确率。

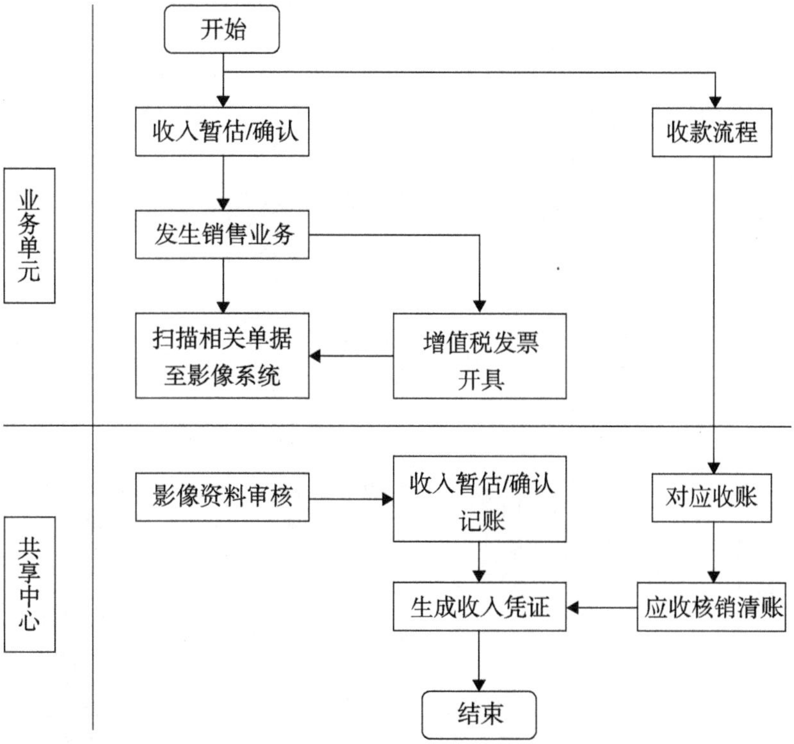

图 5.7　销售至应收款流程

④ 加强应收票据管理：加强票据背书转让管理的系统功能，提高工作效率与管理水平。

⑤ 回款自动清账：启用系统自动清账功能，在收回应收款时，系统可以自动匹配对应的应收款并做核销处理。

2. 采购至应付款流程

采购至应付款流程描述了当业务单位发生采购业务并签订采购合同与订单及取得采购发票后，通过扫描相关单据至影像系统并传递到财务共享服务中心进行影像资料的审核，应付发票处理与记账、对账、核销等一系列的操作并生成付款凭证的端到端流程，如图5.8 所示。

采购至应付款流程在财务共享模式下的优化点包括以下四个部分。

① 统一单据格式和扫描要求：标准化规范发票及单据扫描流程和要求，并通过影像系统对相关应付发票及单据进行扫描和归类，并与报账系统集成，影像与电子单自动匹配。

② 实现发票自动校重和验真：利用发票扫描功能识别采购应付发票号，并自动进行发票校重和验真，通过系统控制保证发票提交的真实性和准确性，提高发票审核和处理的效率。

③ 影像系统自动识别后提取信息：通过影像系统自动提取相关发票及业务单据信息进行匹配，并与报账系统及 ERP 系统进行集成，便于共享中心核对影像资料。

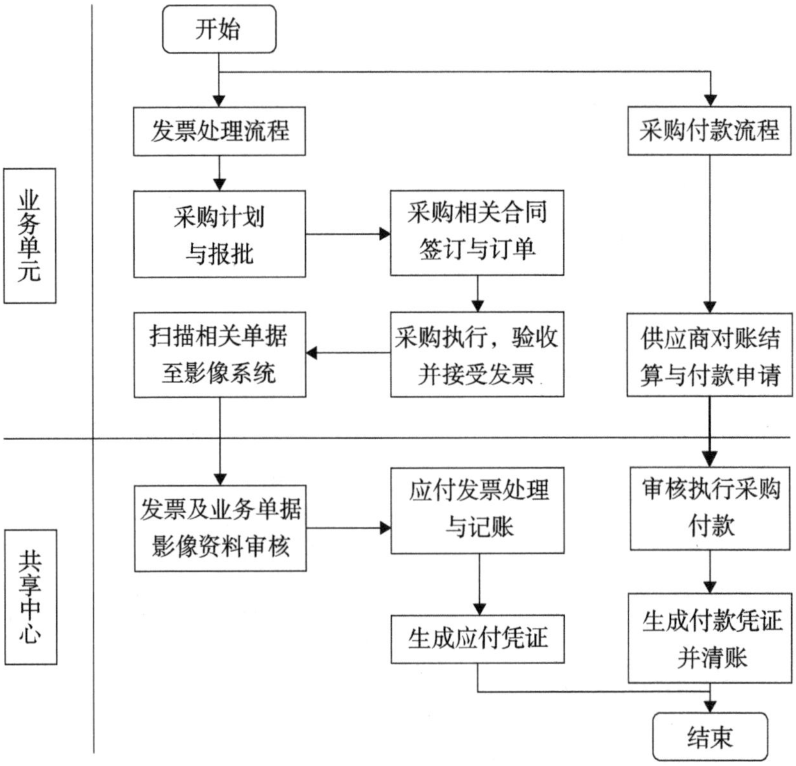

图 5.8　采购至应付款流程

④ 银企直联：通过审核后的付款指令被推送至银企直联平台，进行资金的支付；资金支付完成后将支付完成指令回传至 ERP 系统进行清账。

3. 费用报销流程

费用报销流程描述了当业务单位发生费用报销业务后，通过扫描相关单据至影像系统并传递到财务共享服务中心进行影像资料的审核，进行预算监控、借款核销等一系列的操作并生成会计凭证，进行资金支付的端到端流程，如图 5.9 所示。

费用报销流程在财务共享模式下的优化点包括以下四个部分。

① 统一报账平台和报账流程：建设统一报账系统，规范不同类型的报账表单和流程，系统自动派工，加强全流程的系统控制并提高流程效率，实现全流程线上化及数据共享。

② 影像系统自动识别后提取信息：通过影像系统收集单据扫描件并自动提取信息，与报账系统及 ERP 系统进行集成，便于共享中心核对影像资料。利用影像系统的可识别功能协助实现电子发票校重。

③ 员工借款管理：规范借款和预付款管理，借助报账系统实现员工借款的查询、对账和跟催，实现借款与报销的自动核销等。

④ 加强费用预算监控：通过打通预算系统和共享报账平台，加强对费用的实时监控，以实现费用报销流程中费用预算的事中控制。

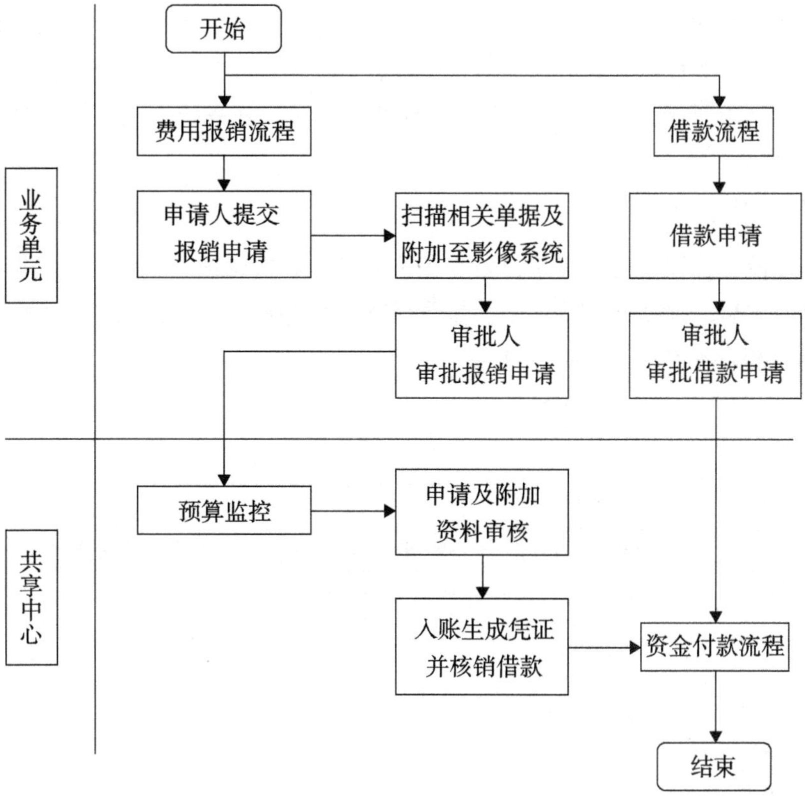

图 5.9　费用报销流程

4. 资产管理流程

资产管理流程描述了当业务单位发生资产新增、变更、报废等业务后，财务共享服务中心进行一系列操作并生成会计凭证的端到端流程，如图 5.10 所示。

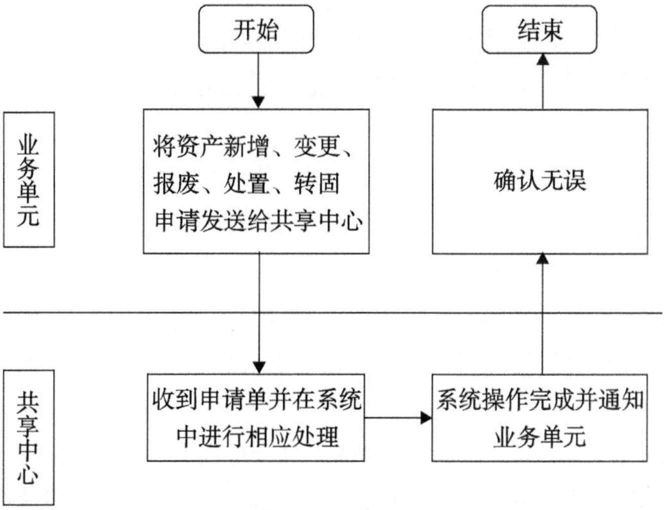

图 5.10　资产管理流程

资产管理流程在财务共享模式下的优化点包括以下两个部分。

① 业务申请标准化：业务单元通过填写标准申请单对资产新增、变更、报废、转固进行申请，经共享平台传至财务共享服务中心进行处理，无须本地财务进行参与。

② 入账信息实时反馈：共享中心财务收到申请后，在系统中进行操作并将结果及时反馈给业务单元。

5. 资金结算流程

资金结算流程描述了当业务单位发生支付业务（如费用报销支付、采购付款支付、资产购置支付等）后，财务共享服务中心接收付款信息并根据付款计划进行资金支付等一系列操作的端到端业务流程，如图 5.11 所示。

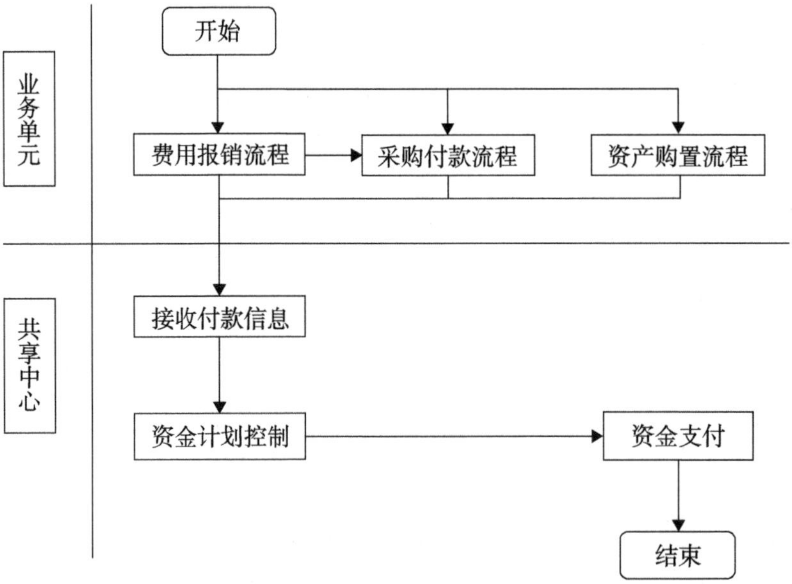

图 5.11　资金结算流程

资金结算流程在财务共享模式下的优化点包括以下两个部分。

① 拓展银企直联支付：将银企直联应用范围进行拓展，支持员工报销等对私业务的资金结算。

② 提高银企对账效率，强化应付清账控制：将支付成功的状态回传至 ERP 系统，改写支付记录的实际支付状态。同时，在应付清账逻辑中加入判断，控制只有完成实际支付的记录方可用于应付清账。

以 C 集团运营流程优化为例。C 集团为了实现财务转型、创建一流财务中心的战略目标，为了满足财务共享项目的需要，同时启动了财务业务流程的优化工作。项目组对财务部门的销售到应收核算、采购到付款核算、资产管理与核算、总账核算与报表、资金管理等 11 个大类的业务流程进行了整合，主体内容涵盖流程框架、流程图及流程操作规范。流程框架从整体上明确了财务共享流程的内容、数量及层次；流程图直观地展现了财务共享流程从业务发起、审批、核算到结算的各环节，并将控制点嵌入了流程中；流程操作规范针对流程中各环节的具体工作进行了详细说明，进一步明确了控制内容、岗位职责，实现了业务流程、单据和数据的标准化统一。同时，财务共享项目组结合财务共享理念，对原流程进行了梳理，共梳理出了 180 个差异及改进点。通过对 21 个专题进行讨论及详细设计，确认了解决方案，产生了 38 个变革点。变革点从流程效率、财务内控、业务支持三方面带动流程效益的提升。其中，费用报销流程的变化最大，决策过程从人工判断到仅依靠系统分派，提升了风险控制能力；投资管理流程的效益提升最显著，通过线上全流程流转和控制，规范了资金的支出管理；付款流程的效率提升最快，已实现了自动提醒与支付，平均每单处理时效提升了 65%。

5.5　财务共享服务中心流程管理机制

5.5.1　流程管理组织

1. 流程管理专家组

专家组作为财务共享服务中心的“专家中心”，聚焦于财务流程管理工作，借助其在各财务流程方面精深的专业经验和对领先实践的掌握，负责履行财务共享服务中心各流程规范、业务标准制定和流程优化等工作，其主要职责如下。

① 负责流程体系框架以及流程管理制度的建立与持续优化。

② 负责流程的整体管控，指导各业务小组实施流程管理。

③ 负责企业流程 IT 固化需求的提出，利用信息系统推动流程信息化管理进程。

④ 负责组织流程的建立、发布、优化及废止管理，落实流程的全生命周期管理。

⑤ 负责流程新增、变更等设计的质量监控。

⑥ 负责对流程实施的相关人员进行宣贯与培训。

⑦ 负责对流程的执行过程进行监督与检查，汇总各小组及员工对流程的建议并组织评估，适时组织相关小组修订、完善流程。

2. 流程管理岗

流程管理岗位负责财务共享服务中心各流程梳理、优化重点项目、保障流程质量等工作，其主要职责如下。

① 负责对与财务相关的、端到端的流程进行梳理，提出财务流程的优化建议并协助推动落地，提高财务共享服务中心的总体工作效能。

② 负责汇总分析各业务小组提出的新建、调整和废止流程的需求申请，配合业务小组对新建、调整和废止流程的需求进行反馈确认。

③ 负责协助组织实施流程优化重点项目，保障流程优化项目的质量。

④ 负责检查和监控流程运营的适用和运行情况，对流程执行的效果进行定期分析与评价、修订。

⑤ 组织相关部门进行流程制度及流程管理知识和方法的培训。

⑥ 对财务共享服务中心各流程小组提供业务流程上的支持。

⑦ 负责各类流程文档的备案管理，以及流程新建、调整和废止通知的发布工作。

5.5.2 流程管理工作规范

1. 流程的建立与发布

① 以下情况可作为业务及管理流程需要重新建立的判断标准。

a）新增业务及管理事务发生，且现有的流程不适用于新事务。

b）工作流程发生重大变化，且现有的流程已不适应现有工作。

② 各业务组根据业务需求或流程管理岗基于流程新增或建立需求，提出流程新建申请。申请内容需要对新建流程的流程目标、流程的必要性及可操作性和流程的关键步骤进行描述。专家组对新建流程进行合理性与可行性评估，并提出评估意见。

③ 流程管理岗根据流程新建申请，制定流程详细方案的初稿。流程详细方案包括流程图及流程手册说明，涉及系统开发的，还包括系统需求说明书。流程详细方案的初稿经各业务组反馈意见后，形成正式的流程详细方案。

④ 各业务组对最终流程详细方案的流程质量、可行性与合规性进行审核批准。

⑤ 新建流程在正式发布部署前需进行充分的试运行，由流程管理岗组织相关业务组执行试运行工作，并监督流程试运行情况，汇总记录试运行期间发现的问题。

⑥ 业务管理部按照试运行期间的记录和反馈意见，修订流程详细方案，并形成最终正式的流程详细方案。业务管理部对最终的流程详细方案进行归档备案，对于涉及相关管理制度变更的按照集团相关制度管理规定执行。

⑦ 业务管理部专家组及共享中心流程管理岗负责新建流程的推广、宣传与培训工作。

⑧业务管理部负责对最终确定的流程进行发布。

2. 流程的变更与优化

①以下情况可作为业务及管理流程需要变更及优化的判断标准。

a）流程环节出现冗余或遗漏。

b）流程上下游环节间存在协调不畅的现象。

c）流程所规范的管理事务出现变化。

d）流程的组织结构、岗位设置或职责发生变化，小组或岗位之间的工作流程发生变更。

e）当企业某项业务发生改变或其他客观原因导致已有流程不能较好地描述生产经营活动。

② 各业务组根据业务需求或流程管理部门基于流程变更及优化的需求，提出相应的流程变更方案申请，对流程变更及优化的目标、理由和变更内容进行描述。专家组对流程变更及优化需求进行合理性与可行性评估，并提出评估意见。

③ 专家组及中心流程管理岗根据流程变更及优化需求，制定详细的流程调整方案，调整方案需包括更新流程图、更新对应流程手册、修改流程说明、流程运行权限设置的调

整等。

④ 各业务组对流程变更的详细方案进行反馈。

⑤ 流程管理岗负责组织相关业务组执行变更后流程的试运行工作，并监督变更后流程的试运行情况，汇总记录试运行期间发现的问题。

⑥ 专家组按照流程变更试运行期间的记录和反馈意见，修订流程变更方案，并形成最终正式的流程变更方案。

⑦ 专家组及共享中心流程管理岗负责变更流程的推广、宣传与培训工作。

⑧ 业务管理部负责对最终确定的更新流程进行发布。

3. 流程的废止

① 以下情况可作为业务及管理流程废止的判断标准。

a）工作流程发生重大变化，原有的流程已不适应现有工作。

b）流程所规范的管理事务已不存在。

c）组织结构、岗位设置或职责发生变化，小组或岗位之间的工作流程不复存在。

② 各业务组因工作内容改变、流程重新规划等原因，导致原来的流程需要被完全替代或者停止使用，向流程管理组提出流程废止申请，填写内容主要包括申请作废流程名称、废止原因描述等。

③ 专家组对流程废止方案进行可行性评估，并提出评估反馈意见。

第6章　财务共享服务中心制度管理

6.1　财务共享服务中心制度管理的必要性

1. 科学统筹财务资源配置，全面降低企业运营成本

与以往传统的工业集团企业内部整体财务管理与经营模式相比而言，科学构建财务共享服务中心，意味着企业财务管理相关职员在日常岗位职能实施过程中，不再局限于“记账、算账、审核账目”的单调形式，更重要的是全面提升对财务管理职能实施效果的整体重视度，将财务共享流程中的“确认、计量、报告”等业务项目进行有效落实。整个活动开展过程，通过对业务项目的合理分类与规范化处理，将以往需要上百人的企业财务管理工作进行有效“减压”，不但大幅度降低了财务管理岗位职员的日常实际工作量，而且对充分降低企业日常经营成本损耗奠定了坚实基础。

2. 统一核算标准，提升核算质量，为数据资源有效运用奠定坚实基础

现代化经济发展环境背景下，我国当代社会工业集团企业内部财务共享服务中心建设整体流程以统一化管理的财务会计基础核算制度与相关会计管理体系为核心基础标准，通过深入明确日常会计管理工作，合理掌握共享服务单位实际发展需求，以确保共享中心建设流程的整体“准时、准确与完整性”，为企业数据信息资源的合理性运用奠定基础。

3. 统筹资金管理、提高企业资金整体使用效率

现代工业集团企业，在进行财务共享服务中心合理建设之后，通过科学化手段建设统一化管理的企业资金“管理池”，针对企业日常运营资源的上下流通与集中化管理，整个活动的开展有助于企业实时关注内部资金整体动态信息。同时，企业日常经营过程中所产生的沉淀资金可以进行二次运用与合理投资，以此充分降低企业融资成本损耗，进而提升企业的整体资金运用率。

4. 强化财务管控力度，全面降低经营风险

根据实际调查显示，我国以往传统的企业组织结构较为紊乱，集团企业高层领导者无法针对旗下的子公司与分公司进行经营项目活动的全面性监督与管理，尤其是对于正处于规模快速拓展的工业集团企业而言，整体监督与管理难度更大。

通过科学手段建设财务共享服务中心，有效落实企业财务管理集中化处理，借助统一的财务会计监督核算方式，不断细化企业财务监督流程，将集团名下的子公司与分公司业

务从发票细节审核到财务经营实况进行统一汇总并报告于财务共享服务中心，展开标准化的处理。整个处理过程“标准且透明”，不仅有利于帮助企业全面监督财务实时数据，而且有利于降低集团企业日常财务管理过程中相关风险问题产生的概率，避免企业陷入严重的财务危机中。

6.2　财务共享服务中心制度管理存在的问题

1. 企业集团财务共享服务中心战略职能定位不明确

战略定位是指为配合企业集团整体经营战略而确定的财务共享服务中心工作的主要目标，以及为实现目标而采取的行动措施。战略定位主要包括其目标的选择、战略结构的选择和战略职能规划三方面。战略目标的确定影响着财务共享服务中心的实施重点，也直接影响着财务共享服务中心制度建设的规划与侧重点。企业集团在确定战略结构时，应综合考虑企业集团财务管理的现状、共享服务中心的规划与不同结构类型之间的差异，应具有战略结构持续优化转变的思想。集团的战略职能规划决定了其财务共享服务中心的职能定位。由此可见，确定企业集团的财务共享服务中心战略定位是整个制度实施的先导性工作，而战略定位的目标不同以及战略定位在企业集团的重要性不同，构成了财务共享服务中心制度建设不同的“导火索”，因此，由共享中心的职能定位开展制度的重建或建设。

企业集团的财务共享服务中心的战略职能定位随着工作性质的变化而不断变化，大概经历了三个主要阶段：作为公司内部的职能部门，作为独立运营责任主体，成为营利组织。财务共享服务中心的战略职能的选择主要源于企业集团财务共享服务中心的定位，因此，企业集团对其职能定位识别是其制度建设的前提、基础，也是其后期建设出现问题的基本问题。财务共享服务中心在企业集团的战略职能定位没有清晰的认识主要来自三个方面：一是企业对于财务共享服务中心实施本身的定位不清楚；二是企业构建财务共享服务中心的出发点不明确；三是企业高层对构建财务共享服务中心目标认识不够深刻。而高层没有指定战略职能定位原因如下：首先企业本身没有进行其建设的经验；其次尽管进行建设，但并没有充分利用财务共享的价值。

2. 财务共享服务中心组织架构设计缺陷

企业集团财务共享服务中心建立后，其财务组织结构发生巨大的变化。组织管理不是简单的一张组织结构的图表，而是为核心业务建立有力的组织结构管理体系和制度保障。无论是与财务部门评级还是隶属于财务部门，它的组织架构是由独立、分散、分级的财务管理体系转向基于扁平化的管理理论——集战略财务、共享财务、业务财务于一体的管理制度体系，因此如何通过制度明确各机构的权责显得格外重要。

组织架构各部门职能与职责不匹配，各岗位职责规范不明确，导致各部门之间相互推诿、权责划分不明确；上下级之间的权责范围不合理，从而引发了内部冲突。这些问题都体现出财务共享服务中心组织架构设计缺陷的问题。而这种问题主要集中在建筑行业，建筑行业注重上下级之间的权限范围。但实践中正是因为其业务分布世界各地，各项目管理部不愿因为财务共享而失去其财务权利，这也正是组织架构设计的关键节点，即如何合理分配和划分机构职能及各部门管理办法、工作职责。

不同行业的组织架构设计的重点不同，对于以“服务”为主的行业更注重各部门的管理办法及工作职责的规定，但实际推行中发现如何保持各部门管理办法的合理、平等及公平显得格外重要，这是企业面临的问题。

3. 财务、业务流程制度缺乏统筹融合，协同效应不明显

流程管理制度是各大企业集团在财务共享服务中心制度建设的重中之重。财务共享的实质是对财务、业务流程革命性的改变，它由各部门各自工作转向各部门业务流程共同完成，提倡业务流程的规范化管理和后续优化。在对问题的调查中发现，85% 的企业集团在财务、业务流程制度建设中整合不规范，不能统一标准，之间缺乏融合性且不能抓住财务、业务流程关键节点，导致后续流程衔接不畅，实施效果不好。不仅如此，财务共享服务中心的建立使得企业财务、业务融合，业、财本应融合一起，协同效应明显，但是由于流程制度缺乏统筹的考虑导致共享中心财务与非共享中心业务出现了断层。缺乏统筹考虑还表现在企业的新、旧流程在交接过程中无依据可寻，新流程无明确指南，出现骑马找马的现象；即使有相应的制度，但规定不明确细致，导致出现问题互相扯皮、推诿，面对如此情况，企业管理者更是束手无策；共享中心制度中无票据、实物等的集中处理机制及各层级之间缺乏稽核机制。

4. 财务管理制度统筹协调不足

从制度层面考虑，财务共享服务中心的财务管理制度是财务部门制度的一种，与共享财务管理制度有关的其他部门的制度包括预算管理部门制度、战略财务部门制度等。共享中心的财务管理制度是整个组织的核心制度，既是重要的制度，又是制度项目规定内容最多的制度。而目前共享财务管理制度与其他部门的制度统筹协调不足，同时缺乏与集团下属公司保留的业务财务制度衔接，主要表现如下。

第一，企业集团在推进财务共享服务中心相关的财务审批管理制度时，缺乏统筹的考虑。财务共享服务中心对业务审批包括几个方面，如在审批前相关的业务会在业务部门、预算等部门流转，之后进入共享中心等，对于这几个方面最终形成意见，共享财务制度缺乏统筹协调性。

第二，财务共享服务中心有关应付、应收流程制度对每一个环节的规定及权责划定不明确，不清晰，应付、应收流程涉及的环节众多，财务共享服务中心要与业务部门、采购部门、仓库管理等部门发生数次联系，所以对其在平台上的流程每一个关键点的规定都要谨慎，都要统筹规划，制度规定时更应该谨慎、明确。

第三，财务共享服务中心的建立使得费用报销程序发生改变，费用报销制度的审批流程以及人员的权责安排是企业财务共享服务中心制度建设的难题。

第四，企业财务共享服务中心制度只是单一考虑中心系统本身，忽略了预算管理系统

等方面的制度。对于企业的预算管理工作，有些企业财务管理人员认为预算应该由预算管理部门协调，但预算流程涉及财务共享服务中心，由财务共享服务中心协调也不为过。例如，当人员进行报销时，系统应该显示报销额度的范围，预算额度与财务共享服务中心处理应有预算约束，预算额度包括弹性额度和固定额度。当报销业务进行到共享中心时，共享中心应自动调取预算管理系统中的资料。有些企业则不认为预算管理归属于财务共享服务中心管理，原因是财务共享服务中心只是工作的平台，只要预算给定标准，中心只需设定相应范围即可，所以共享中心制度不涉及企业预算管理制度。这些都显示了企业财务共享服务中心制度优先考虑好如何与预算管理等其他方面的制度进行协调衔接的重要性。财务共享服务中心制度应秉着事前、事中、事后评价的原则统筹协调预算管理等财务管理制度。

第五，财务内部控制制度、核算管理制度协调性不足，工作性质发生改变，财务报表制度、财务安全应急方案不变导致面临的风险增加。

5. 人员管理制度缺乏有效激励机制

人员管理制度是企业集团进行财务共享服务中心制度建设不可忽略的部分，人员管理制度主要包括薪酬管理办法、财务人员培训办法、组织绩效办法、岗位绩效考核办法、职业发展规划等。在财务共享服务中心建立之前，企业集团财务人员只从事某项具体的财务工作，实行“一刀切”的绩效管理制度，完成既定的财务工作即可；财务人员培训也只局限于财务专业知识和财务专业技能的培训等。

随着财务共享服务中心的建立，财务共享服务中心的工作人员是按照财务工作人员的绩效评价标准还是具有特殊的标准不明确，虽然财务共享服务中心的人员有自己的人员管理制度，但是仍存在激励不足等问题，表现如下：首先，人员管理制度的有效激励不足，共享中心的财务人员转行跳槽现象屡屡发生，因为财务共享服务中心的工作大数是单一、重复性的工作，一般只要掌握其中的标准就会出现机械的工作，让其他人员觉得工作没有含金量，再加上共享中心在人员奖励的制度不改以往的“一刀切”制度，造成共享中心人员工资普遍偏低的现象，一些有才的财务人员便纷纷离职去寻找更好的出路；其次，财务共享服务中心反馈机制的强制性低导致实施困难，多数共享中心的人员对企业集团或分支机构财务提出的建议、要求视而不见，以至于其他人员不再提出意见；最后，共享中心制度中无系统的员工培训办法、轮岗办法。

6. 系统安全防范体系、权责体系不完善

企业对 ERP 原有的规定主要包括：财务信息系统的数据安全防范、员工操作规范、系统权限控制体系等。而企业集团实施财务共享服务中心需要在此系统上进行大量单据录入、存储、加工、存取等工作，因此，信息数据安全很重要。企业实施共享中心制度建设面临的系统防范安全体系、权责体系不完善的问题表现在以下两个方面。

一方面是指当前系统的安全管理制度不足以满足共享中心系统对安全性的要求，财务共享服务中心掌握自己和下属机构的机密数据，目前的安全制度没有涉及下属机构的信息

安全保护规定。另外，企业集团进行财务共享服务中心系统管理无论是自建系统还是外包系统均无相应的制度规范系统的日常检查、维护，更不用提应急方案的制定，这也是系统安全防范体系不完善的表现。

另一方面是指下属企业财务信息的泄露风险，财务共享服务中心系统管理制度对于系统权限的设定不明确，对于数据信息来讲，共享中心员工优先获得，而员工获得的多少、员工的系统权限范围也就是如何规定与职位相应的系统权限管理是目前系统面临的问题，员工本应只能看见自己的工作内容与权限，无权访问整体系统，而现在共享中心系统制度缺乏类似的规定。

6.3 财务共享服务中心制度管理问题的解决措施

1. 合理设计财务共享服务中心组织架构

（1）合理划分机构职能，明确岗位职责

企业实施财务共享服务中心使其基础核算与管理职能分离，机构职能有别于传统的部门。财务工作中会计记录、确认、计量的功能及业务部门的业务流程几乎全部集中到集团的财务共享服务中心平台上，集团的各分支机构不再设立相同的职位，这样财务共享服务中心涉及的职位与岗位相比企业之前的财务部门的范围更多、更广。不仅如此，财务共享服务中心的建立使得财务部门、业务部门的机构划分及职责带来了改变。财务共享服务中心的职能机构划分原则就显得尤为重要，要结合自身工作情况特点及中心平台建立情况，采取问责机制，责任到部门、到个人，做到基础核算与管理分离。

例如，中国铁道建筑集团有限公司（以下简称“中铁建”）在组织结构设计上，对会计核算和财务管理进行分离，但并没有改变各个项目的职责权限。在明确各岗位职责时，中铁建注重员工岗位与技能的匹配、岗位与能力匹配以及岗位与空间的匹配。图 6.1 为结合中铁建经验设计的组织机构管理体系。

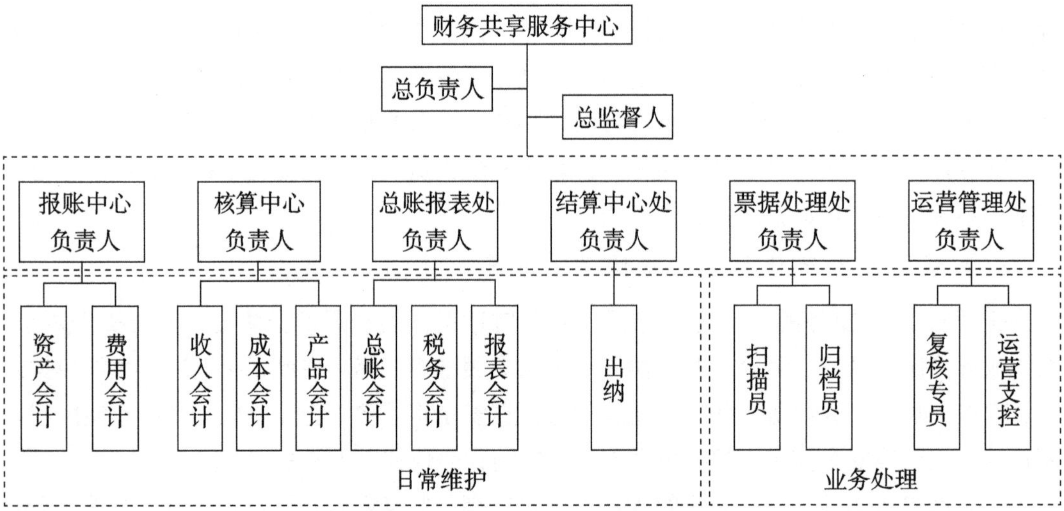

图 6.1　财务共享服务中心岗位设置

（2）合理制定上下级之间的权限范围

企业要意识到实施财务共享后的制度是基于整个集团的制度，所以制度的制定必然会涉及分支机构等多方利益，如果制度规定权限不合理，会很容易造成多方利益机构的不配合，从而激化内部矛盾。所以企业集团在制度建设时要权衡考虑各方的利益，制定合理的权限范围。首先通过财务工作的客观公正性得到人员的一致认知，可以一定程度上缓解冲突和矛盾；其次，从财务共享服务中心制度的原则出发，全面考虑问题。

共享服务为整个集团各个层面服务；业务财务主要侧重于与企业业务发展相关的财务计划、预算管理和财务分析、成本管理等工作；专业服务侧重于集团整体地与财务相关的税务筹划、成本规划、风险管理、财务管理等工作。图 6.2 结合经验显示出层级管理体系的模型，从模型可以看出：横、纵向均将业务、财务贯穿整个流程，共享服务、专业服务及业务服务相互依存，形成矩阵式的层级管理，权责明晰。

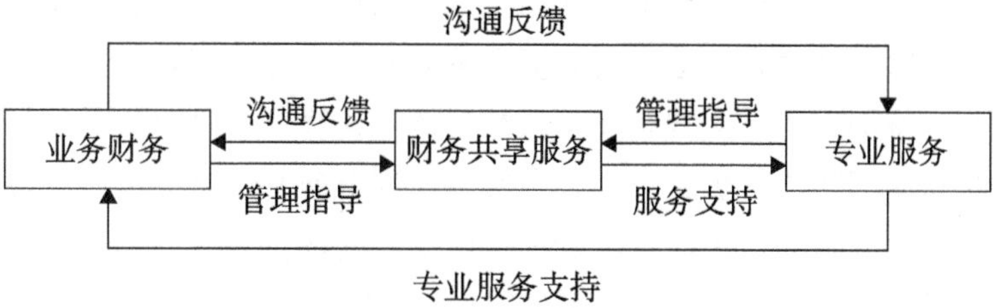

图 6.2　企业层级管理模型

（3）提高服务质量，加强沟通

企业实施财务共享服务中心本身就是对传统组织模式的挑战，对财务权限的挑战，权限上移导致各分支机构有抵触情绪以及在新的工作模式下各部门之间协调工作不畅通。因此从财务共享服务中心本身的质量水平出发，与共享员工及服务的对象多进行沟通与日后改进，不仅能增加企业员工的接纳程度，也能更好发挥共享服务中心对外、对内的财务服务工作作用，使员工与客户都能感受到财务共享服务中心带来的真真切切的好处，同时也使共享中心得到反馈，了解到自己做的事情是有意义的。因此，在企业集团的组织结构管理上，以员工、客户的需求为出发点，提高共享员工的“服务”意识，从而提高服务质量，加强沟通反馈。

此外，为了减少内部的冲突，企业可以在财务共享服务中心成立客户服务组，客户服务组可以单独设置人员，也可以在现有的员工中发掘人才轮流值班。客户服务组专门负责解答工作人员在财务业务处理过程中遇到的问题，随时接受员工对公司制度、政策等方面的查询，以解除部门员工的顾虑，减少内部矛盾发生次数。

2. 有效融合财务、业务流程制度

（1）统一标准、统一基础，控制流程关键节点

企业集团对财务、业务流程不能统一标准，且不注重财务、业务流程关键节点及重要程序的规范，有可能会导致后续流程衔接不畅，实施效果达不到预期设想。因此，设计流程制度时，要遵循由简单到复杂、由易到难的原则进行设计，这一原则的基础便是标准统

一、基础统一。标准是对业务审批标准、财务核算标准等的统一；统一是对会计相关的政策制度、会计科目设定、核算明细等进行统一。然后企业请财务业务有关的流程专家及本企业的主要业务人员对企业以前的流程逐步分解，找到流程中的关键节点，找到流程的关键部分可以增强企业的事前预防能力。

借鉴企业财务共享服务中心国内外先进经验，企业应该秉承“高起点建设、高质量运营”的理念。在业务、财务流程制度建设方面凸显客户服务思想，遵循“全业务、全流程”的原则，在财务业务流程设计的过程中注意每个节点的相互配合、有机结合。

（2）重视流程制度的后续优化管理

企业集团在很多情况下不注重流程制度的执行情况和后续相关的优化管理工作，假如企业不能及时有效地解决流程制度在执行时遇到的障碍，忽视流程制度的后续管理和优化，将降低制度执行的效果，使财务共享服务中心的工作得不到保障。因此，要不断解决流程制度的执行问题，及时更新制度。加强对制度执行情况的跟踪，企业集团可设置专门的流程制度检查小组，及时有效地解决制度不符合实际情况的问题。例如长虹集团实施财务共享服务中心，特别重视对流程制度执行的后续优化管理。针对流程执行问题，建议企业一方面可以建立专门的流程项目小组，全面细化到财务共享服务中心的每个流程，并不断对流程进行多维度的评测，进而及时发现执行中的问题；另一方面，定期进行流程问卷调研，结合调研情况改进自身的缺陷，不断优化流程制度。

3. 统筹协调财务管理制度

（1）明确细化财务共享服务中心财务流程规定

企业集团为强化财务共享服务中心有关财务管理制度的威信力，使财务、业务员工有效地执行本职工作，建议企业根据自身情况发布财务共享服务中心财务工作规范指南，并明确细化财务共享模式下财务工作的各项标准、职责分工。

（2）创新财务内控管理制度，搭建企业风险管理的“防线”

企业集团在实施财务共享服务中心以后，将以前相对独立、分散的项目通过整理统一到共享平台上，财务内控管理制度涉及范围需要包括资金管理制度以防止资本外流、通过财务共享服务中心的平台固定资产 / 无形资产的登记、录入、折旧政策保证资产数据的真实有效、应收应付账款制度确保企业在中心系统和银行的往来之间的应收应付账款的及时收回确认、成本的预算及核算原则来发挥成本控制的功能、全面预算制度来保证企业各项费用支出按照之前设计的预算方案执行等。

（3）执行财务审批制度，搭建交叉型稽核体系

企业集团建立财务共享服务中心后，将企业各下属分子集团的所有银行账户的控制权交给集团总部掌握，实行对货币资产的统一管理、审批、使用和监管，一方面解决分散经营管理模式下资金难管理的难题，另一方面规避了潜在的审计和法律风险，其中财务审批制度必不可少。财务审批的审核人员是财务共享服务中心系统随机选取专业的财务人员，避免了“人情化”的因素影响，保证事项的审批审核客观公正。在共享中心人员审批之后，为保证准确无误，再对审核通过和未通过的业务进行复核差额审批，如两次审批人员

审批结果相同，则通过审批，若两次审批结果不同，这笔业务会转向审批负责人审批，审批负责人再进行终审，这样一来，经过两次或三次的审批程序，审批结果更具有说服力。具体的审批流程如图 6.3 所示。

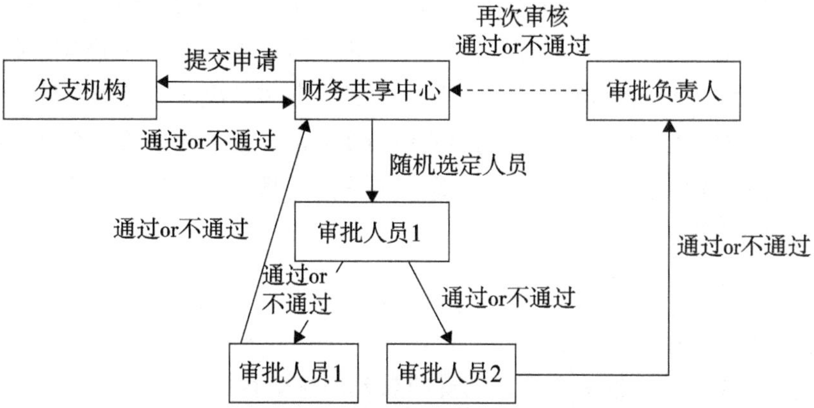

图 6.3　财务交叉审批流程

4. 建立科学的人员管理制度

（1）制定财务共享服务中心人员知识培养方案

企业集团实施财务共享服务中心后对财务人员与业务人员做出新的定位，财务人员所具备的不仅是财务知识技能的熟练，还包括对业务前端的学习、了解，因此，企业要重视对人员的培养，在财务共享服务中心不同的发展阶段，进行不同的持续的培训管理。

（2）健全财务共享服务中心人员考核办法

从财务共享服务中心的工作人员特点来看可分为两类人员：一类是基础业务的运营人员；另一类是运营管理及技术支撑人员。不同种类的人员设置不同的绩效考评规定，健全人员绩效考核办法。

企业可对不同类型的人员设置不同的绩效考核办法。运营业务人员的绩效考核从岗位特点看应着重考虑以下方面：一是量化指标，通过计件的方式多劳多得；二是对做出创新性的财务运营人员给予奖励。由于财务共享服务中心以处理费用报销、应收等业务为主，通常情况下，数量以实物票据的分数计算，但是同一份票据处理的难易程度不同，在这种情况下，将单据类型分类，以业务量最低的一类数据作为基准，再将各类单据转换为最低标准的倍数，这样更加公平。运营业务人员的考核目标还可以从业务处理质量、业务处理效率以及客户满意度等方面考核。

运营管理及技术支撑的财务人员是财务共享服务中心的核心，工作职责是负责财务共享服务中心的运营与开发，他们的一举一动影响着财务共享服务中心的发展，这部分人大多是技能水平高、专业能力强、创新能力强等特点。但是他们的工作是否能创造价值，是否更有意义很难评估。因此，针对此类人的绩效评价可综合管理者绩效标准、个案评价、360 度评价等方式。

（3）完善财务共享服务中心的轮岗管理办法

财务共享服务中心的日常工作类型分别为流程交易类、财务专业类、决策支持类。首先，对于基础交易类的人员，工作特点是技术含量不高、专业性低、发展空间窄，只要通过简单的岗前培训和业务熟练度培训即可完成工作；同时，其工作内容大多是重复性强、枯燥的。所以，对于这类人员可进行定期轮岗管理，避免重复枯燥的工作使员工产生懈怠不积极的工作状态，减少流失性；其次，对于财务专业类及决策支持类人员，他们作为中心的主干力量，通常为管理者，相应的素质能力要求高、技术含量高、专业性强、财务业务知识贮备强，企业可建立储备人才库，培养中高层管理者。储备人才可以进行轮岗，从基层逐渐向中高层跨进。

5. 完善系统管理制度

（1）建立健全安全管理制度

企业实施财务共享服务中心后，大量的重要信息全存储在系统上，尤其是信息数据直接或间接地通过网络连接，数据安全管理制度就显得格外重要。企业集团可以从技术层面和管理层面多维度规范系统使用原则，为系统数据创造安全、稳定的内外部环境，以抵制系统内外部不良因素的威胁。一方面，在技术层面，建立一套自上而下的多层次的安全防范体系，加强对数据输入、传递、输出的准确性的控制；另一方面，从管理层面，建立科学严格的安全管理制度，建立集团及下属企业的信息隐私保护制度。要保证信息系统的安全性、范围广、集成整合性，应该从制度的可靠性、安全性、灵活性入手，再将内控制度嵌入财务共享服务中心，加强内控管理，提供良好的内部系统环境，加强对系统的安全性、可靠性和灵活性的管理，增强企业的抗风险能力。制度的可靠性要求企业实施制度从本身的情况出发，可设多层级检查制度。企业可通过信息加密、数据传输的把控等管理制度为系统营造安全的环境。灵活性要求制度管理能针对内外部环境灵活地调整与应对。政策改变相应的制度管理随之调整，为了增强灵活性，需要在系统管理的建设中考虑可能的变化。

（2）设计科学的系统权责体系

财务共享服务中心的系统是集团企业提供服务的平台，平台的操作权限与权责范围是信息数据安全的保障，因此要制定科学的访问权限控制。总结好的经验，利用先进的互联网技术，依托 ERP 数据库的平台，在系统建设中参照商业银行系统的设计模式，开发“财企直连”系统，强化对资金流的掌控力度；在人员权限管理上，根据种类及工作的内容设定了不同部门、不同级别的分层次系统访问权限；在系统升级优化管理上，开发云技术化的财务系统，实现了跨地域的财务数据的大集中，为其财务政策制度的统一提供好的平台。

6. 健全财务共享服务中心制度建设配套制度

为保证财务共享服务中心有效地运行，只包括财务共享服务中心制度建设与财务有关的制度是远远不够的，与之相配套的制度也不容忽视。在服务管理、质量管理、现场管理、时效管理以及会计档案管理办法方面，企业需要做到以下几点。

第一，在服务管理方面，企业集团可以采取建立首问责任制、咨询规范、双向评估、客户追踪等制度，设定以下目标展开评估，如：时效指标、时长指标、服务质量指标、客户满意度指标等。最终实现“准确答复、回复详细、数据充分、口径统一”服务目的。

第二，在质量管理方面，企业加强质量宣传，开展员工培训，强化员工的质量意识。可通过交叉审核制度、定期检测、定期报告等制度加强质量方面的控制。

第三，在现场管理和时效管理方面，现场管理指导员工爱护公共工作环境、定期清扫办公桌等以培养员工的良好工作生活习惯，保持良好的外部形象。时效管理方面，采用定量制度分析，从共享平台的处理流程、员工业务处理数量、财务管理等多角度确定时效的“瓶颈”，并定期统计时效报告，保证共享服务中心高效且有秩序地运行。

第四，在会计档案管理办法方面，基于档案环境的变化，在财务共享服务中心的每个环节，制定标准化的档案留存制度，降低档案管理成本；确保会计档案和电子档案一致，防范档案形成过程中的风险因素。

第 7 章　财务共享服务中心组织人员管理

财务共享服务中心不是一成不变的，也有其对应的生命周期，在不同的发展阶段，其战略目标也会有所不同，而战略目标直接决定了财务共享服务中心在企业组织结构中的位置、自身的定位及其内部组织结构。反过来，财务共享服务中心的组织结构又会直接影响其战略目标的实现。财务共享服务中心作为一个新兴的组织形式，其组织结构设计不仅仅是简单的人员归置或人员集中管理，还蕴含很多关于业务流程化运作和专业化分工的管理思想与理念，因此，财务共享服务中心需要在组织战略的高度和层面上进行统一协调，设计适合企业发展的财务组织结构。

7.1　财务组织结构的影响因素

在企业整体发展战略目标的指导下，围绕其核心业务构建强有力的组织保障体制，设计科学合理的组织结构，通过有效协调组织内成员与成员、成员与职责、成员与资源之间，以及组织内外之间的关系，降低运营成本，提高组织整体效益，从而实现财务共享服务中心的目标。因此，财务共享服务中心的组织结构设计并不是由一张简单的组织结构图表现出来的那样，通常还会受到集团的管控类型及集团职能的集中管理方式这两个因素的影响。

7.1.1　集团的管控类型

集团管控模式是一个互相影响、相互支持的有机体系，它的目标是“集权有道，分权有序，授权有章，用权有度”。明确集团管控类型是理顺各级财务组织职能定位的前提。

根据企业业务整合度和总部运营干预度，可把集团总部扮演的不同角色细分为四种类型：财务投资型、战略指导型、战略控制型和运营管理型。

这四种集团管控类型中，总部的管控力度由低象限到高象限逐步增强。

① 财务投资型：以资本运营作为总部的核心功能，进行符合投资回报目标的兼并、收购、出卖和转让。集团对成员单位的具体经营运作管理基本不加干涉，也不会对成员单位的战略发展方向进行限定。财务投资型适用于产业多元化的大型企业集团。集团公司作为集团投资决策中心，以投资回报追求资本增值为目标，且具备投资、产权管理、财务监控等基本功能。

② 战略指导型：通过制定整体战略发展方向，对下属分、子公司的预算、资金、重大投融资、关键人事任免等事项进行管控，从而有效保证分、子公司都符合集团的发展战

略和方向。同样地，这一集团管控类型通常也不干预产业内部的具体运营。

③ 战略控制型：通过制定总体战略发展方向，不仅从预算、资金、重大投融资、关键人事任免等方面对下属分子公司进行管控，而且对分、子公司运营层面的重大事项进行管控和协调。

战略指导型和战略控制型都适用于主业突出的大型企业集团，集团总部作为战略决策中心和投资决策中心，具有追求资本增值和产业发展双重目标，重视集团总体战略和协同效应的培育。这两种集团管控类型最大的区别关键在于是否集权，其中战略指导型注重分权，战略控制型偏重集权。

④ 运营管理型：总部对战略、预算、投资、组织、人力资源、销售、采购、研发等领域进行直接管控，通过管理直接影响公司发展方向。运营管理型企业一般有明确的主导产业，集团公司既从事资本营运又从事生产经营，与成员单位关系密切，集团公司直接从事较多具体业务的操作指导，管理范围广，承担战略规划制定到主业经营的具体事务，而且管理非常深入。此种模式适用于产业集中、规模相对较大的大型企业集团。集团公司作为经营决策中心和生产管理指挥中心，具有资本增值和主导产业的市场占有率双重目标，追求对企业资源的集中控制和管理、企业经营活动的统一和优化。

国际上运营管理模式的代表企业之一是联合利华。联合利华是国际知名的家庭和个人用品及食品制造商和销售商，全年总销售额超过 520 亿美元，在美国《财富》杂志的全球大公司排行榜上，一直位居前 50 位之列。联合利华在全球设立 6 个科学研究发展中心，根据各地区的不同情况开发出各种地域性的产品；负责成员单位具体的人事管理，解决具体招聘签约、评级薪酬和奖惩等问题。联合利华利用业务协同性降低采购成本，建立了 8 个全球采购中心，把原材料通过地区和全球采购的方式推荐到联合利华全球系统，让原料供应商成为全球经济中的长期竞争者，为全球的业务发展带来价值和利益。同时，联合利华总部采用高度的共享服务，将众多子公司中独立的 ERP 系统连接起来，将资源集成和统一，最终完成业务流程以及信息系统的统一。

7.1.2　集团财务职能的管理方式

根据企业集团管控的客体特征和管控模式的特点不同，企业集团总部的具体相关职能也不尽相同，集团总部的职能定位会随着管控模式的变化而变化，目的是追求企业集团利益的最大化和集团总部价值的实现。

在集权管控模式下，企业集团总部作为生产管理和投资、经营决策的最终决定者，拥有企业集团分支机构各种资源绝对控制和管理的权力。例如，在运营管理型这种集团总部高度集权的管理模式下，总部财务管理方式定位于“总部基本上拥有所有的财务管理权限，进行集中式财务管理，建立统一的财务管理体系，将日常支出权力下放至各分支机构”。相对而言，在分散管控模式下，例如财务投资型这种集团总部仅参与管理的模式下，集团主要通过委派董事、监事、股权代表或财务负责人等人员，对分支机构的重大财务活动、投资运营等工作施加一定影响，使其符合企业集团的战略目标。

1. 四种不同职能的集中管理方式

在集团集权管控模式下，根据各类职能的特征不同，集团总部与下级组织的协作方式也有所不同，集团各类职能的集中管理方式分为以下四种模式。

① 总部直管。此类职能由总部集中管理，直接向下级组织输出服务或管理要求。总部人员不会常驻在下级组织，但可能会存在临时团队或总部人员直接分散办公。此类职能不属于人力密集型，一般不是日常业务，比如集团品牌管理职能。

② 总部派驻。此类职能由总部垂直管理，向下级组织派出常驻或临时工作团队，履行与业务结合程度高的职能。在这种情况下，总部会统一明确管理思路和标准，并履行集中管控的重要职能。此类职能一般独立性较强，对专业技能要求很高，比如风险管理职能。

③ 分级管理。此类职能由总部与下级组织的对口职能部门分工协同管理，总部向下提供业务指导。同总部派驻模式一样，总部会统一明确管理思路和标准，履行集中管控的重要职能。此类职能与业务单位关联紧密，对专业技能要求高，比如产品管理职能。

④ 共享服务。企业采取共享服务模式，通常在人力素质好且人力成本低的地区建立一个或几个共享中心，对各级组织输出服务，在下级组织可设隶属或独立于共享中心的辅助岗位配合运作。此类职能通常是操作型的，标准化程度较高，比如基础交易处理。

2. 财务职能的定位原则

企业集团的财务职能并不是单一的职能，因此管理方式因职能特征不同也有所区别。财务的主要职能按照具体内容可以分为：交易处理及报告、管理分析及内控执行、财务政策及内部审计、投融资及税务筹划等，由于业务特点和管理要求的不同，适用于不同的集中管理方式（见表 7.1）。

表 7.1　财务职能定位原则

类别	财务职能	特点	适用方式
交易处理及报告	核算 结算 定制报告	业务量大，标准化程度较高	共享服务
管理分析及内控执行	财务分析 成本管理 资产管理 工程管理 价格管理 预算管理 内控执行	与业务融合，可借鉴内部最佳实践有个性化需求，但共性也很强	分级管理
财务政策及内部审计	内部审计 政策规范	规则性强，统一管理 独立于执行，具有威慑力	总部派驻
投融资及税务筹划	融资 投资	战略导向，优才管理	总部直管

3. 财务管理组织模型

基于财务职能定位原则，集中的财务管理有七点特征：集中化的财务组织、信息集中生成、风险集中管控、资金集中调配、规则集中制定、财务战略集中决策以及核心财务梯队集中培养。

总部拥有财务管理的所有权限，建立统一的财务管理体系，战略财务团队负责规则制定、决策分析及管理支持。会计核算、资金支付由共享中心集中处理，企业经营信息由共享中心统一加工输出，信息变得更加透明、更易获取。同时，财务人员的培养途径更加清晰，财务共享服务中心可为不同财务团队输送人才。

7.2　财务共享服务中心的组织定位

7.2.1　财务共享服务中心在财务组织结构中的位置

在财务管理模型中，财务组织分三个层级：集团总部财务、成员公司财务及财务共享服务中心。

很多企业在建立财务共享服务中心的时候，会有这样的疑问：财务共享服务中心在财务组织架构中应该处于什么样的位置？作为集团总部财务部的隶属部室，向财务部长汇报；还是平行于集团总部财务部的独立部门，直接向财务总监汇报？

组织形式没有好坏之分，主要看企业的具体情况，财务共享服务中心的发展阶段以及企业基于管理因素的不同选择，最符合实际情况的就是最好的。图 7.1 为两种方式的比较。

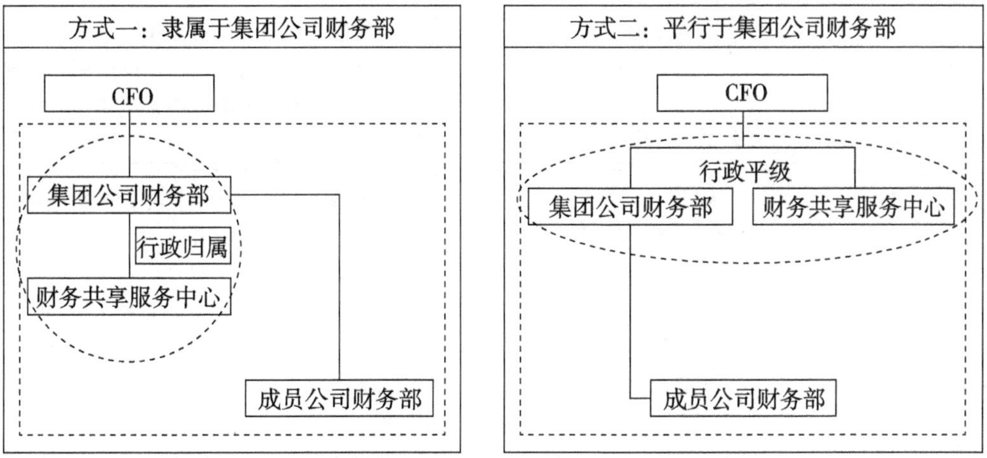

图 7.1　集团公司财务部与财务共享服务中心的行政关系

在上述两种方式下，财务共享服务中心均承担会计核算职能，集团总部和各成员单位财务部承担财务管理职能。财务管理与会计核算的分离顺应了当前大型集团企业财务组织发展的趋势。核算业务集中在财务共享服务中心处理，可以及时准确地提供多维度数据信息，有利于集团准确了解各成员公司的财务状况。

这两种方式的区别，可以从政策推行力度、财务共享服务中心与原财务部协作关系及汇报层级这三个方面进行考量（见表 7.2）。

表 7.2　财务共享服务中心两种组织定位的比较

组织定位	政策推行力度	两部门间协作关系	SSC 汇报层级
方式一：隶属关系	强	上下级协作	多
方式二：平行关系	弱	合作关系协作	少

政策推行力度：方式二中两部门属平级关系，财务共享服务中心对会计政策的落地需要跨部门协调，而隶属关系下，财务共享服务中心和各成员单位财务部同属集团公司财务部指导，有总体的管理和协调，因此方式二将会计核算要求向下推行的难度和复杂程度比方式一较高。

两部门间协作关系：由于集团总部财务部与财务共享服务中心未来在业务中仍存在很多需要互相配合协作的地方，在保持两部门间高效协作配合，保证贯彻各项制度政策的落实方面，方式二的复杂程度比方式一较高。

汇报层级：方式一中，财务共享服务中心隶属集团公司财务部管理，其工作将向集团公司财务部进行汇报；方式二中，集团公司财务部，财务共享服务中心同时向财务总监汇报，方式一中 SSC 的汇报层级较多，且在财务共享服务实施初期，通常需财务总监做大量决策。

某保险公司在组建财务共享服务中心时，在咨询公司的协助下做了一个共享服务中心的三年规划，对共享中心的汇报关系拟定了三种模式，如图 7.2 所示。

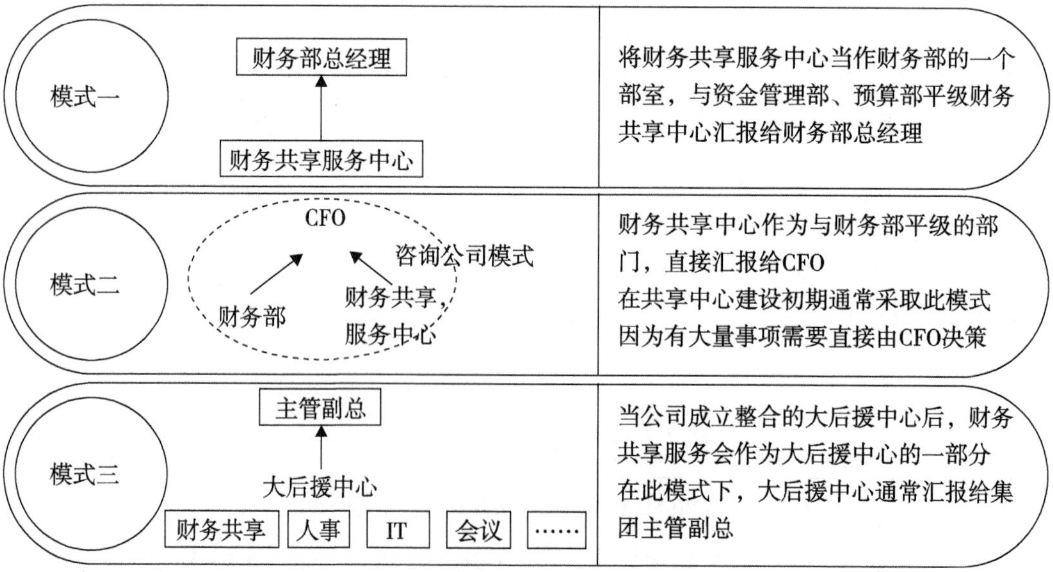

图 7.2　共享服务中心汇报模式

这三种模式的核心如下。

① 模式一：财务共享服务中心隶属财务部，属于财务体系的二级部门，公司的三级

部门，直接汇报领导为财务部总经理。

② 模式二：财务共享服务中心直属 CFO 管理，属于财务体系的一级部门，公司的二级部门，直接汇报领导为 CFO。

③ 模式三：财务共享服务中心隶属大后援中心，属于大后援中心的一级部门，属于公司的二级部门，直接汇报领导为大后援中心领导。

这三种模式各有利弊。

① 模式一：财务共享服务中心与资金管理部、预算部的直属领导为同一人，利于费用管控工作的推进，但在此模式下，财务共享服务中心属于公司的三级部门，如需获取公司高层领导的支持，中间环节较多，流程较长。

② 模式二：模式二中财务共享服务中心的直接汇报领导层级最高。模式二利于财务共享服务中心直接获取公司高层领导支持和指导，尤其在共享服务中心建立初期，对于财务共享服务中心工作的开展和推进有很大帮助，这也是咨询公司在协助该公司建立共享服务中心时给予的咨询建议；但同时也因为直接汇报领导层级较高，对一些待决策的细节问题不能像模式一那样给予及时的决策意见。

③ 模式三：将可以共享的业务都归入大后援中心，有利于业务的标准化，提高共享程度。但由于归入大后援中心后，与财务其他部门存在跨体系沟通、协作，对业务的推进存在一定制约。

对组织结构模式的选择没有完美、唯一的答案，需要企业根据其战略目标、企业发展阶段、对财务共享服务中心的定位等因素综合考虑、选择。

7.2.2　实施共享服务后整体的财务职能界面

实施财务共享服务，不仅会引起财务组织结构的变革，同时财务职能将在各级财务组织之间进行重新分配。总部财务、财务共享服务中心与成员单位财务的职能界面变得更加清晰。

集团总部财务、财务共享服务中心和成员单位财务并非孤立地履行各自的财务职能，而是在履行各类财务职能的过程中相互协作，但有不同的侧重点。集团总部财务在战略管理的层面上明确管理目标，制定相关的财税政策，监督下属单位的业绩执行情况；财务共享服务中心执行集团的会计政策，记录经济活动，真实地将会计信息反馈给集团总部及成员单位；成员单位财务配合集团财务的管理政策，推进管理目标的实现，协助业务部门进行业绩促进，并配合财务共享服务中心的核算要求。

7.3　财务共享服务中心的内部组织设计

7.3.1　财务共享服务中心组织结构的设计原则

虽然财务共享服务是一种创新的财务管理模式，但在设计其内部组织结构时，仍然要先遵循组织设计的一般原则。

① 目标导向原则。强调结果，而非过程，更多地从组织目标角度设计组织结构。

② 整分合原则。在考虑整体组织目标的基础上，进一步细分目标，转换成工作过程的分工，再进行综合与协调，最终共同努力实现组织总体目标。

③ “封闭”设计原则。任何组织都是一个具有特定目标与功能的系统，有其必要的工作程序。在这个组织系统内形成一个各单元、层次之间能够相互制约、作用的闭环运行轨道，从而保证组织目标与任务的顺利实现。

④ 最佳幅度与层次原则。根据组织的具体情况确定合理与最佳的管理幅度与层级，保证组织能够高效地完成其目标与任务。

⑤ 弹性设计原则。不论是哪一种组织结构都不是万能的，也不是一蹴而就的，随着组织环境（如竞争状况、资源条件、政策、技术因素等）、组织任务、组织决策者和组织内成员等影响组织结构因素的变化，组织结构也要进行适度的调整。因此，在进行组织结构设计时，要使组织具备一定的弹性，有能力应对这些变化。

相比于传统组织，财务共享服务中心更强调标准化、规范化、信息化。因此，财务共享服务中心内部组织结构有别于传统组织结构，在设计时还应遵循以下四个原则。

① 流程化运作。这是财务共享服务中心的关键所在，追求核算工作的效率提升和风险控制，强调流程化运作。

② 同质业务归集。对同一性质的业务如成本费用、工程资产、资金结算等进行归集，以保障业务的统一性。

③ 高效协作。财务共享服务中心内部组织之间相互能提供协作和支持，并且保持这种协作关系的顺畅高效。

④ 人员均衡。财务共享服务中心内人员配置相对均衡，并使得每个小组之间与共享中心经理能够有效地和组内成员保持管理沟通，确保中心的正常运行。

7.3.2 财务共享服务中心组织结构的设计步骤

建立财务共享服务中心组织一般可以按以下步骤进行。

① 确定合理的组织目标和工作内容。在不同的发展阶段，战略目标会有所不同。随着组织的发展，财务共享服务中心会倾向于提升客户满意度，采用区别客户、区域或产品等方式进行精细划分，提供更为专业、全面的服务，以提升财务共享服务中心的整体服务水平。最终，财务共享服务中心将发展为独立的经营实体，成为企业的利润中心，这时内部职能也将更丰富。

② 设计中心组织结构。合理的组织结构会直接影响公司的战略目标，并且决定着各类资源的配置。因此，财务共享服务中心的组织结构设计需要考虑中心、层级、业务单元及其内部相互关系，还要考虑财务共享服务中心和公司其他财务组织之间的职能分工，以及在公司组织架构中的位置和汇报关系。

③ 确定中心工作岗位与工作职责。财务共享服务中心的岗位大致可划分为业务操作和运营支撑两大类，确定岗位后就要相应确定各岗位的工作职责，各岗位承担不同的业务

职能和工作职责，相互协作和支持。如运营支撑团队的制度主管主要负责对集团的财务政策进行分解，并制定具体的业务细则，核算、结算等业务操作小组则需严格按照共享中心的财税政策主管制定的业务细则落实执行，并及时反馈情况。

④ 配置中心人员。在确定财务共享服务中心的组织结构后，就要考虑每个业务单元的人员配置问题，如配置多少人，如何做到人岗匹配等，并遵循以事设岗、以岗定人原则，从而做到人员精干、以事选人、适人适岗。

⑤ 明确中心工作流程与信息流程。在中心工作岗位与工作职责确定后就能明确具体的工作流程与相互之间的信息流程，并把工作流程与信息流程落实到书面文件上，获得中心内部的认知并实施。要特别注意具体职能分工之间、各业务单元之间的接口问题。

⑥ 制定中心考核标准。为保证中心目标的最终实现和工作内容的全部完成，必须制定中心内各岗位的考核标准，包括考核内容、考核时间、考核形式等。强调个人目标和中心目标的一致性，财务共享服务中心的组织绩效可以借助平衡计分卡等考核工具，结合中心自身特点进行全面评估。

7.3.3　财务共享服务中心组织结构的设计方法

财务共享服务中心内部组织结构的设计方法主要有以下几种。

（1）按区域设计

即按照财务共享服务中心服务对象的业务区域进行设计。这种方法适用于不同地域的业务有特殊需求的情况，由于财务共享服务中心人员面对不同国家、地域的客户分别提供相应的服务，为了更好地满足各地客户的个性化需求，按区域设计就有利于提高客户的满意度。但对于中心人员的专业技能要求较高，流程标准化程度低，整体效率不高。按区域设计的方式中，有很多公司会将不同的分中心建立在靠近服务对象的地方，获得语言优势，如图 7.3 所示。

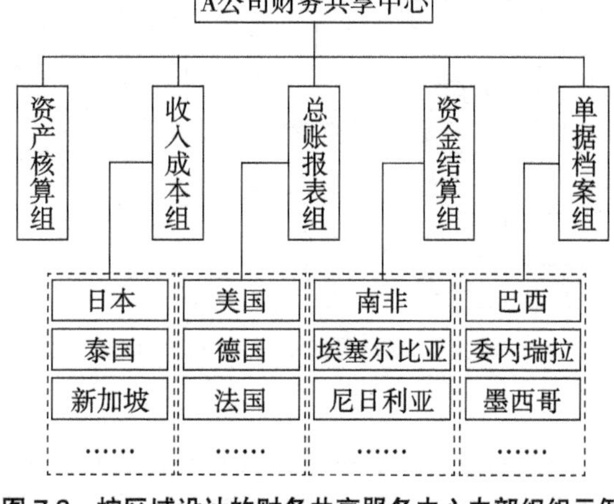

图 7.3　按区域设计的财务共享服务中心内部组织示例

（2）按职能设计

即按照不同岗位的具体工作职能进行设计。这种方法专业性较高，能有效提高组织的整体效率。但由于按各自的岗位职能划分，容易导致员工更关注自己所在职能部门的目标，反而忽视组织整体目标，造成组织间的协调难度加大，最终也只有最高主管对结果负责，如图 7.4 所示。

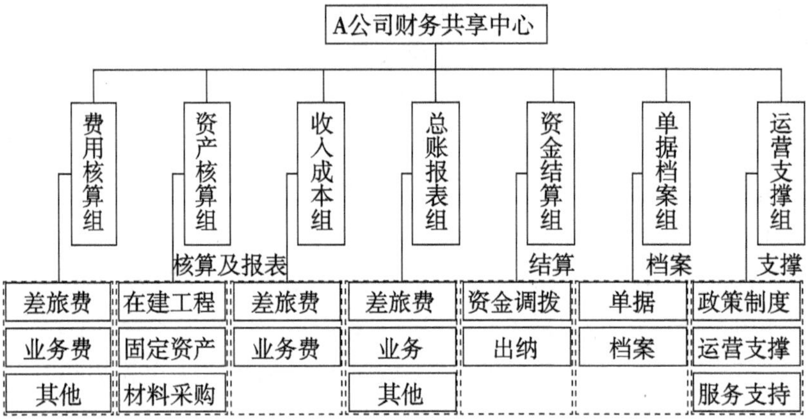

图 7.4　按职能设计的财务共享服务中心内部组织示例

如果结合区域和职能两方面来设计，即不仅考虑不同区域客户的业务特殊性，也考虑岗位职能的专业度，从而形成新的混合模式。如图 7.5 中公司财务共享服务中心的内部组织结构，对同质业务进行归集，按核算及报表、结算、档案、支撑再细分为不同的业务模块，在核算业务模块中，按照客户的业务区域进一步分组，在区域核算中，又根据业务的类型，如成本费用、收入、资产、报表分别设置不同的岗位。

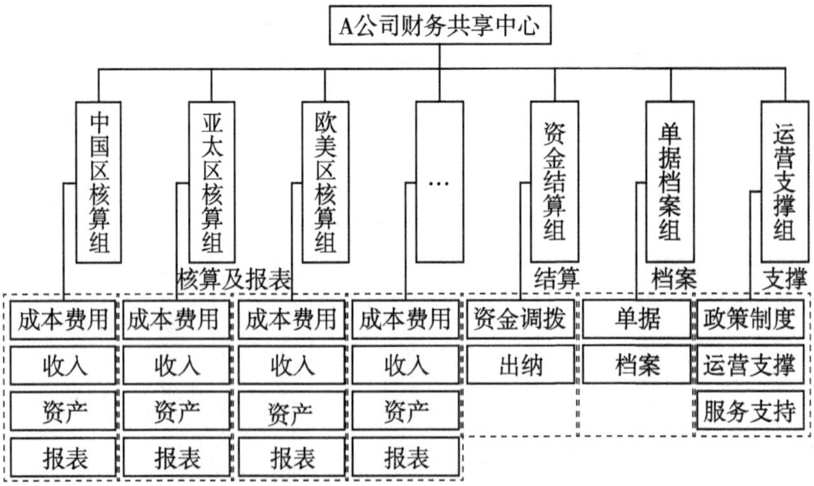

图 7.5　混合模式的财务共享服务中心内部组织示例

（3）按产品设计

即根据不同的业务单位进行划分，这种方式有利于企业充分发挥财务共享服务中心人员的技能和专业，也有利于产品和服务的改进和发展，如图 7.6 所示。

很难说哪种组织结构设计方式是最优的，最重要的是契合财务共享服务中心的发展定位。但无论何种组织结构，根据业务性质，财务共享服务中心的岗位设置通常可以划分为业务处理和运营管理这两大类岗位。

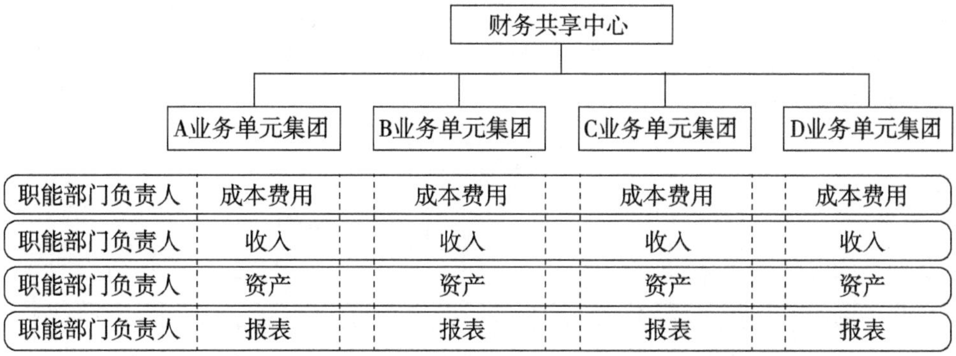

图 7.6　按产品设计的财务共享服务中心内部组织示例

7.3.4　财务共享服务中心内部的协作关系

财务共享服务中心内部的各个业务单元，承担不同的业务职能，相互提供协作和支持。

无论何种组织架构，根据业务性质不同，财务共享服务中心的岗位通常可以分为两类岗位：业务操作岗和运营支撑岗。业务操作岗包括核算、结算、档案管理等业务操作人员；运营支撑岗包括流程制度优化、系统运维、绩效、培训、服务等支撑人员，负责财务共享服务中心各个管理维度的支持。

例如，运营支撑团队的制度主管主要负责对集团的财务政策进行分解，并制定具体的业务细则，核算、结算等业务操作小组则需严格按照共享中心财税政策主管制定的业务细则落实执行，并将具体工作中出现的业务细则未包含或不合理的内容进行及时反馈，运营支撑团队形成发现问题和改进问题的循环优化机制。

同时，运营支撑团队的成员在组织运营中，需要将流程、系统、质量、绩效、培训、服务、标准化等各方面的运营管理规定落实到各个业务单元，确保各单元的规范运作，不断提升组织的管理成熟度，建立健康、协作的成长型、学习型组织。

7.4　财务共享服务中心的人员配置

在设计了适合财务共享服务中心的组织结构后，往往又会遇到新的问题：每个业务单元该配置多少人员？如何避免人员冗余或者不足的情况？如何做到人员与岗位的匹配？在对财务共享服务中心各业务单元进行人员配置时，需要考虑到不同岗位的特点，有针对性地进行分析，才能做到适人适岗。

7.4.1　财务共享服务中心的岗位设计

根据岗位与技能匹配、岗位与能力匹配、岗位与发展空间匹配等原则进行岗位设计，财务共享服务中心岗位可被分为业务处理和运营管理两类，如图 7.7 所示。其中业务处理岗主要包含费用会计、资产会计、收入会计、成本会计、资金会计、出纳、总账会计、税务会计等岗位，这类岗位的特点是重复性高、标准化程度高且业务类型较单一，员工可以通过业务职称晋升满足个人的发展要求。运营管理岗的特点是业务比较复杂、类型多样，对专业和创新能力要求较高，员工可通过选择行政职务或业务职称两条晋升通道来满足个人的发展要求。

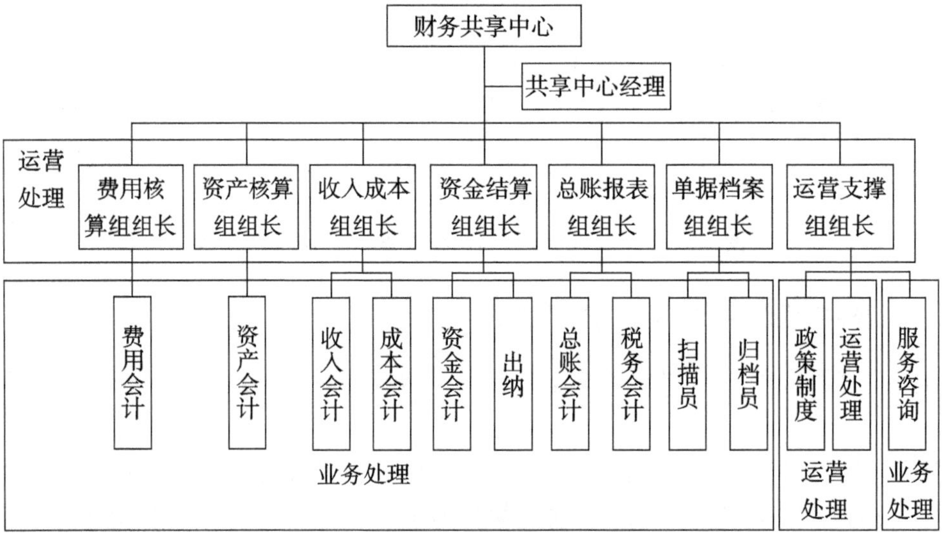

图 7.7　财务共享服务中心岗位设计

在进行财务共享服务中心的岗位设计时，需要考虑以下因素。

① 岗位与技能匹配：岗位不同，对员工的技能、经验要求不同。财务共享服务中心采用的是标准化的流程与操作，在每一个流程环节，都设有独立的岗位，每一个岗位的操作工序是不同的，都有其特殊的专业技术要求。

② 岗位与能力匹配：员工能力包括员工的专业能力、创新能力、沟通能力、学习能力等。在财务共享服务中心有两类岗位：业务处理岗位和运营管理岗位。这两类岗位对员工的素质要求不同，业务处理属于操作性岗位，要求员工有熟练的专业技能，运营管理岗位则要求员工有主动性和创新性。

③ 岗位与空间匹配：在设置岗位时，应充分考虑员工的发展空间，包括岗位与岗位之间的空间距离，员工个人的发展要求。员工对发展空间的要求是多方面的，比如对职务晋升、薪资涨幅或者职称级别的提高，应根据不同情况设置岗位空间，考虑人才的挽留。

7.4.2　财务共享服务中心人员编制测算

财务共享服务中心人员编制测算方法可以实现对各个岗位所需要的人员数量进行分析。基于岗位业务性质的不同，通常采用的测算方法主要分为三类：业务分析法、数据测算法以及对标评测法。

（1）业务分析法

业务分析法是基于业务性质的特点，并结合现有管理人员及业务人员经验，进行分析评估，最终确定人员编制数量的方法。此方法适用于难以进行精确数据测算，且难以取得同口径对标数据的项目。

（2）数据测算法

通过实测的方法确定一类标杆业务的业务处理时间，其他业务与标杆业务之间的关系通过多人评估并取平均值的方式进行确定。在业务量和工作效率确定的基础上确定人员编制。此方法适用于能取得可靠业务量数据，并能够对单笔业务量所用时间进行测量的项目。数据测算法模型如图 7.8 所示。

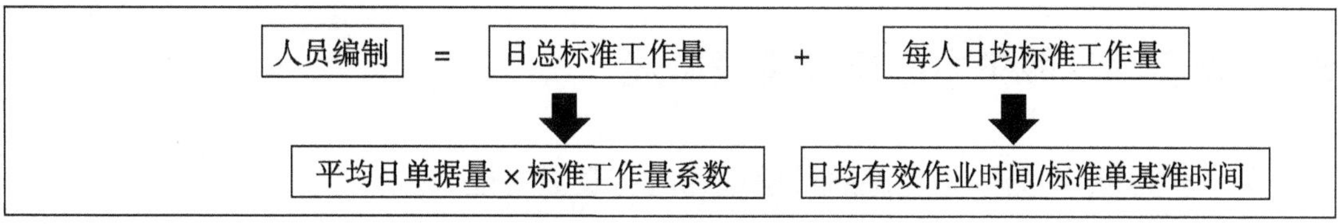

平均日单据量	标准工作量系数	日均有效作业时间	标准单基准时间
1.通过向项目范围内各成员公司发放调查问卷，统计可量化的业务平均日单据量。 2.视不同业务的波动周期分别设调整系数。	1.以测量基准为标的。 2.调查问卷方式获得原始数据。 3.取平均值作为各业务的标准工作量系数。	1.日均有效工作时间=日工作时间–作业辅助时间–作业间歇。 2.以业界普遍标准的日有效作业时间为基准进行评估确定。	本指标代表完成1个标准单所用的时间。 核算业务本指标代表审核1个标准单所用的时间：票据档案业务本指标代表扫描一页附件、归档一份单据所用的时间。

图 7.8　数据测算法模型

（3）对标评测法

对于无法进行数据测算的业务，优先考虑选取相同或相近口径的其他单位的业务进行对标，并在此基础上进行估测。此方法与数据测算法相比虽不够精确，但仍具有较高的参考价值。

财务共享服务中心的组织结构设计并不仅仅是简单的人员归置，作为一个新兴的组织形式，设计者需要考虑财务共享服务中心和企业其他财务组织之间的职能分工、在企业组织架构中的位置和汇报关系。财务共享服务中心内部组织架构的设计不仅蕴含了业务流程化运作和专业化分工的思想，还需在共享中心组织战略的高度和层面上进行统一和协调。

财务共享服务中心在发展的不同阶段，其组织战略随之不同，对组织内部结构的划分也会产生一定的影响。共享服务中心的建立初期，大多是以成本节约为主要目标，组织内部设计会强调专业化及流程化特点，最大限度发挥共享中心的效率，降低业务处理成本。随着组织成熟度的提升，财务共享服务中心组织将倾向于区别客户、区域或产品的更为细致的专业划分，这种架构可以使组织内员工针对不同的客户或产品，进行更为深入、全面的服务，从而大大提升共享中心的服务水平和客户满意度。财务共享服务中心组织的最终目标是成为独立的经营实体，成为企业的利润中心，内部组织职能将更为丰富，划分出更多的专业服务小组，成为一个综合性业务服务中心。

第 8 章　财务共享服务中心质量管理

8.1　财务共享服务中心质量管理概述

8.1.1　财务共享服务中心实施质量管理的内容及重要性

1. 质量与质量管理的概念

在国际标准化组织（International Standards Organization，ISO）1994 年颁布的《质量管理和质量保证——术语》（ISO 8402：1994）中，把质量定义为“反映实体满足明确和隐含需要的能力的特性总和”，这里的实体既可以是一个具体描述的事物，也可以是一种活动、组织等，定义范围较为宽泛。质量是企业向客户提供的产品或服务所应该具有的功能和属性，是企业和客户达成的物有所值的心理契约。企业与客户之间存在着契约的关系，如果企业想要发展，就要认真地去履行契约。做好质量管理，从客户的角度出发，改进、提高产品和服务质量，提升客户体验的价值，最终会得到客户的认可。

质量管理是指确定质量方针、目标和职责，并通过质量体系中的质量策划、质量控制、质量保证和质量改进来使其实现的所有管理职能的全部活动。在现代企业管理中，质量管理是企业最重要的基础管理工作之一。企业所提供的产品与服务的质量，是企业成功的根本。质量管理水平高的企业能够在最大程度上确保和客户利益一致。同时，质量是企业的生命，是一个企业整体素质的展示，也是一个企业综合实力的体现。伴随着社会的进步与经济的发展，客户对产品质量的要求越来越高。因此，企业要想长期稳定地发展，必须围绕质量这个核心开展工作，加强产品与服务的质量管理。

2. 财务共享服务中心质量管理的内容

对于财务共享服务服务中心这一新型的财务组织，要想维持其稳定的运行状态，也离不开质量管理。如果我们把财务共享服务中心看作一个对财务信息进行加工处理的工厂，那么大量的财务信息可视作生产的原材料，报销单和工单的审核、复核是一道生产线，业务管理则为统筹生产计划、监控生产进行的车间管理部门，而质量管理就是对全生产环节进行质量把控，并对产成品进行抽样检测。

在财务共享服务中心的初期运营阶段，质量管理主要集中在解决运营问题及协调各部门顺畅衔接，保证各项业务正常开展。随着共享模式下各业务流程的深化及共享范围的全面推广，质量管理将逐渐增加定义质量标准、提示责任人自查、定期核查、不定期抽查、定期出具质量检查报告以及合规普及、实操运用检查等深入的质量管理工作。

财务共享服务中心的质量管理，包括操作标准化、检查体系化、评价显性化三方面。

（1）操作标准化

①操作规范标准化（如财务制度、报账规范、财务人员操作细则等）；②通过培训规范员工操作，从源头减少错误输入。

（2）检查体系化

识别关键控制点，建立质量检查与控制机制（如自检、工序检查、专项监控等）。

（3）评价显性化

量化质量检查结果，用数据来评价质量。

3. 财务共享服务中心实施质量管理的重要性

财务共享服务中心通过外部信息输入的处理形成的产品，可能是具象化的核算单据、财务报表，也可能是对于分、子公司的问题解答或咨询等服务。这些产品与服务应符合一定的标准且具有实用性，以符合集中化管控与客户化的需求。因各行业性质的不同以及风险点与管控要求的区别，账务处理差错的可容忍程度也存在较大的差异。这里所说的账务处理差错，既包含不符合外部监管要求的账务处理，也包括违背集团内部管控要求的账务处理。账务集中核算的目的之一是提升核算的质量，保证账务处理的合规、合法性以及符合集团管理目标的报表准确性。如何控制财务共享服务中心在较低水平的差错率上运行，是保证集团整体核算质量的关键。

财务共享服务中心产品与服务的质量，代表着财务共享服务中心的专业化水平，也在一定程度上反映了财务共享服务中心运营的效果与能力。因此，建立质量管理体系对保障和提升财务共享服务中心的管理水平十分重要。

8.1.2　财务共享服务中心质量管理的整体框架

1. 财务共享服务中心质量管理的一般流程

如图 8.1 所示，财务共享服务中心质量管理的一般流程包括三个阶段：质量任务管理、质检任务管理和质检单据跟踪。首先，由运营管理岗位的人员下达质量任务，定义单据的抽样范围，下达抽样比例；其次，由系统实施自动抽样后，下达质量检查人员按照规定的稽核比例抽取样本进行质检，对于不合格单据通知作业岗人员进行整改，直到质检合格后填写质检报告并上报至管理岗人员审核。质检岗位的人员需要根据检查结果不断总结、归纳发生问题的原因，并提出解决办法，同时为质检任务的制定和规则的完善提供依据；最后，由运营管理岗对质检报告进行审核。这一过程通过检查 FSSC 各个岗位人员是否按照操作规范及操作要求处理作业，能够在过程中对员工的差错进行及时的纠正和改进，并获取质量水平数据，有利于加强中心所有员工的质量意识，产出符合质量保证的作业成果并指导后续优化。

2. 财务共享服务中心质量管理的两大模块

从实践经验来看，目前财务共享服务中心的质量管理通常分为日常稽核与专项稽核两大模块。日常稽核与专项稽核报告应直接向财务共享服务中心管理层汇报，以起到监督及优化管理效率的作用。

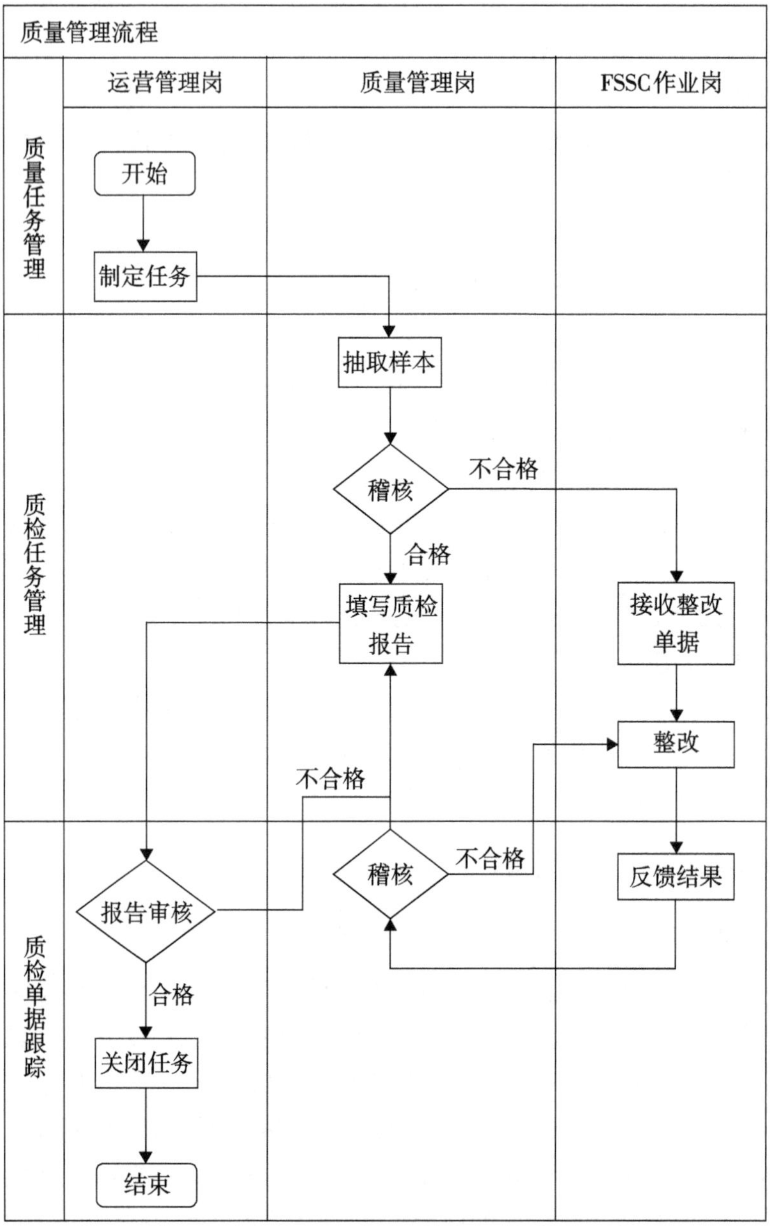

图 8.1　质量管理的一般流程

（1）日常稽核

日常稽核的一个重要环节是对产成品（复核通过的报销单及工单等）进行科学的抽样质检，将包含的单据信息、影像信息等每个细节，逐一对照标准化操作手册进行核对，确保“出厂产品”符合质量要求。对于检查中发现的问题，除作为绩效反馈的依据外，涉及账务差错的业务，需要通知作业岗对账务进行调整。

日常稽核工作的周期依据财务共享服务中心工作绩效考核周期确定，整个稽核周期分为确定稽核比例、系统下达稽核任务、稽核依据更新、反馈稽核数据、出具稽核报告、跟踪稽核结果六大流程。稽核比例确定根据每个期间单据处理量不同，上下会有小范围浮动，但一般基本保持在每一个核算人员工作量的 10% 以上。确定一个相对较高的稽核比例是因为只有稽核量控制在一定水平，才能够保证及时发现错误，起到预防与控制作用。在确定稽核比例之后，质量管理组组长会在费控系统中抽取该比例的单据，将稽核任务下达至每个稽核人员处。

财务共享服务中心的日常稽核人员利用标准化的费用及总账细则等一系列作业标准作为质检手册，即稽核依据。这些作业标准明确规定了产品质量要求，如账务处理计入的科目、提单规范等；同时，财务共享服务中心会执行临时政策或服务主体对特殊事项做出特别处理的宣导，稽核人员将此部分也纳入质量管理手册的一部分，并及时与业务管理团队沟通、更新稽核依据。当然，账务处理的复杂性决定了无法用完全统一的标准化操作手册指导所有的工作，此时稽核人员还需要借助职业判断、会议讨论的形式，确定单据是否合格，并将标准化手册不完善之处，反馈至负责更新核算细则的同事。

当稽核人员发现不符合标准化质量的不合格单据时，即会在系统中标记，根据当月稽核情况，编制稽核报告，体现上一核算期间中整体的差错情况、差错主要出现的范围并提出相关改进措施，将稽核报告上报至共享中心管理层，并与业务处理团队沟通解决方案，当出现需要调整账务的处理时，日常稽核小组会通知业务处理团队进行账务调整，出现需要更新修订细则时，会与业务管理团队讨论相关方案，并在下一期稽核报告中进行追踪。此外，还会将稽核差错每月汇总，反馈至负责绩效考核的员工，作为对于整体运营效率及员工单据差错的考核。

事实上，当月稽核上个核算期间的单据显然存在一定的滞后性，因此可通过开发系统等方式，尝试将稽核周期提前至当月，即当月核算期间便可获得当月单据的差错情况，以便能将账务处理问题于当月及时发现，并于当月完成账务调整，使财务核算更加准确。

（2）专项稽核

为保证在质检过程中发现的问题能够得到深度研究，进而从流程源头规避问题，可以设置专项稽核作为日常稽核的延伸。

专项稽核能够针对某一特定类型问题进行深度检查，找到问题发生的源头，克服了日常稽核只能从样本中发现一定概率的不合格单据的局限性。例如，在日常稽核中偶然发现某机构存在因重复扫描影像而重复报销的情况，则需要针对该机构做专项稽核，将检查范围扩大至 1 年内该机构所有报销单，对重复报销的漏洞进行深入的检查，防范内控风险。

除检查范围的延伸外，也可将整体标准化执行情况、现有流程的缺陷纳入专项稽核的检查范围。

8.1.3　财务共享服务中心的质量管理体系

财务共享服务中心应当建立全面的质量管理体系，即通过质量管理体系中的质量策划、质量控制、质量保证和质量改进来实现所有职能的全部活动。促使财务共享服务中心在最经济的水平上，提供充分满足各单位质量要求的服务，综合协调各部门的活动，构成保证与改善质量的有效体系。目前，各财务共享服务中心多使用六西格玛管理法进行质量把控。六西格玛管理法是一种“零缺陷”管理理念，它是利用事实和数据来驱动更好地解决问题的方法。一般具有以顾客为中心、以过程为中心、科学的问题解决方法、培养专家人力、以课题方式开展活动、追求极大的财务效果的特征。六西格玛的管理理念不仅是一个质量上的标准，更代表着一种全新的管理理念，是有效提升服务型业务流程质量的管理方法和战略。财务共享服务中心在质量管理体系搭建、运行、评价与改善的过程中可以充分借鉴此种管理方法。

1. 财务共享服务中心质量管理体系的搭建

质量管理是建立出来的，不是检查出来的。因此，财务共享服务中心质量管理的核心任务是建立管理体系而不是事后的检查。为保障全面质量管理体系建立的质量与良好运行，在体系搭建的过程中需注重几方面关键要素：第一，财务共享服务中心运营的核心目标之一是提供优质的服务，这里的服务既指服务于集团总体的管理，也包含对服务主体的服务，因此对于业务质量的管理应当以客户为导向，一切质量标准的设定及执行的参考因素都应充分考虑客户的需求和满意程度；第二，对于体系运行的预期效果应当是明确的，即辅助集团企业实现最大化的财务管理效果。财务共享服务中心是集团企业财务转型的产物，其发展必须服从于集团整体战略部署，所以中心质量管理体系建立的理念与实施细节应与集团财务管控目标一脉相承；第三,一套有效的质量管理体系必须有相应的人力支撑以及配套的质量标准和检查制度作为约束。管理机制要顺畅运转，须从质量管理的源头入手，制订科学的质量达标计划、确定质量控制关键点、确保计划得到充分执行，到计划实施后的过程回顾和结果评价，继而肯定计划成果的同时总结不足，并将不足推进到下一个工作计划中去完成；第四，提升质量管理水平是一个系统化的过程，应依据实际情况与业务需要确定质量管理体系构建的先后顺序，不可操之过急，避免体系的构建与实际业务脱节；第五，财务共享服务中心质量管理相关方面可借鉴的经验不多，质量管理人才的培养与质量管理工具的选择十分重要。财务共享服务中心质量管理体系的搭建一般可以包含以下内容。

（1）明确质量管理体系搭建的方针

质量管理体系建设的方针，表明了财务共享服务中心对质量管理体系运行效果的期望与实施思路。质量管理体系建设的方针必须与财务共享服务中心的实际相结合，一定要考虑到目前的业务性质、规模、发展阶段等因素，这样的方针才具有可操作性。财务共享服务中心质量管理体系建设的总体方针应以提升客户价值、满足管理规范、促进运营顺畅、统筹质量与绩效指标的对接关系以及有效控制产品与服务的质量为重点。

（2）制定实施路径

质量管理体系的搭建是一个科学化、系统化的过程，在制定实施路径的过程中应体现其全面性、全过程和全员参与的特性。财务共享服务中心制定质量管理体系搭建的实施路径一般分为三个阶段，如图 8.2 所示。

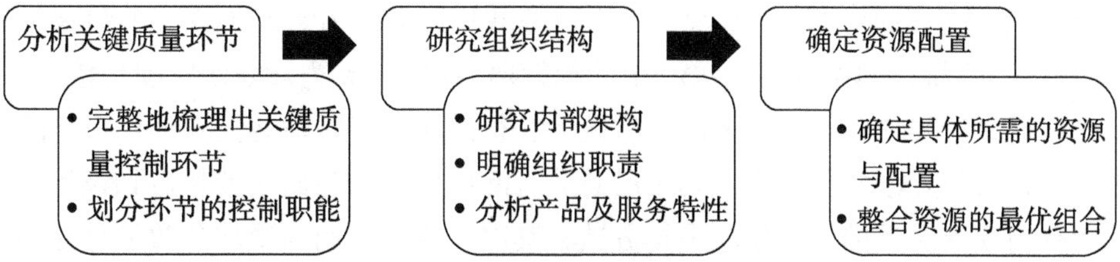

图 8.2　质量管理体系的实施路径

第一阶段，分析关键质量环节。在财务共享服务中心产品与服务形成的过程中，一些环节直接影响了最终的质量水平，明确这些环节是质量管理体系建立的基础。在第一阶段必须完整地梳理出关键的质量控制环节，同时明确划分这些环节的控制职能，实现产品质量全程无缝控制的管理目标。在此阶段，也应注重对于质量指标的梳理，量化作业数量以及影响作业质量的关键因素，方便后续改进。

第二阶段，研究组织结构。在第一阶段的基础上，财务共享服务中心应结合实际情况，进一步明确各环节的质量要求，采用具体的措施、系统的配备及人员分工。每个集团企业设立财务共享服务中心的架构以及目标都有所区别，需要充分研究内部架构、组织职责以及产品与服务的特性，配之恰当的方案，才能保证质量管理工具的落地执行。这是财务共享服务中心质量管理体系建立过程中最重要的一步，它关系到质量管理在实际中应用的程度和实施效果。

第三阶段，确定资源配置。质量管理体系的搭建，不仅是财务共享服务中心质量管理一个模块的工作，它需要多部门、多单元相互支持与深入的协作。质量管理部门在制订计划与具体落实方案后，需要协调中心外部相关部门以及部门内部各业务单元的资源，从整体出发，考虑资源的最优配置。

（3）确定质量标准

确定标准是质量管理的重要前提，是实现管理规范化的需要。质量标准应从财务共享服务中心整体定位与发展目标出发，以提升客户价值为考量，搭建的质量标准体系既应满足外部监管要求，也应兼顾内部运营的管理策略。财务共享服务中心的质量管理标准可分为操作标准和管理标准。操作标准主要分为提单标准、账务核算标准、结算流程标准、服务沟通标准等。管理标准是各业务单元、作业人员以及管理人员之间的规范，它包括责任与权限规程等。

（4）运用质量测评模型

从国外文献来看，量化服务质量差距的工具主要有 SERVQUAL 测评模型和 SERVPERF 测评模型，但是国内外学者更多选择使用 SERVQUAL 模型，广泛应用于云服务、酒店服务、医疗服务、客运、公共信息服务行业等领域的质量测评。故此处基于 SERVQUAL 测评模型来建立财务共享服务中心的服务质量测评模型，见式（8.1）。

$$\mathrm{FSSCSQ}=\left[\sum_{i=1}^{n}(P_i-E_i)\right]\Big/n \tag{8.1}$$

式中：FSSCSQ 为总的感知服务质量；P_i 为财务共享服务中心客户对第 i 个问题的感知评分；E_i 为财务共享服务中心客户对第 i 个问题的期望评分；n 为量表的问项总数。

首先，通过对客户各问项打分的频数统计，得出所有客户对各问项的期望与感知选择的频数，将频数与分数相乘得出该问项的总分，除以有效问卷回收数量得到该问项的平均分数，所有问项依次类推得出相应平均分数；其次，将所有问项平均分数加总并除以问项总数，得到客户感知和期望服务质量分数。

2. 财务共享服务中心质量管理体系的运行与评价

质量管理体系的运行与评价是财务共享服务中心质量管理的关键环节，也是检验质量管理体系设计与执行效果的重要步骤。在运行过程中，应重视收集需改善的管理与操作流程信息，及时总结问题，为进一步提升、改善留存依据。财务共享服务中心在质量管理体系运行与评价的过程中应注意以下几方面。

（1）坚持按质量管理标准操作

财务共享服务中心的标准，一般可以分为操作标准与管理标准两部分。操作标准是沿着财务共享服务中心产品与服务的形成这条线，环环控制投入各流程节点的质量，层层把关设卡，使作业过程处于受控状态。在操作标准体系中，各个标准都是以产品标准为核心而展开的，都是为了达到财务共享服务中心最终的产品与服务标准服务的。因此，按照操作标准处理工作是质量管理运行的根本。

管理标准是为提高工作质量、保证产品质量服务的，执行管理标准不仅从整体上把握各操作的流程与环节，还明确了各业务单元在各流程环节中触点的职责与权限，在一定程度上全面地保证了运营流程的合规顺畅与工作的效率。坚持执行管理标准是对质量进行有效管理的又一坚实保障。

（2）强化质量检验与评价

质量检验在质量管理体系运行过程中发挥以下职能：一是保证的职能，即把关的职能；二是预防的职能，通过质量检验获得的信息和数据，为控制提供依据，发现质量问题，找出原因及时排除。提升质量检测效果应注意以下几方面问题。

首先，重视参与质量检验人员的素质，选拔能满足质量检验要求的人员，注重专家人力的培养。质量检验必须由经过培训且具备胜任能力的人员进行，质检人员需要具备一定的素质。一是需要有良好的职业道德素养，对检验质量成果而言，诚实、正直、职业操守与谨慎性是最基本的；二是质检人员应当按照既定的检验程序和要求开展工作，秉公行事，在未经被检验方允许的情况下，不得向第三方透露任何信息；三是质检人员需具备较强的专业能力，不仅能够掌握业务特性与操作流程，还具有一定的专业判断能力，可识别显性与隐性的风险。

其次，建立健全质量检验机制，保障质量检验的规范性。质量检验从准备到检验的实施、评价及后续追踪都应有规范的程序和做法，形成书面的文件，如检验计划、检验表、检验记录和检验报告等。同时，检验过程应遵循有关的规则：第一，保证独立性。检验活动应独立于正常业务活动，并无利益上的关联或冲突。这样才能保证整个检验过程中客观、公正地收集检验证据，以获得准确的检验结论；第二，基于证据发表意见。检验活动应该是在一个系统的检测过程中，得出可信的检验结论的合理方法。检测抽样方式的合理性与检验结论的可信性密切相关。因此，检验的证据一定是真实的并且是可验证的。

（3）明确质量责任制

质量责任制是指财务共享服务中心产品与服务在形成过程中与形成后对质量各环节进行控制的一种责任制度。应明确每个人在质量工作中的责任、权限与利益。质量责任制是财务共享服务中心进行全面质量管理的一项基础性工作，也是质量管理体系中必不可少的内容。它的优点在于促进达成事事有人管、人人有专责、做事有标准、考核有依据的目标。在财务共享服务中心的工作实务中，质量责任与绩效的挂钩，能有效地推动质量管理体系的平稳运行，帮助取得良好的质量管理效果。

（4）以过程为中心，有效管理影响质量的关键因素

分析影响质量管理的关键因素，对质量管理人员提出了更高的要求。也就是说，质量管理人员不仅要关注业务操作人员对标准化手册的执行情况，还需要有能力识别出影响质量的关键因素，甚至需要对标准化手册上并未说明的风险进行预判（如会计政策、行业监管条例的变更等因素），不断提升质量管理水平。其重要的关注点应以业务流程过程的把控为中心和以数据量化分析为依托，找出影响质量的关键因素。由于质量检验要求具有时效性以及检验资源的局限性，质量管理人员应对需要重点控制的质量特性、关键部位、薄弱环节以及主要因素等采取科学的管理措施和办法，实行强化管理，使财务共享服务中心的作业流程处于很好的控制状态，保证规定的质量要求。加强这方面的管理，需要专业管理人员对财务共享服务中心整体做出系统的分析，找出重点部位和薄弱环节并加以控制。

8.2　财务共享服务中心质量管理工具

8.2.1　标准化管理

1. 标准化及其原理

（1）标准化的概念

“科学管理之父”泰勒 1911 年撰写完成的《科学管理原理》一书的问世以及“泰勒制”理论的诞生，标志着一个管理新时代的到来，同时书中首次提及了“标准化”的概念。泰勒“标准化”概念的主要特点是将完成工作的方式方法编写成书面的规程和标准的操作流程，一旦确定了完成工作的最好方式，泰勒就会把它准确记录下来，以便能向工人讲解传授。这些准则可以用来对工作进行进一步的标准化和简化，使工作变得更为常规化、程序化，并且可以在文字化标准流程的基础上添加、修改，长此以往累积成企业一整套规范运作的规程与习惯，并构成企业独特的拆不开、偷不去的核心优势。“标准化”作为科学管理原理的核心内容之一，经过上百年的沿用与发展，至今仍然作为企业经济管理中不可或缺的管理思想。

《标准化工作指南　第 1 部分：标准化和相关活动的通用术语》（GB/T 20000.1—2014）

中规定，标准化是“为了在既定范围内获得最佳秩序，促进共同效益，对现实问题或潜在问题确立共同使用和重复使用的条款以及编制、发布和应用文件的活动”。

该定义有以下几方面内涵。

① 标准化是一项由制定、发布和实施环节组成的活动过程。“标准化工作的任务是制定标准、组织实施标准和对标准的实施进行监督”，这是对标准化定义内涵的全面清晰的概括。

② 标准化活动过程在深度上是一个永无止境的循环上升过程。一套严谨完整的标准化管理机制包括标准的制定、实施、监督、评价、考核、整改，以及在实施中随着科学技术进步对原标准适时进行总结、修订、再实施。每循环一周，标准就上升到一个新的水平，充实新的内容，产生新的效果。标准化活动不能闭门造车，要密切关注市场和客户，灵活调整以满足市场和客户需求，从而实现其终极目标——企业可持续发展。

③ 标准化活动过程在广度上是一个不断扩展的过程。过去只制定产品标准、技术标准，现在要制定管理标准、工作标准；过去标准化工作主要在工农业生产领域，现在已扩展到安全、卫生、环境保护、交通运输、行政管理、信息代码等，标准化正随着社会科学技术进步而不断地扩展和深化工作领域。

④ 标准化的目的是“获得最佳秩序，促进共同效益”。企业标准化的目的是在企业生产、经营、管理范围内获得最佳秩序和社会效益。从制度构架上完善企业内各业务流程的衔接，使各项事务有条不紊地开展，杜绝责任盲区和责任重叠，减少扯皮和内部摩擦，削减管理内耗。对于生产型企业，通过运行以 ISO 9000 族标准为代表的质量管理体系，可以改进产品、过程和服务的质量，减少劣质产品，降低质量成本，增强客户满意。

（2）标准化的基本原理

众多企业之所以采用标准化作为管理的工具，是因为标准化的原理可以满足企业日常运营管理的基本需求。

① 统一原理。统一原理就是为了保证事物发展所必需的秩序和效率，对事物的形成、功能或其他特性，确定适合于一定时期和一定条件的一致规范，并使这种一致规范与被取代的对象在功能上达到等效。统一性原理囊括了确定对象的一致性、规范性等要点，使得企业内部的运营秩序与效率得到保障，同时保证企业的产品与服务是符合规定标准的。

② 简化原理。简化原理就是为了经济有效地满足需要，对标准化对象的结构、形式、规格或其他性能进行筛选提炼，剔除其中多余的、低效能的、可替换的环节，精练并确定出满足需要所必要的高效能的环节，保持整体构成精简合理，使之功能效率最高。简化性原理促进了企业生产运营效率的提升与经济效益的最大化，也使得作业单元的人员操作流程与方法更加便捷。

③ 协调原理。协调原理就是为了使标准的整体功能达到最佳，并产生实际效果，必须通过有效的方式协调好系统内外相关因素之间的关系，确定为建立和保持相互一致、适应或平衡关系所必须具备的条件。企业在生产过程中，通过标准化可以协调产品和服务与既定管理目标的一致性，也可以协调企业内部各单元对于既定目标实施的路径及管理思路

保持统一，便于工作的开展。

④ 最优化原理。按照特定的目标，在一定的限制条件下，对标准系统的构成因素及其关系进行选择、设计或调整，使之达到最理想的效果，这样的标准化原理称为“最优化原理”。标准是站在企业整体以及长远发展角度考虑，综合权衡了各方面因素而制定的，因此标准化是企业在生产中，进行资源有效整合以及最优配置的实施工具。

2. 企业标准化管理体系

企业标准化管理体系涉及企业管理制度的方方面面，企业在实行标准化管理的过程中，要在贯彻落实国家关于标准化工作的法律、法规、政策、方针的基础上，建立健全以技术标准为主体核心、以管理标准为支持、以工作标准为保障的企业标准化体系。设立企业标准化管理部门统一负责管理本企业的标准化工作，编制适应本企业的标准化管理体系，组织标准的实施和对标准的实施进行监督检查和考核。企业标准化管理体系（见图8.3）是企业管理运行较为完备的制度体系，为企业步入良性的发展轨道奠定了坚实的基础，其核心构成包括技术标准和管理标准。

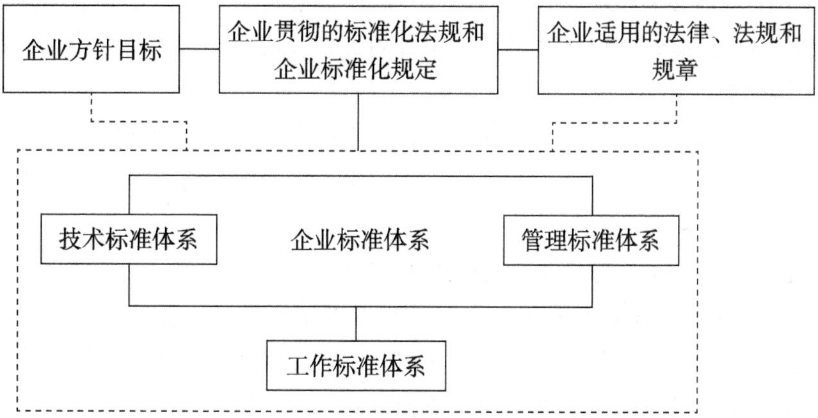

图 8.3　企业标准化管理体系

（1）技术标准

技术标准是标准化管理体系的核心，是实现产品质量的重要前提，其他标准都要围绕技术标准进行，并为技术标准服务。具体来说，技术标准是对生产相关的各种技术条件，包括生产对象、生产条件、生产方式等所做的规定。企业技术标准的形式可以是标准、规范、规程、守则、操作卡、作业指导书等。任何企业都应首先以其高质量的产品标准为中心，建立完善的企业技术标准体系。

（2）管理标准

管理标准是对有关生产、技术、经营管理各个环节运用标准化原理所做的规定，它涉及各个管理方面，包括企业经营决策管理、生产管理、技术管理、质量管理、计划管理、人事管理、财务管理、设备管理、物资供运销管理、经济实体管理及标准化管理等。

3. 财务共享服务中心的标准化管理

（1）财务共享服务中心标准化管理的意义——标准化是财务共享服务中心质量管理的

有效工具

首先，标准化是质量管理体系建立与运行的重要基础。财务共享服务中心质量管理工作的落地需要一个抓手，质量管理体系是一个总体目标与框架，需要具体的工具去实现质量管理体系的构建与运行。标准化管理工具建设的起点是工作内容与流程的梳理，同时建立相应的标准化制度，这也就为质量管理体系填补了更为具体的实质性内容。标准化的程序制度在财务共享服务中心内部的质量管理体系实施过程中是最为主要的文件，它们既是企业质量管理基本的法则与准则，也是各业务单元岗位人员必须遵循的质量标准文件。

其次，标准化的特性之一是“获得最佳秩序”，包含了质量保证、提高效益等内容，这与质量管理体系搭建的目标一脉相承。质量管理体系运行的载体依托于标准化的制度、流程以及服务，因此标准化管理程度的高低也决定了质量管理体系建立与运行的效果。

再次，标准化使得质量管理体系得以迅速推广与应用。标准化一词从实务角度来讲，使得管理者与员工更容易接受，执行起来更顺畅。大多企业内部控制或风险管理人员向领导汇报或与员工沟通时，离不开“风险管理”与“内部控制”等专业性词汇，加之相关内容晦涩难懂，使得相关工作难以有效沟通与开展。标准化管理将内部控制与风险管理等内容以浅显易懂的表现形式在财务共享服务中心内部宣导与推广，使得无论从沟通还是执行力上来讲更为顺畅。

最后，标准化是质量管理体系建立和运行效果的关键。建立质量标准是财务共享服务中心质量管理工作的前提，产品与服务标准的水平直接影响最终产品与服务的质量，管理标准的先进程度也直接影响内部的管理水平。

（2）财务共享服务中心标准化管理体系的建立

① 标准化管理体系建立的原则。财务共享服务中心的标准化管理体系在建设初期应明确指导方针与管理方向，除了满足外部法律、法规以及企业发展战略的要求，为更加贴合财务共享服务中心发展与质量管理的需要，应遵循以下原则。

a）以服务客户为导向原则。财务共享服务中心的服务对象分为企业外部客户与内部分、子公司客户，标准化管理在坚持合法合规的基础上，应符合客户的实际需求，为客户提供高质高效的产品与服务。

b）系统性管理原则。标准化管理体系的建设应将计划、进度、控制进行有效的管理，同时整合内外部因素，将全部的组织职责、业务活动与流程有机地结合，以实现整体资源的最优配置。

c）全员参与原则。标准化管理在业务与流程梳理的过程中，应充分发挥“粉丝效应”。业务单元的人员对具体业务的把握及对各单元流程的完整性比外部的“空降兵”更了解，应作为流程梳理的主力军。日常使用标准化流程与制度的也正是这些员工，员工应当对自身岗位需要完成的工作任务有全面、清晰的认识，回避、敷衍将直接导致整体标准化管理机制无法落实，也就无法达到“自我治理，自我约束”的顺畅运行的目的。

d）可操作性原则。标准化管理体系不是一个“面子”工程，而是基于财务共享服务中心的实际业务、工作流程、团队文化等方面建立的一套可执行落地的管理体系。它不仅是一套管理者对于质量控制的管理工具，更是解决员工实际工作操作问题的指南。

② 标准化管理体系建立的步骤（见图 8.4）。

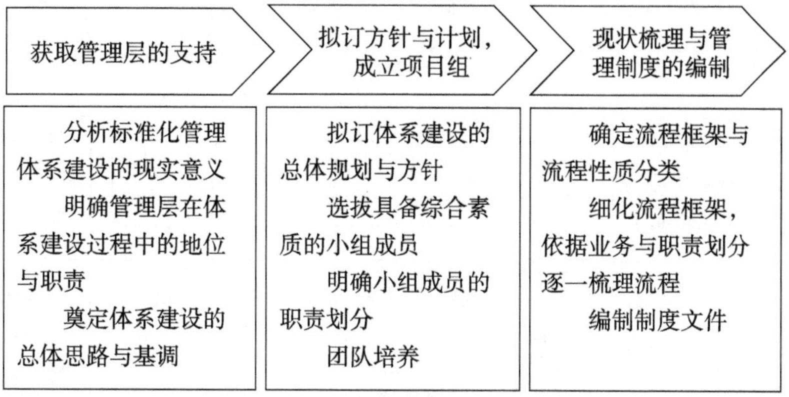

图 8.4　标准化管理体系建立的步骤

a）获取管理层的支持。在标准化管理体系建设之初，应向管理层阐明建立标准化管理体系的迫切性与重要性，明确管理层在质量管理体系中的重要地位与作用，提出体系建设的资源需求与当前面临的困境，获取管理层资源协调的支持。同时，与管理层达成共识，奠定标准化管理体系建设的总体基调与思路。

b）拟订方针与计划，成立项目组。在获取管理层的支持之后，应当拟订标准化管理体系建设的总体规划，成立项目组，确定质量管理小组成员。拟订的计划中应当包含质量管理目标、方针、行事历，同时拆解各单元职责，明确各业务模块的职责与权限。

标准化管理的初始建设，可以作为一个项目去管理，此阶段对项目质量最大的影响因素是项目组成员的工作成果。因此，应该特别重视对标准化管理小组成员的管理，并考虑以下几个问题。

第一，选择具备一定专业素质的成员。财务共享服务中心质量管理的相关经验较少，因此参与实施的小组成员需要具备一定的专业素质，不仅对于财务共享服务中心的业务要有一定的了解，还需要具备内部控制、风险管理、质量管理以及项目管理等方面的知识与实践能力。

第二，明确标准化管理小组成员的职责划分。根据标准化管理体系建设的内容与顺序，将具备不同专业背景及技能的小组成员与之匹配，将工作内容细分。这样不仅可以得到良好的工作成果，还提升了体系建设的整体效率与进度。

第三，注重对标准化管理小组成员创新能力的培养。财务共享服务中心内部质量管理可借鉴的经验不多，从质量管理体系建立的伊始需要自身摸索，无论是工作模式还是具体到工具表的开发与填制，都需要小组成员具有一定的创新思维与能力。因此，质量管理小组的领导应重视培养及鼓励小组成员创新能力的提升。

c）现状梳理与管理制度的编制。本阶段将进入标准化管理体系搭建的核心环节，现状梳理中最重要的部分是流程的梳理，流程梳理应当包含以下内容。

首先，确定流程框架。依据组织职责与工作内容，将全部活动的流程进行恰当的分类与设计，一般情况下，我们将财务共享服务中心的流程分为三类，即核心流程、支持流程与管理流程。第一，以核心流程为主体，先确认核心业务流程；第二，依据核心流程的需要，制定相关支持的工作机制与流程；第三，依据财务共享服务中心的特性，针对必要的管理项目制定管理流程。某财务共享服务中心流程分类框架如图 8.5 所示。

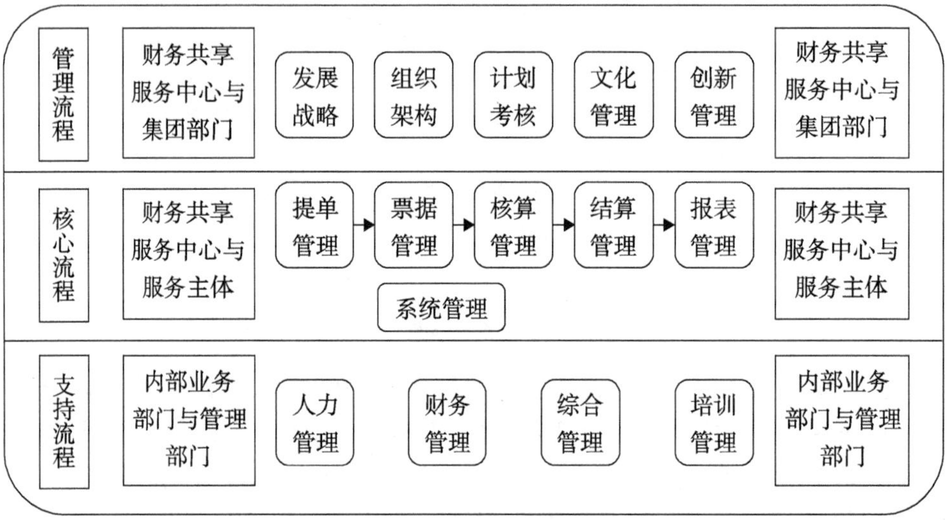

图 8.5　某财务共享服务中心流程分类框架

其次，细化流程框架。流程框架中的三类流程逐一分级，总体来看，包括整体业务流程与操作流程。财务共享服务中心的操作流程一定是依据具体业务的开展进行梳理的，在流程梳理时需要注意业务流程与业务内容的完整性，也要重视各业务流程之间的衔接关系，确保流程的顺畅运行。

最后，编制制度文件。标准化管理的落脚点即管理制度的编制与执行，在编制管理制度之前，应先确定管理制度的框架与层级，然后依据先前的流程梳理的成果编制制度文件，其结构如图 8.6 所示。

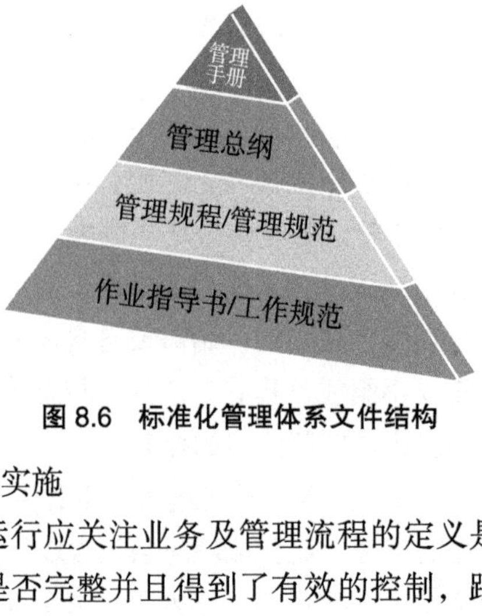

图 8.6　标准化管理体系文件结构

（3）标准化管理体系的实施

标准化管理体系的试运行应关注业务及管理流程的定义是否完整顺畅，制度规定是否可执行，风险点的识别是否完整并且得到了有效的控制，跟踪并监控各类活动的指标情况。

为此，应制定相关的试运行步骤，如图 8.7 所示。

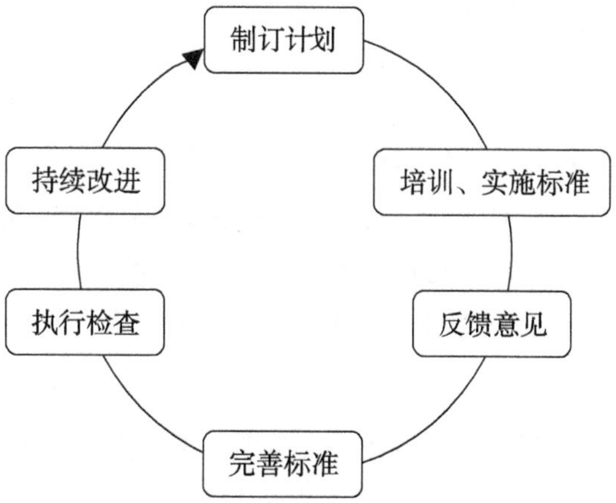

图 8.7 标准化管理体系实施流程

第一步，制订试运行计划。首先，选定试点的业务单元；然后，制订整体的试运行时间计划及行事历。

第二步，确定运行工作内容并实施。试运行的实施应至少包含培训、实施、反馈、完善、执行、检测等内容。培训是对标准化的理念与相关制度进行宣导培训，与员工进行访谈和调研，同时对操作现场进行观察；实施是要组织试点业务单元进一步学习操作手册，熟悉体系文件，实施标准化操作，质量管理小组成员对业务单元岗位人员操作的全过程进行指导；反馈是试点业务单元各岗反馈使用意见，对体系文件的内容提出修改意见，质量管理小组成员与岗位人员进行充分沟通，了解实际情况；完善是质量管理小组内部讨论与评审反馈意见，采纳合理的建议或意见完善体系文件；执行是质量管理小组对修订的文件进行二次下发，并宣导培训，试点单元岗位操作人员严格按照体系文件执行；检测是质量管理检查小组成员对试点单元的体系文件执行情况进行现场检测，发现不符合项目，并与岗位及相关人员沟通确认。

第三步，及时总结与持续改进。标准化的运行是一个动态的过程，每次检测完毕后，质量检测小组成员应该及时总结标准化运行过程中的经验与不足。同时，对标准完善和标准执行两方面都应给予同等的重视，已达到标准化操作满足业务需求、管理业务操作的目的。

（4）质量管理体系的认证

质量体系认证简称“ISO 9001”，ISO 9001 标准系列是国际标准化组织汇集发达国家质量管理专家，在总结发达国家质量管理科学实验的基础上起草并正式颁布的一套质量骨干里的国际标准，并以此作为质量体系认证的依据。负责品质体系认证的认证机构是经过国家认可的权威机构，对企业的品质体系的审核非常严格。对于企业内部来说，可按照经过严格审核的国际标准化的品质体系进行质量管理，真正达到法治化、科学化的要求，极大地提高工作效率和产品合格率，迅速提高企业的经济效益和社会效益。具备一定条件的财务共享服务中心，可以进行 ISO 9001 的认证，这样既可以强化财务共享服务中心内部的运营与质量管理，又在一定程度上保障了财务共享服务中心产品与服务的质量，同时也可以降低因员工流动造成质量波动的风险。

8.2.2 PDCA 循环

PDCA 循环又叫“戴明环”，是质量管理的科学方法之一。最早由现代质量管理的奠基者沃特·阿曼德·休哈特在其 1931 年出版的著作《产品生产的质量经济控制》中提出。1950 年，美国著名的质量管理专家戴明博士，对休哈特的质量管理模式进行深度挖掘和研究后，加以广泛宣传并运用于持续改善产品质量的过程中。

1. PDCA 基本解释

P（plan）：计划，对应质量管理的第一个环节。它包括质量目标、管理方针的确定以及管理活动规划的制定。

D（do）：实施，对应质量管理的第二个环节。企业根据第一环节确定的目标、方针及规划等相关信息，设计研究具体的质量管理方法、管理方案，再根据设计和布局，进行具体运作，实现计划中的内容。

C（check）：检查，对应质量管理的第三个环节。在按计划执行完毕后，应该对执行效果进行检查回顾，明确对错并找出执行过程中存在的问题，对计划的执行结果进行总结。

A（action）：处置，对应质量管理的第四个环节。处理总结检查的结果后，对成功的经验加以肯定，并予以标准化；对存在的问题、失败的教训要予以总结，引起管理者和员工的重视。对照最初制定的目标计划梳理解决问题和达成目标的情况，没有解决的问题或未达成的目标则提交到下一个新的 PDCA 循环中去解决。

PDCA 循环的四个阶段如图 8.8 所示。

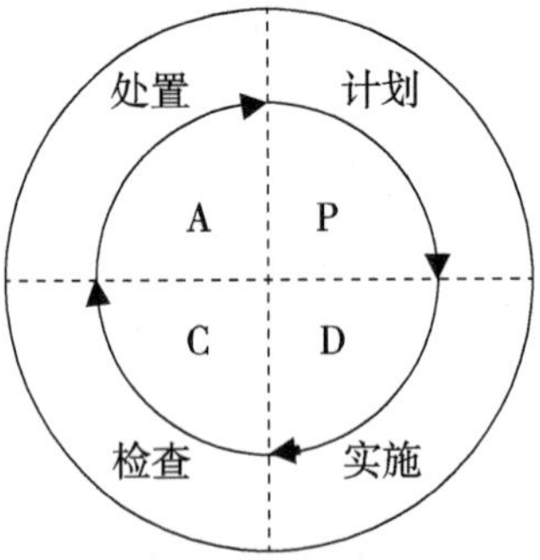

图 8.8 PDCA 循环的四个阶段

完成以上四个阶段的工作即一个质量管理周期，通过周而复始进行，从而推动组织质量管理无限循环、促使组织的质量管理水平呈螺旋上升的态势。

2. 财务共享服务中心的 PDCA 循环

PDCA 循环作为质量管理的基本方法，可以广泛运用于财务共享服务中心的建设中，财务共享服务中心的质量管理可以基于 PDCA 循环来开展。从制订计划、执行计划、检查执行情况、处理结果四方面入手，做到计划到位、责任到位、检查到位、激励到位，同时强调“结果导向”，关注实施质量管理后的有效产出。通过采用过程循环的方式逐步提高共享服务质量，有利于确保财务共享服务中心的成长走上一条可靠的螺旋上升之路。

（1）制订计划

财务共享服务中心通过调查、用户访问等，摸清用户对信息产品质量的要求，确定质量目标、方针、质量计划和预计效果等。此阶段需要财务共享服务中心的领导者参与计划制订，企业内部应该积极协同配合，做好事前的充分准备。

（2）执行计划

计划到位需要行动来支撑，应由全体财务共享服务中心的员工按上一阶段制订的质量管理计划来执行。此过程应注意避免实践中容易发生的指令不清晰、职责边界划分不明等问题，保证员工或责任人能真正付诸行动，并对行动结果负责。

（3）检查执行情况

检查是财务共享服务中心质量管理的重要阶段。通常由专设的质量管理岗借助特定技术手段和方法，以中心规定的标准或规范为依据，对执行结果进行检查，做出合格与否的判断。需要注意的是，检查作为一种约束机制，其最终目的并非事后的质量把关，而是要确保员工按计划执行工作，积极预防信息形成过程可能出现的质量问题。

（4）处理结果

经过上一阶段的检查后，质量管理岗对照检查结果，针对出现的问题做出处理结果，提出纠正措施。仍未解决的问题则自动进入下一个 PDCA 循环，为共享服务制度和流程的完善提供依据和经验。同时，对于合格的结果和成功的经验，则固化到标准中，并就反馈结果进行激励，这样员工才能积极地投入工作。质量管理岗的人员将本阶段的处理结果书面报告至财务共享服务中心的领导者。

PDCA 循环管理方法在财务共享服务中心质量管理的应用，并不需要再增设岗位，也并未增加员工的现有工作量，而是可以与每一个岗位的日常工作相结合，通过合理分工明确进程和目标，促进各团队、各岗位高效、协同工作，共同实现服务质量管理目标。此外，PDCA 循环管理方法还可用作每一个岗位工作质量管理的方法，在财务共享服务中心的大循环中嵌入每一个岗位的小循环，最终促成个体与整体的共同提升。

第 9 章　财务共享服务中心绩效管理

9.1　财务共享服务中心的绩效管理概述

财务共享服务作为一种创新的财务管理模式，为了保证财务共享服务中心的成功运营，还需要建立一套符合其发展阶段和所属行业特点的绩效管理体系。财务共享服务中心的绩效管理包括组织绩效和个人绩效两个层次，强调组织和个人目标的一致性，从而实现“共赢”。从实践来看，财务共享服务中心构建完备的绩效管理系统，可以通过在系统中设定合理的绩效评价指标，并采集相应的数据进行动态管理和数字化管理，促进员工工作能力的提升，从而推动实现财务共享服务中心的整体绩效目标。

9.1.1　财务共享服务中心绩效管理的层次

1. 组织绩效

财务共享服务中心的组织绩效直接体现了组织管理的综合要求，因此要通过多维度来综合评价其整体运营管理水平。很多成功实施财务共享服务中心的企业比较常用的评价方法是平衡计分卡，主要从客户、财务、内部流程与学习创新这四个维度设计评价标准。

（1）客户维度

客户维度设计主要体现财务共享服务中心与客户之间的关系，一般包含以下几个内容：客户满意度，基于问卷调查形成的客户满意度指标是对客户评价的综合反映，且注意保持问卷前后期间的可比性，形成稳定的绩效考核；客户沟通，反映财务共享服务中心和客户之间是否有完善的沟通渠道，如呼入中心（主要供外部客户使用）、公用邮箱（主要供内部客户使用）等。此外，考虑服务水平协议的完成度，因为服务水平协议的完成情况最终会影响到客户的满意度和忠诚度。

（2）财务维度

财务维度设计主要与财务共享服务中心的组织定位有关。如果财务共享服务中心定位为服务集团企业的内部“职能中心”，即定位为成本中心，那么财务共享服务中心的财务维度指标设计则主要集中在预算的完成度等指标上。如果财务共享服务中心定位为一个独立运营的实体，即定位为利润中心，那么财务共享服务中心的财务维度指标设计与其他组织是相类似的，主要集中在投资回报、成本、利润等指标上。

（3）内部流程维度

内部流程维度设计主要体现财务共享服务中心的整体运营管理能力，引导其进一步优化流程，明确每一项业务运作，包括因何而做、由谁来做、如何做、向谁传递等具体流程方面的问题，从而提升共享中心整体运营效率。常见的内部流程维度指标有：业务数量，体现财务共享服务中心的业务规模；每个员工的业务数量，体现财务共享服务中心的业务处理效率，也有效反映财务共享服务中心的流程管控能力。因为同等条件下，流程会直接影响业务处理效率；差错率，体现财务共享服务中心的服务质量，很显然，如果一个财务共享服务中心的差错率比较高，很难获得持续稳定的客户和良好的声誉。

（4）学习创新维度

学习创新维度主要体现财务共享服务中心未来的发展能力。一个有着良好学习创新能力的组织会在其成长过程中培养出一批优秀的人员，并能够在组织内形成一种积极学习，尝试创新的文化氛围，形成竞争力。常见的学习创新维度指标有：创新观点数量，体现财务共享服务中心内部创新的积极性；人均培训学时，用来评价财务共享服务中心对员工的基本培训量，体现其学习能力提升的保障程度；培训有效度，用来综合评价财务共享服务中心的培训工作，一般采用问卷调查等方式来评价员工培训的最终效果。

2. 个人绩效

财务共享服务中心内部的个人绩效是对组织绩效的进一步分解与细化，在实施财务共享服务时，需要针对不同岗位人员的特点进行差异化管理，从而有效推动财务共享服务中心的积极运作。根据岗位特点和工作性质，财务共享服务中心成员可以划分为从事具体业务的操作人员和从事运营管理及技术支撑人员两大类。其中从事具体业务的操作人员是财务共享服务的直接生产者，也是其最活跃的成员。因此对业务人员的绩效考核，通常可以从以下两个方面入手，一是直接量化考核，如每个岗位的标准工作量的定义，鼓励员工多劳多得；二是对创新性和改良活动的激励考核，主要是为了促进基层员工的学习与成长，如考核对业务处理的质量、客户的满意度等内容。针对运营管理和支撑人员的绩效考核一般比较难以直接量化，相比于运营业务人员的考核隐蔽很多，因为没有明确的输出，主要是通过日常的跟踪、维护、检查和培训等方面进行定性考核，这类人员的绩效考核可以综合其他的评价手段，如 360 度评估，进行全方位评价。

9.1.2　财务共享服务中心绩效管理的五要素

根据国内企业实施财务共享服务的实践经验，财务共享服务中心的标准化、服务水平、质量管理、业务处理效率和现场管理这五大要素对其高效运转起着至关重要的作用，因此，这五个要素的有机结合就构成了财务共享服务中心的绩效管理矩阵，如图 9.1 所示。

（1）标准化

财务共享服务中心的标准化管理主要包括流程管理标准化和文档管理标准化两个方面。其中，流程管理标准化是指对同一流程定义统一的执行标准与一致的执行结果，并对流程进行动态优化管理。文档管理的标准化主要是指文档的发布是否及时，发布的过程是否经过必要的审批程序，文档的格式是否标准，文档的更新及归档是否及时等。

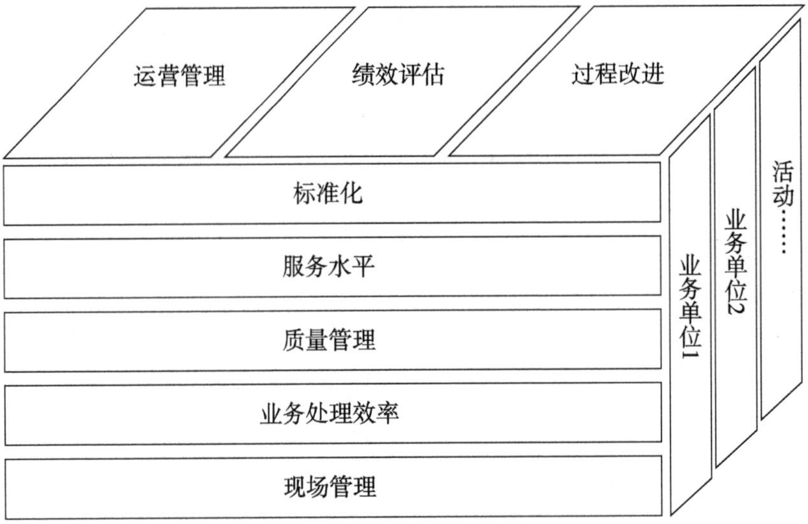

图 9.1 财务共享服务中心的绩效管理矩阵

（2）服务水平

财务共享服务中心的服务水平主要包括提供的服务产品及由此带来的周边服务的水平。服务产品即员工的报销、账务处理等，对于此类服务，缩短处理时间、提升产品质量是提升服务水平的重要方式；周边服务则主要体现在财务共享服务中心员工的服务观念、沟通技巧等软技能上，如在提供服务过程中，财务共享服务中心的工作人员是否热情接待客户，其专业能力和专业的服务态度是否获得客户的认可和信任，最终客户的满意度如何，是否达到标准水平。

（3）质量管理

财务共享服务中心的质量管理主要包括业务操作质量和管理质量这两方面内容。其中，业务操作质量主要涉及提单业务、账务核算、结算流程、服务沟通等相关方面的考核；管理质量主要从各业务单元、作业人员及管理人员之间的规范，包括责任与权限规程等方面进行考核。

（4）业务处理效率

这是财务共享服务中心赖以生存和发展的基础，也是在业务实施过程中员工和客户最为关心的绩效评价指标。因为，合理稳定的时效不仅能够提高客户的满意度，而且能有效降低客户的投诉，比如能够及时处理单据，有效避免员工或客户因单据挤压过久而引发的投诉。通常业务处理效率的具体指标包括财务共享服务中心可以承接的业务总量、单个员工的业务数量、差错率、一次性通过率等量化指标。

（5）现场管理

财务共享服务中心可以通过 5S［整理（Seiri）、整顿（Seiton）、清扫（Seiso）、清洁（Seiketsu）和素养（Shitsuke）这 5 个日语单词的罗马发音的首字母缩写］管理、看板管理和考勤管理等方式来实施现场管理。在财务共享服务中心的现场进行电子绩效看板的动态展示，一方面向管理领导提供管理决策信息，另一方面向员工提供日常绩效考核数据，合理引导员工的行为，并依托绩效数据进行有效激励。可见，财务共享服务中心实施现场管理，能够帮助营造一个高效率、高质量的业务处理环境，从而进一步提升员工的业务能力。

9.1.3 财务共享服务中心的绩效管理实施步骤

财务共享服务中心的绩效管理实施主要包括制订绩效计划、执行绩效计划、实施绩效考核、评价和兑现绩效激励等步骤。在这一过程中，管理者需要与员工进行持续有效的沟通，并在相关标准、目标及能力等方面达成一致，最终共同拉动企业整体效益和个人工作效率的提升。

首先，制订绩效计划。通过对战略目标的进一步分解与细化落实到每个岗位每个员工身上，明晰共享中心各岗位各人员在考核期内应该做什么、如何做、做到什么程度、什么时候做完以及各岗位的权责利等。此外，制订绩效计划通常还要遵循 SMART 原则，即绩效计划是具体的、可衡量的、可实现的、相关的、有时限的，从而确保绩效计划的科学性。一般情况下，个人绩效计划由财务共享服务中心人力资源管理专业人员、直接上级和员工本人共同制订，这样才能促使员工遵守并执行自己认可的绩效计划。当然，还要考虑现实情况的变化，对绩效目标进行动态管理，如有突发状况造成目标难以实现，此时应进行原因分析并适当调整。

其次，执行绩效计划。在实施绩效计划的过程中，绩效沟通和绩效辅导是一项非常重要的工作，财务共享服务中心的管理者要起到教练员或辅导员作用，与下属保持持续的沟通并予以辅导，在不偏离组织的战略目标下，帮助员工提升绩效水平和工作能力，与员工建立和谐的亲密关系，营造良好的工作氛围。

再次，实施绩效考核。针对不同的岗位的员工特点和需求，财务共享服务中心不应仅限于采用单纯的 KPI 绩效考核，特别是对财务共享服务中心从事管理及技术支撑人员，最好采用 360 度考核方法，这种方法从不同角度获取员工工作行为表现资料，包括直接上级、同级、下属、顾客及员工本人，评价更为全面、客观，特别适合财务共享服务中心这种需要为企业内外多部门、多利益方进行服务的组织采用，有助于共享中心的团队成员进行知识分享和沟通互助，对于提高财务共享服务中心的整体绩效更有帮助。

最后，评价和兑现绩效激励。绩效考核的结果只有应用于绩效激励，才能形成良好的管理循环。针对业务操作人员的绩效考核标准本着多劳多得的激励特点，进行类似计件工资的方式设计绩效奖励。具体来说，先通过公平的量化绩效进行考核，然后把工作量最低的一类单据作为标准单，其他单据的工作量则根据与该类型单据标准工作量的倍数确定对应系数，进一步把各类单据转换为统一的计算口径，最后以浮动薪酬的方式进行激励。一般在财务共享服务中心的业务饱和时，如果业务人员的业务绩效低于标准水平，可扣减其浮动的绩效薪资；反之，如果业务人员的业务绩效高于标准水平，则可以乘以相应系数增加其浮动的绩效薪资。在此基础上，进一步对业务操作员做出的创新性等改良活动予以激励。对于财务共享服务中心的管理和技术支撑人员来说，针对其绩效管理难以量化的特点，则可综合运用其他评价手段。结合这类岗位人员的特点，在进行绩效激励设计的过程中，除了要考虑薪资报酬物质激励，还应着重考虑个人职业发展方面的精神激励。比如可以提供进修培训、职务晋升等方式充分调动员工的积极性和能动性，推动实现组织和个人增值的目标。

此外，由于财务共享服务中心每天处理的业务数据是庞大的，如果要对每个员工实施业务绩效考核有相当难度，一般可引入和应用信息技术，在考虑集团企业自身对绩效管理的需求的基础上，有机融合软件资源与财务共享服务，利用系统自动生成有关信息和管理报告，从而形成 IT 环境下持续优化的动态绩效管理模式。

9.2 构建绩效管理的框架模型及流程

绩效管理是企业管理者确保员工工作活动以及工作产出能够与组织目标保持一致的过程。绩效管理不应当是简单的任务管理，它不仅要强调结果导向，还应当重视对过程的控制，这样才能有效地促进员工实现工作目标及其个人发展。

近几年出现了一些先进的绩效管理方法，比如平衡计分卡、关键绩效指标法、目标管理法、360 度绩效管理等，我国的研究学者经过多年的研究，国内企业经过多年的实践，在其应用上收到了一定的效果，但由于这些方法均源于外国学者的研究成果，国内企业在具体应用时存在一些不适应的情况，所以目前国内很重视对绩效管理方法的整合与创新研究。从绩效管理方法的研究对象入手，可以看出，所有的绩效管理方法不外乎是将“人”或“事”作为管理的对象或重点。完善的绩效管理体系必须兼顾“人”与“事”，兼顾“过程”与“结果”，这正是构建绩效管理综合模型，解决问题的关键所在。

9.2.1 模型的构建思想

绩效管理综合模型以目标管理为基本框架，从始至终体现了目标管理的思想，这符合绩效管理的系统性原则，同时也将整个绩效管理工作寓于企业战略层的管理过程。目标管理是一个过程，它使组织中的上级和下级一起协商，根据组织的使命确定一定时期内组织的总目标，由此决定上下级的责任和分目标，并把这些目标作为组织绩效评估和评价每个部门和个人绩效产出对组织贡献的标准。因此，该模型从企业的经营愿景入手，综合企业的战略性考虑，确定企业层次的长、中、短期目标，进而确定企业的年度目标，并对其进行层层分解，由此形成完整的目标管理体系。设置的目标必须是可以度量和验证的，将这些指标作为定量的关键绩效指标，考核时由绩效主管按照与员工共同预先确定的定量性目标并以其完成程度为标准进行考核，对考核结果分析汇总后，与员工进行必要的绩效面谈，从而检讨本年度绩效管理工作的不足，更好地制定下年度的目标。

关键绩效指标是连接组织目标与个人工作职能的桥梁，KPI 首先应当来源于工作岗位分析，因此，除了上述的个人目标可以作为定量的关键绩效指标外，一方面，由工作岗位分析确定对组织目标起增值作用的工作产出，同样可以得出定量的关键绩效指标；另一方面，由工作岗位分析进行的职能调查，是对其中少量的关键职责的确认和描述，可以得出定性的关键绩效指标。同时兼顾定量和定性指标，可以对组织人员起到真正的激励作用。绩效管理综合模型中融入关键绩效指标的具体实施步骤，能得到可以量化和衡量的、反映关键绩效因素的指标，这一点正好弥补了目标管理在绩效管理中没有明确如何设置指标的缺陷。

目标管理缺少对组织内人员的考虑，上级真正观察到下级工作的时间其实是很少的。360 度绩效管理与其他的绩效管理方法相比具有更多的信息渠道，可以从多个角度来反映员工的工作，比只有上级和员工介入的方法更有可能发现公司存在的问题和员工的特点，它及时收集信息并提供有效的反馈，使得考核结果更加客观、全面和可靠，特别是对反馈过程的重视，使得考核真正起到“镜子”的作用。鉴于 360 度绩效管理的特点，绩效管理综合模型将之应用于对定性关键绩效指标的考核，因为这些指标不易量化，评定时，为了避免主观因素造成干扰，采取多种角度考核的方法更有现实意义。而对于定量关键绩效指标的考核，由于这部分指标通过预先的目标设置、相应的工作产出与员工完成程度的比较，比较容易地做出评定，所以绩效主管负责考核工作即可，这样可以尽可能节约时间和管理成本，更加经济、实用。

综上所述，绩效管理综合模型借鉴了目标管理、关键绩效指标、360 度绩效管理的先进思想与操作原理，结合现代企业面临的新形势、新问题和新挑战，对绩效管理方法进行了进一步的整合与创新，形成了更为完善、实用、适合于我国企业应用的绩效管理综合模型体系。希望以此简化和优化我国企业现有的绩效管理，降低企业实施绩效管理的成本，提高绩效管理的适应性和有效性。

9.2.2　模型的流程

绩效管理综合模型的建立，总的指导思想就是操作过程要尽量做到各项工作都要保证与企业总体目标的一致性，同时兼顾具体工作性质与内容来进行。

1. 准备工作阶段

这一阶段的工作主要以目标管理思想为指导。企业战略确定后，绩效管理工作的首要任务是各级工作目标的设置，绩效管理综合模型有效地实现了企业战略向组织目标的转化。企业确定长、中、短期目标，最主要的工作还是确定当年的企业总目标，在此基础上推动整个组织中其他各种层次支援性目标的建立，形成较为合理的目标体系框架。

绩效管理综合模型的流程设计在这一阶段强调工作岗位分析，这正是我国企业在进行绩效管理工作时易忽视的环节。工作岗位分析是人力资源管理工作的基础，更是绩效管理工作必需的前期工作。在模型中，通过对组织中各个岗位工作目的、任务、隶属关系、流程等包括需要完成任务方面的信息和有关完成这些任务所需人员特点方面的信息收集与分析，一方面确定工作产出，为定量关键指标的设置做好准备；另一方面确定了各种岗位的职能特征，明确定性指标的内容。

绩效管理是一项复杂的工作，在实施之前企业要做好各项准备，为了绩效管理工作的顺利推行，在模型流程的第一阶段，企业应做好以下四方面的规划与推动工作。

以明确的目标和实现组织目标坚定的决心保证绩效管理工作的开展。

确保管理者的支持与配合，以实现绩效管理的有效性。

依据企业的组织结构、人员状况、企业战略、企业文化等情况决定绩效管理工作的具体推行单位。

绩效管理需要全员参与，管理者应与员工进行充分的沟通，以获取员工的全力支持。

2. 设计实施阶段

这一阶段的工作主要针对指标及其标准的设置，由于目标管理法对指标的具体设置未做出详尽说明，所以模型在这一阶段充分发挥了关键绩效指标法的特长。绩效管理综合模型中定量指标来源于工作目标和工作产出，即工作成果；定性指标通过职能调查、职位说明书获得，反映员工特征与行为。

绩效管理的对象包括员工的工作成果，还包括员工的工作行为。所以，考核指标的选择既应当考虑影响工作目标完成的因素，也应考虑影响员工自身的工作行为的因素。除此之外，企业内外部诸多因素也会对指标的设置起到一定作用。鉴于此，影响指标取舍的因素主要归纳如下。

企业应根据不同社会阶段对指标设置呈现的不同要求，把握好经济发展的动向，选取最有价值的指标。

企业应对所从事行业进行较为深入的分析研究，依据所在行业的特点设置不同侧重点的指标。

企业应根据自身的战略定位来选取相关的指标。

企业应根据工作岗位的不同特点来设置定性或定量的考核指标。

此外，考核指标的权重是为了强调某一指标在全体因素中所处地位及其重要程度，而赋予这一因素的某一特征值，它体现出该项指标在整体评价中的相对重要程度。对于从事不同职业、不同层次的员工，其各项绩效指标的权重设置各不相同。因此具体指标权重要根据员工的工作重点和工作内容对目标贡献的重要程度进行设计，最终由管理者和员工双方进行沟通后确定。

3. 考核汇总阶段

绩效考核是对员工在既定时期内对组织的贡献做出评价的过程，它是绩效管理循环中的一个重要环节。绩效管理综合模型对考核者的选择设计原则是，对于不同的指标采用不同的考核模式，对定量的绩效考核指标采用由绩效主管进行考核的方式，即上级考核模式；对于定性指标的考核采取 360 度绩效考核模式，当然对于不同员工群体，针对具体情况也可以采用 360 度考核的演化形式。总之，选择什么样的绩效考核模式，考核者的选取，一方面取决于被考核对象的工作性质和考核指标的性质；另一方面要考虑到企业的实际情况。从考核周期上来看，绩效考核包括定期考核和不定期考核。对考核周期的设计，需要具体考虑绩效考核的目的、人员的工作性质、企业的发展阶段、绩效指标的类型等几方面的因素。考核结果的分析是绩效考核后的必需步骤。对于定量绩效指标的考核结果，由于只有绩效主管一人对员工进行评定，因此只需按照每项指标事先设置的权重，对每位员工的考核结果加权计算即可得出结果，整理工作相对较少；对于定性指标进行的考核结果，由于多个考核者的存在，因此在对每项指标加权计算之前，要对考核者设定加权系数，它反映不同考核者之间的考核信度，在此基础之上才能计算出最终结果。

绩效管理综合模型对于考核工作采用分类设计的方法，借鉴了360度绩效管理的思想，弥补了目标管理单一渠道进行考核的缺陷，丰富了考核信息的来源，增强了考核结果的客观性、可信性。

4. 反馈改进阶段

这是国内企业绩效管理工作较为薄弱的环节，然而这一阶段正是发现问题、解决问题的关键所在。管理者与员工通过面谈的方式讨论员工的工作绩效并挖掘其工作中的漏洞，便于管理者更加全面地了解员工的态度和感受，从而促进双方交流，同时为管理者提供发现自身可提高和发展领域的机会，最终达到提高整体绩效的目的。

在绩效管理综合模型的流程设计中，每年的绩效管理工作结束后，企业的管理者应组织绩效管理人员和企业员工对本年度绩效管理工作的完成情况进行检讨，通过讨论的方式挖掘绩效管理工作中存在的问题，并群策群力商讨出解决问题的对策；分析企业面临的新形势、新挑战，根据新情况对绩效管理工作提出新的要求。年度检讨为企业的绩效改进指明了方向。这一阶段绩效辅导工作重点在于结合员工的绩效情况，帮助员工制订绩效改进计划。管理者在辅导过程中要对员工的正确行为进行认可，同时对下属有针对性地予以帮助和支持，这是绩效管理顺利实施并充分发挥作用的必要保证。管理者根据绩效结果与员工反馈信息时与员工意见发生分歧的事情时有发生，这很容易使员工产生不满情绪，解决不当，就会引起争端。模型通过建立员工申诉流程，使员工可以通过正当的、合理的途径反映他们对绩效管理内容的不同看法。绩效结果并不是绩效管理的目的，而只是一种手段，更重要的是绩效结果如何应用。绩效结果运用得当对员工能够起到很大的激励作用。模型对于绩效结果除了用于员工的报酬、晋升、调任、淘汰等，还侧重于使员工的发展用途，诸如为员工制定培训、发展计划和职业生涯规划等，以更有效地利用绩效考核结果，使员工素质和企业业绩同时达到提高。

需要强调指出，绩效管理综合模型整个流程中的四个阶段，从始至终都是一个双向沟通的过程。任何一项工作、一个步骤的完成都需要通过沟通来实现，这正是充分体现了绩效管理以人为本的思想。这种沟通包括上下级的纵向沟通，平级间的横向沟通，是双向的、开放的。有效的沟通可以消除绩效管理工作的阻力，以及由于信息不对称造成的误解与抵制，从而达到资源共享、优势互补的效果。总之，及时有效的沟通既是绩效管理工作得以顺利开展的关键支持因素，也是绩效管理综合模型的重心，是该模型得以良性运转、循环的强力润滑剂。

9.2.3 模型的功能

一个有效的绩效管理模型，其功能是要将员工的活动与企业的战略目标紧密联系在一起，并且为组织对员工所做出的管理决策提供有效而且有用的信息支持，还要向员工提供有用的反馈，通过沟通进而激励员工。掌握了绩效管理综合模型五大功能的精髓，也就抓住了它的实质，它的五大功能分别如下。

第一，绩效管理综合模型最突出的功能就是对企业战略思想的体现，它将个人目标与整个企业的战略相结合，确保了一个共同的努力方向，并把企业的战略思想有效地转变为切实可行的具体行动。模型首先明确了企业的战略目标，并逐级将这些目标量化、具体化；然后将员工的绩效努力与企业的目标联系起来，确保组织战略的实现。为此进一步界定了实现战略所必需的行为、结果和必要的信息反馈。

第二，绩效管理综合模型可以有效提升企业对各项工作的管理功能。绩效管理提供的信息对组织的多项管理都起到积极辅助作用。企业通过对员工绩效进行管理，以获得相关信息，据此制定相应的决策与措施；绩效管理也有利于薪酬管理工作的开展；良好的绩效管理氛围对企业文化的建设与管理也会起到显著的促进作用。

第三，绩效管理综合模型的又一个重要功能是开发了员工的潜能，使他们能够更有效地完成工作。开发功能一方面通过对员工进行相关的培训来实现；另一方面，绩效管理还是开发人力资源的重要手段。管理者与员工进行必要的绩效面谈，从而对员工今后的发展提出建议，并与员工达成一致意见，制订员工个人发展计划，进一步提高员工绩效。

第四，沟通功能体现在整个模型的全过程，任何一个步骤的完成都将依赖于组织有效的沟通。目标的制定与完成都需要上下级的沟通；员工工作产出和工作职能的确定同样需要得到员工的认可；定性与定量指标以及相应标准、内容的设置也是管理者与员工双方共同作用的结果；考核完毕需要进行绩效面谈，管理者与员工双方达成统一意见等，这所有的一切都体现出该模型沟通功能的重要性。

第五，绩效管理综合模型强调对员工的组织贡献进行评估，充分体现了其激励功能。企业需要评判出杰出的绩效人员，对他们进行相应的嘉奖，强化其已有的正确行为；查找出绩效较差的人员，进行培训辅导，使他们尽快弥补不足，使其个人能力得以提升。对员工准确、公平评价就是对员工最大的激励。另外，加薪、晋升等也是激励的表现方式。企业还根据员工的优缺点通过面谈的形式与员工一起制定个人职业发展规划，激励员工发挥聪明才干。

绩效管理作为企业人力资源开发和管理的有效手段和基础环节，在整个人力资源管理过程中，承担着具体的落地任务，在人力资源管理中处于核心地位，对企业的发展有着决定性的影响。必须从我国企业的实际出发，有针对性地研究绩效管理的方法并进行整合和优化，形成一套全面、系统的体系，使绩效管理与企业目标紧密结合，只有这样才能提高绩效管理的成效，使我国的企业在激烈的竞争环境下求得稳定和发展。绩效管理综合模型的建立，帮助企业走出绩效考核的误区；提高员工的积极性和创造性，促进员工与企业共同发展；促使企业在实施绩效管理时既关注结果，又重视过程；既关注短期利益，又注重企业的长远发展；促进绩效管理与战略管理有机结合，保证组织目标的实现。总之，绩效管理综合模型的建立为企业有效地实施绩效管理提供了具体思路和方法指导。

9.3 财务共享服务中心绩效管理存在的问题及改进建议

9.3.1 财务共享服务中心绩效管理存在的问题

1. 绩效管理目标不明确

目前，国内企业的财务共享服务模式的应用仍处于起步阶段，缺少经验性的指导并且试运行的时间还较短，还未能系统地总结出一套适合企业的财务共享服务模式，企业在运用财务共享服务模式中出现了较多的问题。进行绩效评价时遇到了一些挑战，例如如何选取指标、如何设定权重等。现在多数企业在应用财务共享服务模式时，依然摆脱不了对传统绩效评价的依赖，甚至不能区分财务共享服务模式下的绩效管理目标和传统管理模式下的绩效目标，这样将会导致企业的绩效不能真实地反映企业的实际情况。因为缺乏指导性的相关理论，难以发现财务共享服务模式与企业战略的内在关系，企业不能够准确把握财务共享服务中心在企业中的作用和地位。因此，不能有效地区分和制定符合财务共享服务模式的绩效管理目标，容易导致绩效管理的方向和实施偏离企业的发展战略，不能充分体现财务共享服务中心的主要作用。

财务共享服务模式在我国的发展历史还不长，很多管理者对财务共享模式缺乏准确认知和战略引导，虽然部分企业在导入这种新型管理模式后取得了不错的成效，但还有一部分企业对财务共享服务模式缺乏正确理解和理性思考，绩效管理目标很不明确。部分企业考核人员缺乏这方面的培训，往往容易忽视在财务共享服务模式下实行绩效管理的真正意义，加上企业本身在这方面的理论和实践匮乏，企业绩效管理的目标变得更加不明确。

2. 财务共享模式与绩效管理指标脱节

我国企业实施财务共享模式的历史较短，对于财务共享模式的理论研究还处于起步阶段，科学、完善的绩效管理指标体系还未建立。财务共享服务中心的建立充分体现了数据标准化和流程标准化的发展目标，但由于当前很多企业绩效管理指标与其财务共享模式不匹配，即使导入新的财务共享模式，有的企业仍然沿用传统绩效考评方式对企业内部实行考核。实现财务共享模式的企业难以做到流程标准化，不规范和拖沓的流程反而会对企业自身的独立性产生不良影响。部分企业的绩效评价体系只是停留在对结果的考核上，对财务共享服务中心在客户满意程度、服务质量和财务绩效等方面的真实情况缺乏综合反映。由于没有考虑财务共享模式与传统绩效考核的不同特点，导致企业新的财务共享模式与其绩效管理指标脱节，绩效管理难以满足新模式下的新要求。

3. 绩效管理信息综合度较低

财务共享服务模式需要处理大量繁杂重复的数据，基于这些数据进行的绩效管理显得尤为重要。然而，目前大量企业的考核者对这种新型的管理模式还不适应。财务共享服务中心的工作涉及面广，对财务人员的素质要求高，企业需要成熟、有经验的会计利用财务数据进行预算和成本控制等工作，以更好地帮助管理者完成决策。成熟的财务共享模式通常需要具备完善的绩效管理系统，在日报、月报等定期报告和相关数据统计的支持下为企业提供完善的绩效数据支持。而目前管理会计人员缺少，了解新型管理模式下绩效考核的特点，在借鉴国外经验时只是照搬，并未根据企业自身的特点进行具体分析，导致绩效考核管理逐渐流于形式，绩效管理的信息综合度偏低。

4. 现有绩效管理指标体系不匹配现有财务共享服务模式

国内企业在实施财务共享服务模式时，还是习惯使用之前的绩效考核方式。传统的绩效考核方式本身存在许多不足，如绩效管理的指标不全面，考核的结果并未考虑员工的长远发展和全面提升等；以往传统的绩效评价体系也未能全面反映各要素中的客户满意度、服务品质等情况。除此之外，一些企业还使用旧的绩效考评方式对员工进行评价，极大地降低了财务共享服务中心的适用性。并且，财务共享服务中心建立后，企业的组织结构发生了一些变动，但没有及时更新绩效管理的方式，原有的绩效管理指标体系不适用。企业没有考虑财务共享服务模式的特殊性，而制定与财务战略一致的绩效管理模式，导致该模式不能很好地满足企业现在发展的需求，极大程度地降低了财务共享服务中心的有效性。

5. 财务共享服务模式下绩效考核措施落后

企业的绩效评估一般按年度来考核，少数企业会按季度进行考核。正因为考核周期较长，有些管理者会按照员工最后考核期内的表现来评价员工的工作情况，这样的方式会导致评估不够客观公正，使员工感觉到不公平，容易打击员工的积极性和主动性。同时，管理者考核后的侧重点是考核结果，以考核结果作为对员工奖惩的依据，评估过程不够严谨，评估结果又不够具有代表性，使得绩效考核目标失去了意义。并且，多数企业在建立财务共享服务中心后，并没有及时制定相适应的绩效考核标准，导致员工不能明确绩效评价的作用，企业也无法及时了解到员工的最新想法，使员工和企业之间的交流存在阻碍。因此，不考虑员工的内在需求和工作性质，使员工感到不公平，工作效率降低，这样的绩效管理具有滞后性。

6. 缺乏与财务共享服务模式绩效管理相通的信息管理平台

财务共享服务中心的主要作用是将大量且重复性的数据进行统一梳理，那么企业针对这些数据整合而进行的绩效管理起着巨大的作用。较为完善的财务共享服务中心都会具备功能齐全的绩效管理信息系统，定期向企业发送综合的绩效数据，使企业能够及时发现问题和解决问题。当前企业更多的是关注母公司的财务状况，未能随时及时了解子公司的情况，数据信息传达的力度不够，不能及时有效传达前端的最新财务状况，企业得到的信息较为分散，信息的整合度不够高，企业缺乏统一梳理数据信息的平台。可见，现在基于财务共享服务模式，企业的信息系统建设还不够充分，不能全面有效地整合和利用绩效管理信息，这将会成为企业使用财务共享服务中心的核心问题。

9.3.2 财务共享过程中加强绩效管理的相关建议

1. 转变理念，合理制定管理目标

企业应当充分认识财务共享服务的重要性，转变传统的财务共享服务理念，加强对企业人员的培训，使其掌握财务共享服务模式的相关内容，提升企业员工业务水平，深入理解财务共享服务模式要求，并且基于此来定期组织相关的培训，实施针对性管理。要加强企业各层级各部门之间的交流与沟通，加深企业员工之间的交流与合作，全面把握企业财务共享服务模式的内容，并于企业经营过程中积极推广，将其作为全新的企业经营发展方式。

在企业实施财务共享服务模式之下，需要制定与之相适宜的绩效管理制度，并且根据企业的实际情况和发展需求来明确绩效管理目标，应当遵循以下原则：一是所制定的绩效管理目标应当遵循战略导向原则，也就是绩效管理目标需突出企业的战略发展要求，与企业未来发展策略保持同一方向；二是要遵循全局化原则，也就是企业绩效管理目标的制定要立足于企业的整体经营水平及发展现状，基于财务共享服务水平来确定可行的目标；三是要遵循可驱动性原则，也就是所制定的企业绩效管理目标要具有可行性，能起到激励和驱动员工的作用，例如，在建筑企业中，应当对建筑管理人员、施工人员等设立绩效考核制度，根据岗位的不同来制定相应的绩效考核指标，达到要求的可予以奖赏，未满足绩效要求的则要予以督促和警示；四是所制定的绩效管理目标既要符合实际，又要具有一定的挑战性，让企业员工朝着此目标共同奋斗，可将企业利益与员工个人利益相挂钩，以激发企业员工的工作动力，转变其被动的工作状态，身心投入于工作之中。

2. 建立健全的企业绩效考核评价体系

为了使企业绩效管理目标，与财务共享服务模式保持一致性，应当优化企业绩效考核评价方式，建立健全的企业绩效考核评价体系，选择合适的绩效指标，结合企业的实际情况，综合考虑各方因素，利用适宜的方式或是工具来提高绩效考核指标的科学性，解决其中存在的问题。比如在企业绩效管理过程中，可以充分发挥平衡计分卡的作用，既要重视企业的绩效管理现状，又要从长远的角度去思考企业未来的发展，应用现代绩效管理手段，将短期管理目标和长期发展目标相结合，以使绩效管理工作更加科学。采用量化指标来反映和评估企业的未来发展状况。

当前所使用的平衡计分卡包含了四个方面的内容：一是财务维度，这部分主要考查企业的战略执行状况，反映企业现阶段的财务情况，从营业收入、资本报酬率等方面来衡量企业当前的财务实况；二是客户维度，这部分主要是衡量企业目标客户的满意度、回头率、盈利率等方面，考查的是企业的目标客户市场状况；三是企业内部流程维度，这部分的作用在于细化企业的目标市场，优化企业内部管理流程；四是学习创新维度，这部分是对企业未来成长及其内部竞争力的评估。例如，可以要求每一个建筑施工小组定期开展学习培训工作，了解当前最新的建筑理论资讯，掌握最新的施工技术，促使施工人员不断地完善自身。在实施企业绩效管理工作的时候，应当充分发挥平衡计分卡的作用，从四个维度来衡量企业当前的发展状况，将其与企业发展战略目标相结合。

3. 制定完善的绩效考核制度

在财务共享服务模式下，实施企业绩效管理工作，应当制定完善的绩效考核制度，通过严格的考核来强化员工对绩效管理工作的重视，激发企业员工的潜能，使其能够积极参与到企业绩效管理工作中。财务共享服务模式的实施，要求企业开展科学而有效的企业管理工作，以保障企业的稳定运行，培养更多优秀的企业人才。为此，可从以下三个方面着手，来完善绩效考核制度。

一是要重视企业绩效管理工作的前期管理，深入企业基层中去，加强与基层员工的交流，了解基层员工内心真实的想法，并且发现其在生活中、工作中遇到的困难，予以其针对性帮助，以便于提升员工的忠诚度，使其在企业中找到归属感和满足感，增强企业内部的凝聚力。例如，在建筑企业中，实施建筑项目的时候，可以为工作人员创造良好的施工环境，提供舒适的住宿条件等。

二是在财务共享服务模式下，应当制订科学的绩效管理计划。在前期，要采集相关的数据和资料，于企业中加大绩效管理力度，通过现代科学技术来分析所采集的数据，以得出相应的结论，制订与企业战略相一致的绩效管理计划和目标。

三是制定完善的绩效管理考核制度，使用平衡计分卡的同时，将其与企业员工的薪资待遇相挂钩，以充分发挥企业员工的主观能动性，设立科学的激励机制，定期组织绩效考核，做出客观评估。

4. 充分利用现代科学技术

在财务共享服务模式下，实施企业绩效管理工作，应当做到与时俱进，充分发挥现代科学技术的作用，基于计算机信息技术设计完善的绩效管理信息系统，以保障绩效考核评价工作的顺利开展。所创建的绩效考核信息平台，要与财务共享服务中心相结合，两者之间的后台应当保持相同。可创建 IT 平台，完成大量的数据信息处理工作，实现信息数据处理的自动化，减轻绩效管理人员的基础工作量，使其将更多的精力投放到绩效管理设计上，实时监测企业绩效管理考核状况，提高企业人力资源利用率。

财务共享服务中心往往会出现大量的业务处理信息数据，为了保障财务共享服务中心绩效管理体系的有效性，应当积极地应用现代化的技术，例如 IT 系统就是相关工作人员可以借助的有效手段，能够确保绩效考评的有效性。当财务共享服务中心设计好相关的管理考评模式以及绩效考核标准之后，应当建立相应的绩效考评系统来保障绩效考评制度能够顺利实行。同时要注重数据挖掘技术的应用，业务单据的处理信息、投诉信息以及实效信息等应当从会计核算系统、档案管理系统以及业务受理系统中进行提取，通过相应的有效统计手段来对这些数据信息进行分析，对于考核对象之间的异常和变动的互相关系进行全过程的监控，及时发现其中的问题，进而促使相关部门进行及时的修正处理。此外，利用 IT 技术开展的绩效考评工作，能够更加直观、明显地显示出绩效考核的成效，为绩效考评结果与薪资体系的关联提供巨大的帮助，真正实现动态化、实时化的财务共享服务中心的绩效考评。

5. 完善绩效考核指标体系

企业进行科学有效绩效管理的基础和前提是完善自身绩效考核的指标。企业需要以自身人员构成以及经营运行特点来制定适合自身的绩效考核指标体系，选择合理的方式与工具，积极地建立起绩效管理平台，对于外资企业而言更应当如此。结合不同国家与地区的经济发展情况来制定科学的绩效考核方式，对绩效考核的可操作性进行提升。企业应当强化内部员工的交流与沟通，以此才能够及时地发现企业绩效考核中存在的问题，实现自我的完善与发展。此外，企业应当构建平衡计分卡，其中概括了学习创新、内部流程、客户以及财务等方面的问题，并将此方式结合企业实际情况逐级定制，将绩效考核落实在每一个工作岗位上。

6. 企业对自身绩效管理以及评估的目标进行明确

企业强化工作人员对财务共享服务模式的认识是企业设立合理的绩效管理以及评估目标的先决条件。因此，企业对于财务共享服务模式的宣传力度应当进一步强化，注重对企业工作人员的培训，并对企业工作人员财务共享服务模式基本知识的掌握程度进行考核，最大限度减少由于工作人员操作失误带来损失的可能性。要以财务共享服务模式为基础，设立明确的绩效管理以及评估目标，科学地设立服务目标、收益目标以及成本目标等。同时对这些目标进行逐级划分，每个工作岗位上的员工都设立一定的工作目标，将企业上下充分协调起来，促使员工建立良好的责任意识。

7. 健全绩效管理以及评估制度

企业绩效考评结果能够实时地反映出企业的实际工作情况，是真正发挥绩效管理工作能效的必要手段。因此，企业应当切实落实好绩效考核的前期工作，要让各个员工之间充分地了解与互动，企业要关注员工的工作情况，不断完善绩效考核制度的实效性。要顺利地开展绩效工作，企业还应当建立起一支优秀的绩效考核队伍，绩效考核应当与薪资相关联，进而增强绩效考核的约束性。

8. 建立有效的绩效沟通机制

希望员工与组织能够正视自身的工作绩效是开展绩效管理工作的根本目标，通过有效的绩效管理来完善以往工作中存在不足的地方，在此基础上对企业的未来发展进行规划。因此，我们应当意识到，绩效管理并不仅仅是依据几个数据对员工以及组织的工作质量进行打分，通过评分给予员工相应的物质奖励，这种绩效管理工作难以发挥财务共享服务中心绩效管理的根本作用，对于员工精神层面的激励难以达成。因此，企业要进行有效的绩效管理工作，应当积极地对绩效沟通机制流程进行明确，并建立反馈机制，确保每一个员工都能够明白自身工作的流程以及岗位的责任，各个员工之间互助，使彼此之间的沟通了解更加有效，使员工对企业的满意度得到提升，强化员工的工作积极性以及服务意识。财务共享服务中心绩效管理沟通机制的建立应当从以下两个方面进行。

① 要进行合理的绩效计划沟通，这也是绩效管理工作的初期阶段。企业管理层应就

企业本期内绩效计划的内容、目标以及实现目标的方式与措施进行充分的沟通。绩效计划沟通是整个绩效管理工作的基础，应当确立企业整个绩效管理工作的目标以及后续的阶段性任务。通过良好的绩效计划沟通能够为员工的行为进行有效的引导，同时将员工自身的潜力充分地发挥出来。

② 绩效指导沟通。在企业整个绩效管理工作中最重要的一个阶段，绩效指导沟通应当以企业不同阶段员工的表现为基础，切实改善上级对下属的技能培训、技术应用、操作方式与流程、工作质量以及思想认识等方面的问题。

第 10 章　财务共享服务中心风险管理

10.1　财务共享服务中心风险管理概述

10.1.1　财务共享服务中心建立风险管理的必要性

随着我国社会主义市场经济体制的建立与完善，企业经营的内外环境发生了深刻变化。由于市场竞争和优胜劣汰机制的作用，企业在经营活动中不断面临新矛盾、新问题。伴随着当前知识经济、信息经济和经济全球化，尤其是中国加入 WTO 后，国外企业逐步进入国内市场，国内市场的竞争将更加激烈，企业面临的风险将更加严峻，企业的财务活动将不可避免地遇到财务风险。

财务共享服务中心项目的建设是我国社会发展的重要需求，进入 21 世纪以来，随着互联网技术和大数据技术的快速普及和创新，其对现代企业的经营发展产生了重要影响，在一定程度上促进了企业产业结构的优化升级，在财务管理方面发挥了重要作用。财务共享服务中心项目可以集中整合财务资源，为企业决策提供更准确、可靠的支持。同时，由于当前我国企业的内部财务管理发展需求，很多企业在内部财务管理中存在财务人员配备不足，对财务管理和控制能力较低的情况，通过财务共享服务中心项目建设可以提高整体财务管理水平，增强财务信息的透明度和质量。一方面，企业内部财务的监管手段相对单一，且大多偏向事后管理，对财务风险的控制能力较差，基于财务共享服务中心项目可以有效地识别和杜绝经营风险，提高监管实效性；另一方面，在现代企业的发展过程中，对财务人员的专业素质提出了更高的要求，为缓解和减少工作人员的压力和工作量，财务共享服务中心可以帮助财务人员提高信息传递效率，有效整合财务资源，充分发挥财务管理在企业发展中的实际作用，支撑企业开展各项业务活动。

财务共享服务中心是近年来出现的会计报告业务管理模式，指的是集团公司集中管理下属分支机构的财务核算和资金管理，实现财务核算与结算的规模化、流程化，以提高财务管理效率，降低企业成本。

财务共享服务中心一般设立在集团财务部，承担各分支机构大部分基础财务业务，包括费用报销、采购到付款、订单到收款、存货到成本，以及总账到报表等财务流程。

财务共享服务中心的三层次管理，有利于企业将业务流程、管理制度统一化与标准化，增强企业各分支机构报表的一致性与可比性，提高财报信息质量；有利于提升企业对各分支机构会计核算的管控能力，减少人为舞弊机会；有利于企业整合财务资源，减少重复琐碎工作，提供专业财税指导，提高工作效率。

10.1.2 财务共享服务中心的风险识别

财务共享服务中心模式的出现是一次管理模式的变革，必然会面临各种潜在风险和不确定性。为了顺利实施财务共享服务，企业要充分认识并有效识别财务共享服务中心建设过程中的风险，制定预案和措施，注重风险监控，提升风险管理能力。从对实施财务共享服务企业的调研中，我们不难发现，财务共享服务中心普遍存在业务处理效率低、人员流失率高、成本上升等问题，这也是风险应对不利反向造成的。因此，财务共享服务中心要重视风险管理，加强风险识别，并制定对应措施有效防范。一般情况下，财务共享服务中心在建设及运营过程中可能面临的风险有战略风险（如业务范围风险、选址策略风险、实施方法风险等）、管理风险（如组织管理风险、人员变革风险等）、技术风险（如系统建设风险、流程变革风险等）、税务法律风险等，如图 10.1 所示。

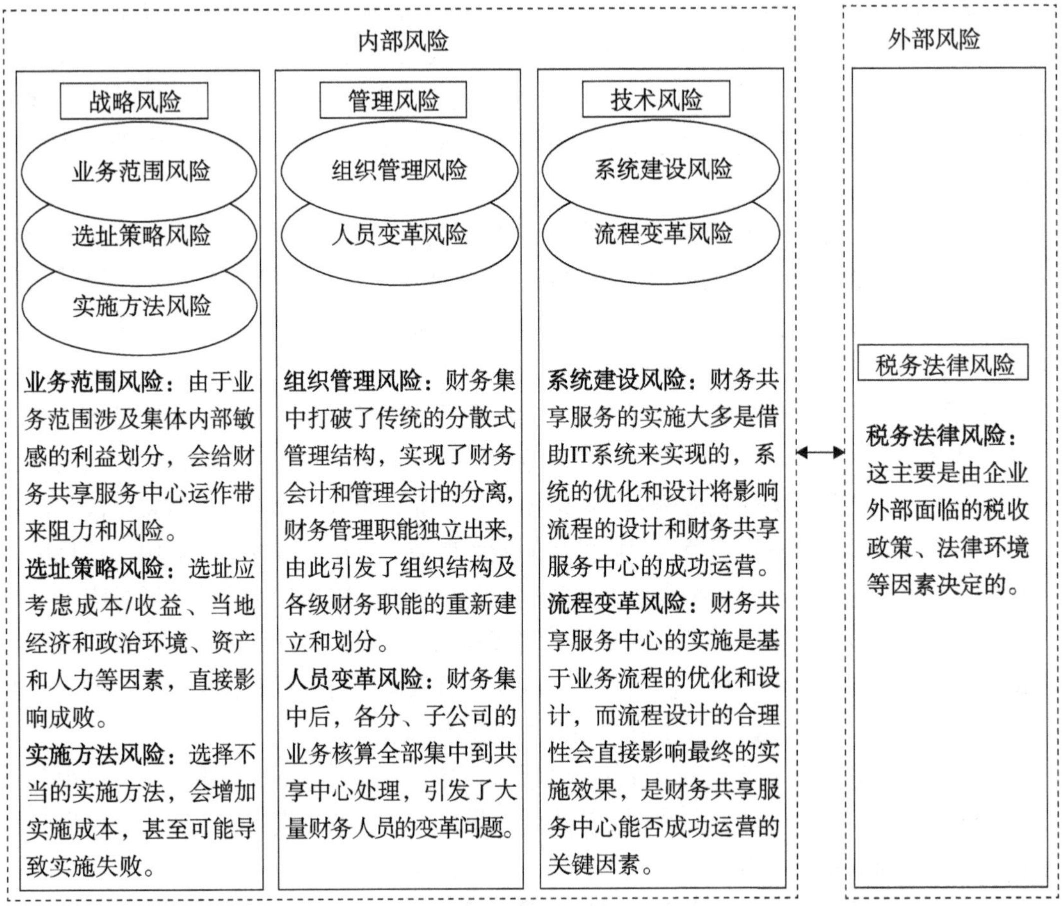

图 10.1 财务共享服务中心的风险模型

下面对具体风险项目展开说明。

1. 战略风险

在战略规划阶段，主要是完成财务共享服务实施前的准备和策划工作，包括确立财务共享服务中心的定位、运作模式、业务范围、实施方法和选址等内容，通常会产生业务范围风险、选址策略风险和实施方法风险等。具体来说，包括以下四个风险点。

① 风险认识不足。很多企业刚开始推行建设财务共享服务中心时期望值很高，觉得实施财务共享服务后，企业能发生质的飞跃。领导者期望快速实施财务共享服务且对实施后效果过于乐观，缺乏一定的风险意识，容易导致整体风险管控力度较弱。

② 计划准备不足。财务共享服务中心建设是一项耗时较长的复杂工程，需要各个阶段紧密相连，每一环节都对整个项目的成功实施起着重要的推动作用。但实践中，很多实施者对财务共享服务中心的建设与后续运营缺乏全面的判断和准备，缺乏对系统差异、信息化水平和财务核算基础等业务进行全面充分的评估，无法准确明晰财务共享服务中心各分阶段的建设目标，造成实施计划受阻，最终影响企业整体战略规划的落地和执行。

③ 业务界定不合理。实施财务共享服务最终是为了降本增效，创造更大的价值，因此不能为了共享而共享，要关注业务的本质，谨慎思考并选择实施共享的业务范围。反之，则会直接影响财务共享服务中心的建设与发展，如果财务共享业务范围选择过大，就难以落地；如果财务共享服务业务范围选择过小，则难以达到预期的目标。此外，如果财务共享服务业务范围选择不合理，还可能造成相关业务部门间冲突等问题，最终导致财务共享服务中心项目的失败。

④ 选择地点不当。从实践来看，很多财务共享服务中心的选址是不理想的，欠缺考虑企业的管控需求，各种资源及现有办公场地的协调较难，造成管控不到位、人才流失、沟通成本增加等问题。因此，要结合企业自身的情况，比如在建设财务共享服务中心时主要目标是降低成本，选址时则更多考虑地址的人力成本和运营成本等相关成本因素。这里需要注意的是，现实不存在能够满足所有选择标准的办公地址，所以在选址决策过程中应对这些影响因素进行优先排序，综合评价并选择最合适的。

2. 组织管理风险

实施财务共享服务势必会带来组织层面的变革。具体来说，包括以下四个风险点。

① 组织内部冲突。建立财务共享服务中心，使原来传统的分散式财务管理结构转向集中式财务管理结构，把下属分、子公司的财务权限上移，这样容易造成下属分、子公司产生逆反心理，一定程度上影响工作。

② 业务变更不适用。财务共享服务是一种创新的管理模式，日常基础业务开展采用的是流水线作业方式，致使财务共享服务中心内部也存在不同的组织架构划分，加剧了财务组织与其他业务部门的不适应，可能会影响预期工作效率的实现，因此，协调好组织内外的关系对财务共享服务中心的发展至关重要。

③ 组织结构调整不适当。在财务共享服务中心项目建设时就要设计规划实施财务共享服务后新的组织结构方案，进行职能与职责的重新划分。组织结构不合理将会直接影响财务共享服务实施的顺畅程度，从而导致后续相关工作的开展受到牵连和阻碍，甚至有可能会因组织的管控不足或过度，造成组织失控、员工积极性受挫等严重问题，最终影响到企业的整体效益。

④ 制度制定不合理。由于在财务共享服务中心项目建设过程中，集团企业很难全面

充分地考虑到组织内外部间的利益关系，对有关财务制度与管理制度的重新制定还不够清晰明了，责权划分也不够明确，这样在发生问题时部门间、成员间容易出现推诿现象，导致制度的操作性不强。

3. 人员变革风险

实施财务共享服务后，分散在各分、子公司的核算业务全部集中到财务共享服务中心统一处理，原先各分、子公司配置的财务核算人员被释放出来，会面临财务人员的转型问题，如人员的缩减、转移、招聘、配置、绩效考核等，还包括财务共享模式下人员的新工作特点和工作效果等问题。如果不能有效处理这些问题，不仅可能给组织带来负面影响，还会对财务共享服务的整体实施造成一定的压力和阻力。具体来说，包括以下五个风险点。

① 人员对变革的抵触。实施财务共享服务后，需要削减大量的财务人员，面临重新安置和适应新工作岗位的技能要求等问题，这些不仅直接关系到财务人员的利益，还会影响财务人员的工作积极性。此外，以严谨为主要特点的财务人员对变革本身是比较惧怕和抵触的。如果在推行财务共享服务过程中无法有效消除财务人员的这些顾虑，可能会加大人员的流失风险，也会影响企业的整体稳定性。

② 人员的发展设计不合理。实施财务共享服务后，如果财务共享服务中心没有建立比较完善的人员评价和发展机制，对转型后人员的发展没有制定明晰的发展战略，并为其设计合适的职业发展通道，将会严重挫伤员工的积极性，也难以激发员工的潜力，无法有效做到人尽其才，对于企业来说是损失，更谈不上为企业创造价值。

③ 人员的工作性质枯燥。建设财务共享服务中心的关键是流程优化与再造，构建新的组织团队，并对人员进行专业化的分工。细化的工作较枯燥，主要以流水线作业的方式开展业务，缺乏灵活性。如果财务人员长期做这些高强度且重复性的工作，容易产生厌烦情绪，增加人员的变动和流失风险。

④ 人员的沟通难度大。企业实施财务共享服务后，由于财务共享服务中心与企业前端的业务单元、银行、税务机关等距离较远，无法做到对业务的实时有效跟踪。如果企业缺乏有效的沟通和反馈机制，就会大大增加内部沟通成本，还会降低业务处理效率。

⑤ 人员的操作风险加大。对于财务共享服务中心来说，其业务主要以流水线形式展开，如果人员的操作不当，很容易引发操作风险，比如出现问题单据、错误收支情况等。此外，由于财务核算与前端的业务管控是相互分离的，财务人员无法对业务的真实性进行有效判断。

4. 系统建设风险

信息化是财务共享服务中心的一大特征，也是财务共享服务中心正常运营的重要保障，财务共享服务的实现主要依赖于几个核心系统的支撑。这些系统的设计与集成度，最终会直接影响财务共享服务中心的运作效率和效果。具体来说，包括以下五个风险点。

① 系统集成与整合能力不足。财务共享服务中心的技术支撑是信息化，如果企业信

息化水平太低，系统间的差异较大，缺乏对系统的整合能力，则无法建立有效的财务共享服务中心。

② 系统设计不合理。财务共享服务中心的系统设计不符合流程规范，或者权限设置不当等，会缺乏有效的管理和控制能力，也很难达到预期设计效果。

③ 系统支撑力薄弱。如果财务共享服务中心的系统无法协调统一，系统不完整，相关功能不足，容易导致系统对财务共享服务中心的整体支撑力较为薄弱，无法有效提高其整体运营效益。

④ 系统安全和稳定性不足。如果财务共享服务中心的系统缺乏安全性和稳定性，容易导致信息丢失、泄露、被篡改和删除等问题，无法有效提供有价值的信息，不能更好地支撑企业的战略决策。

⑤ 数据的共享风险。实施财务共享后会导致系统内储存大量数据，这就会对数据储存、传递、加工和提取的安全性提出更高的要求，不论哪一环节出现问题，都会直接影响财务数据的安全性和可靠性。

5. 流程变革风险

实时财务共享服务的本质是进行流程的变革，它改变传统以部门设置为中心的情况，优化再造流程，实现业务流程标准化、统一化、规范化和精简化。流程变革涉及流程的设计、新旧流程的衔接、流程执行与持续优化等方面。具体来说，包括以下五个风险点。

① 流程设计不合理。由于此前下属分、子公司在财务工作流程、核算方法、财务体系等方面都是比较独立且存在差异的，集团未能提前有效规划和统一，这样容易造成新流程的设计不够合理，工作不协调，从而直接影响财务共享服务中心的整体运作效率。

② 流程执行力不强。如果财务共享服务中心没有严格按照既定的流程和有关制度执行，有可能造成制度规范流于形式，从而大大增加从旧流程到新流程转变的难度，不能有效衔接。

③ 新流程应变力不足。由于财务共享服务中心新流程的规范化与标准化，大大降低了其灵活性，从而不能及时地根据组织内外部环境的变化进行相应的调整和修正。

④ 流程运转风险。在财务共享服务中心信息运转过程中，如果物流、资金流、信息流在新流程下不能实时统一，信息反馈不及时，很难实现财务共享系统的配合，降低工作效率。此外，在流程运转过程中，还要注意票据的频繁流转容易造成丢失。

⑤ 流程优化风险。财务共享服务中心建设完成后，管理层很容易忽视后续的流程优化。财务共享服务中心的建设工作是基础，后期持续的流程优化和改进，才能推动财务共享服务中心长期稳定发展。

6. 税务和法律风险

税务和法律风险主要来源于企业的外部环境，包括税务稽核、税务筹划、实施税收政策、保证运营的合法合规等方面。实施财务共享服务后，原来应该由下属分、子公司独立处理并进行属地纳税和税务管理的业务，此时集中到财务共享服务中心统一处理，这样容易造成税务和法律的外部风险。具体来说，主要包括以下四个风险点。

① 税务稽核难度大。通常地区间的税务差异比较大，而事实上财务共享服务中心又离税务部门比较远，增加了与税务人员的沟通难度，从而无法有效统一进行各地纳税工作和税收管理，容易引发税务稽核问题。

② 税务政策反应不及时。财务共享服务中心不能及时获取新的税收和优惠政策，不能及时履行税收新政策，容易引发处理税收的滞后性问题，反而增加税务成本。

③ 税收政策选择风险。地区间的税收制度和优惠税收政策存在一定的差异，集中到财务共享服务中心统一处理后，无法有效做到合理选择税收政策并进行税务筹划。

④ 法律法规风险。法律法规风险贯穿于财务共享服务中心的整个生命周期，从建设期开始就面临诸如因对组织架构的重新构建、操作流程的重新梳理、档案归集和管理方式的变化等方面引起的不合法律法规的问题。

10.1.3 财务共享服务中心风险控制对策

1. 健全组织架构

财务共享服务中心模式下，企业防范风险的首要措施是健全组织架构，这是因为，所有财务管理工作的开展都是在一定的组织架构下进行的，架构的不完善将会从基础上对新模式的运行产生不利影响。鉴于此，首先要明确界定财务共享服务中心、企业财务部、下属单位财务部的隶属关系，明确财务共享服务中心定位。财务共享服务中心与企业财务部或是平级关系或是隶属关系，二者各有优缺点。处于行政平级的财务共享服务中心在推进工作时，汇报层级相对较少，汇报效率高；处于下设单位的财务共享服务中心在推行有关政策时，和下属单位财务部同属于执行部门，沟通壁垒较小，但容易沦为企业财务部的附属部门，其工作人员成为“弱势群体”，人员流失率增大。因此企业应根据自身实际情况和需求确定合适的隶属关系，并下发详细的制度规定；其次对于财务共享服务中心、下属单位财务部等的职能划分、部门职责需要有明确界定，并形成制度，既要严格规定下属单位需要担当的财务管理职责，又要给予其一定的管理灵活性，以此降低下属单位对新模式的抵触情绪。

2. 优化流程管理

流程的优化是提高管理效率和效果的有效途径，企业要防范管理风险，实现财务共享服务中心管理模式的顺利推行，必然要进行流程优化。首先，要统一关键流程标准，这是因为，企业下属单位的财务管理都是与自身实际相适应的，它们在业务规模、经营能力等方面的不同导致其财务管理存在较大差异，若是忽略实际情况制定过于理想化的管理流程，会严重影响执行效果。因此，要明确财务管理过程中的关键环节，例如财务管理中不可替代的环节、易于发生风险的环节等，新旧流程中出现差异的地方也必须予以重点关注。针对以上找出的关键流程，结合下属单位实际情况制定统一标准，作为财务共享服务中心模式的推行依据；其次，可以实行流程动态优化机制，即除关键流程标准不予更改外，新模式下的其他流程可以在实施过程中进行适当调整，如调整某些流程的先后顺序、增减流程、特事特办流程等，以所有流程都能为促进财务共享服务中心模式的推进为制定原则，使其更加符合企业发展运行需求，从而在一定程度上避免新流程设计不合理带来的风险。

3. 重视人才培养

对财务人员能力需求的变动是财务共享服务中心成立所带来的较为显著的变化，也是最需要重视的方面。毕竟员工岗位和能力不匹配、人员流失等是企业最不想发生的情况，也是最容易产生风险甚至是影响企业根基的方面。因此，必须重视人才培养。

一方面，企业需要为员工制定科学的发展规划，提供丰富的晋升通道，例如，财务共享服务中心的设立导致管理会计与财务会计的分离，下属单位的财务人员需要向管理会计转变，这种转型除需要员工本身具有的能力支撑外，还需要企业提供相应的岗位培训，通过课堂讲授、情景模拟、案例分析等方式培养财务人员的管理思维和能力，提升管理会计所需技能，帮助财务人员更快更好地适应新模式下的岗位要求；对于培训后能力依然达不到管理会计要求的财务人员，企业可以在考虑其意见的基础上对其进行适当的岗位变动，以提高人岗匹配度。

另一方面，财务管理相关岗位职责和内容的变化会在一定程度上降低财务人员工作的热情，因而企业需要采取差异化的管理方式，通过提高员工参与度增强其岗位认同感，降低抵触情绪。例如，针对财务共享服务中心的岗位内容比较枯燥的情况，企业可以开展岗位经验交流会、我为财务管理建言献策等活动丰富工作内容。

4. 强化信息系统管理

信息系统管理是财务共享服务中心风险管理的关键部分，关乎新模式的执行效果。为强化信息系统管理，一方面，需要在引入的基础信息系统的基础上完善功能板块，如企业需要对新系统进行适应性调整，即根据原有系统的程序设置、板块划分等情况调整新信息系统的软件编写等，利用自有技术实现新旧系统的高度契合；也可以在确保新模式实施大方向不变的情况下，根据各个下属单位的个性化需求进行系统的相应调整，以便满足实际工作需要，也能够在一定程度上降低下属单位的工作难度，减轻其抵触情绪；另一方面，企业需要重视信息系统的安全管理，在避免因系统不完善而出现信息丢失的情况下，还需要强化对外来风险的抵御。毕竟将所有财务信息存于系统之后，网络成了新的竞争战场，为避免财务信息从信息系统中泄露或是系统被攻击，企业必须提高系统的防御力，可以采取加强防火墙设置、安装反攻击装置等方式。

5. 战略风险管理

（1）引起高层重视

在前期准备工作中，高层领导应当对战略安排上有强烈的风险意识，促使加强前期准备工作，对每个过程中的各个部门和工作人员的风险意识进行加强，使其逐渐适应改革过程。可以建立财务共享服务中心风险管理小组，随时对企业风险进行预测和管理，并且提高相关部门的地位，面对风险问题的解决与研究，进行大面积宣传，过程中充分接受各部门的建议，形成上有政策下有执行的能力。

（2）以战略目标为起点充分做好评估

根据集团整体资金流动实力安排设立的财务共享服务中心是总部财务部门的下属部门，还是平级的模式，需要进行严格评估。如果评估的结果不能满足财务共享服务中心建立的需要，例如集团规模过小、资金周转不灵情况总发生，没有一个强大的专家团队或者是经验丰富的工作人员，技术人员业务水平不过关等，也可以考虑外包。

6. 组织管理风险管理对策

在划分机构职能时做到合理性，同时不能松懈对前端会计的监督，否则财务共享服务会导致业务工作中的基本核算不受管理层面管辖，两者会产生分离，会计的出账记录和确认方式等形式都会转移到共享中心，相对于管辖资金流和物资流的会计要被弱化。从而对各单位的实物资产流转情况、客户信用情况、负债形成情况等信息难以及时掌控，所以对财务共享后的组织管理结构的划分与职能权限分配要做到协调统一。从基础核算与管理层面之间的特点出发，结合集团前端会计特点情况进行加强，对组织结构进行调整及职能划分，设立业务岗位，使财务共享能充分融合到业务中，提高工作效率和真实性，提高业务执行能力的有效性。

7. 人员变革风险管理对策

（1）加大宣传力度，降低人员抵触心理

在宣传财务共享的前期活动中，要兼顾工作人员的心理变化，安抚工作要同时跟进，并不断地对人员宣传改革理念。为避免人员变革风险的发生，要讲究方法和策略，时时沟通，展现集团以人为本、以人为先的思想。针对不同工作性质分别进行沟通、鼓励积极性高的人员，以解决其困惑和宣传财务共享模式。

（2）提高发展空间，留住人才

想要有发展的专业人员，主要是财务共享服务中心的技术人员和领导者。这些人员具有很高的素质能力，不仅对财务工作熟悉，还了解业务工作。为了人才培养和加大其发展空间，可从外部招聘业务能力强的专业人员对其进行培训。实行定期轮岗培训，使财务人员的视野更宽广。

8. 系统建设风险管理对策

在设置系统前，对当前系统状况要做充分评估，在没有达到目标效益前，不能实施。建设财务共享服务中心的系统需要把握时机，为全面建设并且顺利执行信息化管理做好前期准备，加强构建财务共享服务主要的系统，再以全系统整合为出发点进行完善。这样能够确保系统正常运行，按实际情况采用“分批上线、顺序突破”的方法。有能力扩张时，可加强财务共享之间的内部控制和系统关联之间的融合，以防范外界干扰和入侵，保证系统有效运转。

9. 流程变革风险管理对策

对于流程部分中的关键部分要格外注意，针对关键部分企业内部管理中可设置相互制约的审核办法，对审核人员的专业素质要有一定要求。流程问题在财务共享服务中起到关键作用，要对流程变革过程持续加强管理和优化。

10.2　财务共享服务中心风险防范案例

10.2.1　H 建筑集团财务共享服务中心风险防范案例

1. H 建筑集团财务共享服务中心概况

H 建筑集团成立于 1986 年。成立以来，专注于我国铁路建设领域，一路攻克铁路、公路、桥梁上的建筑难题。经多年发展，成长为国内建筑行业的领军企业，具备了完善、系统的综合施工技术和能力。业务能力方面，H 建筑集团凭借着雄厚的实力以及国家政策支持，在铁路工程建设上不断创新，获得了中国建设工程鲁班奖、中国土木工程詹天佑奖、国家级科学技术进步奖等业内高质量奖项。经营信誉方面，H 建筑集团运营良好，企业信誉有口皆碑，企业管理体系不断得到完善。自 2005 年原铁道部开展铁路信用评价以来，H 建筑集团成为该评价活动中获得最高评价次数最多的企业。人才建设方面，作为高新技术企业，H 建筑集团已设国家认定的企业技术中心，员工总数达 22 000 余人，其中各类专业技术人员达到 16 000 人，包括具有高级职称的技术型人才 1 800 人，拥有特高级技术型人才 12 人。在此基础上，还不断吸收国内外高端技术型人才。公司规模方面，截至 2021 年底，该集团除本部外拥有 20 家子公司、15 家分公司，近 1 万套各类先进工程基础设施设备，包括完善的铁路、公路、桥梁及轨道施工的设施设备。

集团先后在我国境内完成建设了 65 条铁路干线，铁路、公路建设总里程达到 12 000 km。改革开放之后，顺应城市发展与轻轨建设项目需求不断扩大的时代需求，H 建筑集团大力发展轻轨工程项目，先后帮助上海、广州、深圳等国内大型城市建设城市轨道工程，并赢得了业内认可。同时，H 建筑集团向海外拓展自身的建筑业务，在海外 21 个国家，包括越南、柬埔寨以及非洲部分国家和地区，业务项目涉及铁路、机场、公路等工程项目。

H 建筑集团作为行业内大型的建筑集团企业，其组织结构是典型的三级组织管理机构，即由董事会—公司总部各部门—分、子公司及项目部构成。集团董事会负责决策集团内部重大事项，规划集团运营管理方向并制定相关战略；公司总部各部门负责执行公司内部的运营管理内容包括建筑订单的承接以及公司内部事务的处理；分、子公司及项目部负责执行工程项目具体实施方案，确保承接的各项目按时按质完工，H 建筑集团具体组织架构如图 10.2 所示。

经过多年的发展，如今 H 建筑集团的组织架构极为庞大。随着海外业务板块的不断扩张，业务范围也不断扩大，H 建筑集团重新规划了国内与国外两大业务板块，2008 年成立国际部，将海外各分公司的管理职能集中到一个部门，进行统一管理，工作效率进一步得到提升。但由于建筑行业的特性，其基层项目部分散程度高，财务管理的难度也不断增加。针对这种情况，H 建筑集团建立财务共享服务中心，优化重组组织架构，精简财务操作流程，以期达到降低企业财务成本，提高企业财务管理效率并降低财务风险的目标。

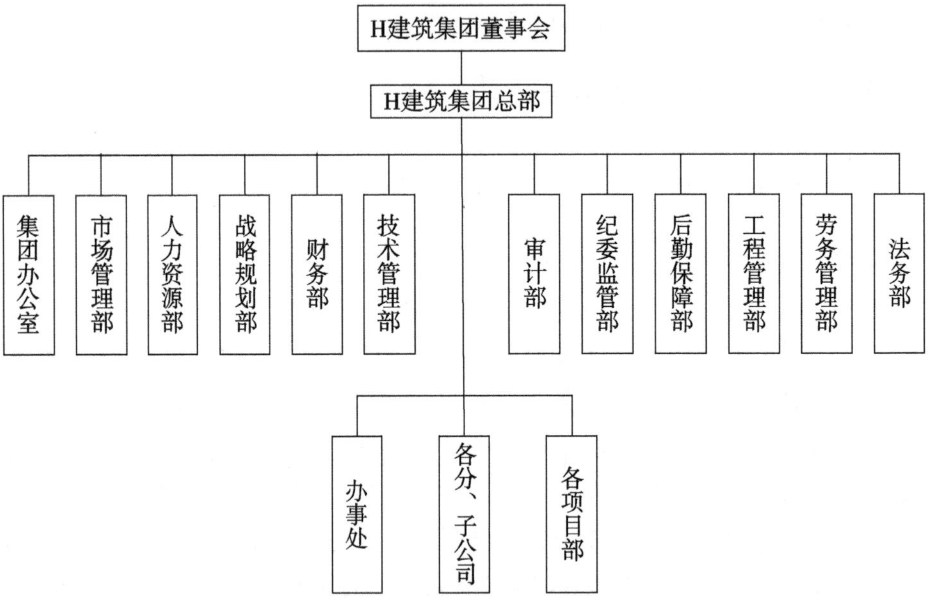

图 10.2　H 建筑集团组织架构图

改革开放以来，H 建筑集团内部财务工作由局限于简单的会计核算工作，发展至通过会计电算化满足不断扩大的业务需求。在这个时期，集团的财务工作依靠各种财务软件的帮助，其规模逐渐发展至顶峰，进入平稳增长时期。

H 建筑集团国际部成立后，业界也迎来了大数据时代，业务扩展与时代发展均要求集团的财务系统尽快向信息化转变。但转变过程受限于 H 建筑集团内部对会计电算化财务工作模式的深度依赖，也受制于各个项目部财务部门之间交流少、各自专注于本项目部工作的惯性。原本领先于一时的分散式独立式的财务管理模式较为固化，在新时代的冲击下显现出弊端。

这种模式降低了财务决策的效率。集团总部无法及时通过分散式独立式的财务管理模式汇总相关财务数据，也就无法及时针对相关财务数据反映的问题进行决策，无从下手去解决相关问题。并且由于各个项目部间财务会计处理并不统一，无法进行横向对比。

这种模式也不利于提高财务人员的工作效率。由于各个项目部的财务部门设置了会计、出纳、财务部长等岗位，各个岗位仅负责处理本项目部的财务工作，一个月的工作可以在一周内完成，造成了大量的人力浪费，同时由于人力富余，大大增加了单位财务工作处理的人力成本。

分散式独立式的财务管理模式对应的财务管理层级也存在较多亟待改善的部分。在财务管理当中，企业财务管理层级越精练，财务管理效果越好。H 建筑集团组织机构庞大，财务管理层级分为三层，分别为集团—分、子公司—项目部财务部，财务管理层级链条较长。而且，集团属于建筑类施工企业，工程具有周期性，故 H 建筑集团采用的项目管理模式亦具有极强的流动性和周期性，这也阻碍了财务管理工作的高效运行。再者，企业内部对旧有模式存在依赖，对于更新财务管理模式的意识较为薄弱，业务流程缺乏统一规范，集团总公司难以对分、子公司进行有效管理。这些因素均增加了财务管理的难度。

为解决财务管理难度大的难题，H 建筑集团尝试对财务系统进行改革，主要方式为对财务人员进行培训，结果成效不明显。这些做法的问题在于：仅改革财务系统，企业财务层级未发生实质性变化，依旧存在链条长、层级宽度不足等问题。制度依旧存在不规范、不统一的弊端，导致业务财务流程难以统一，环节多，人力成本未发生变化，财务效率得不到提高，仍不能满足企业的发展需要。2016 年，H 建筑集团董事会在充分研究现状后，开始对财务共享服务中心的建立进行了理论分析及战略部署，推行进程如图 10.3 所示。

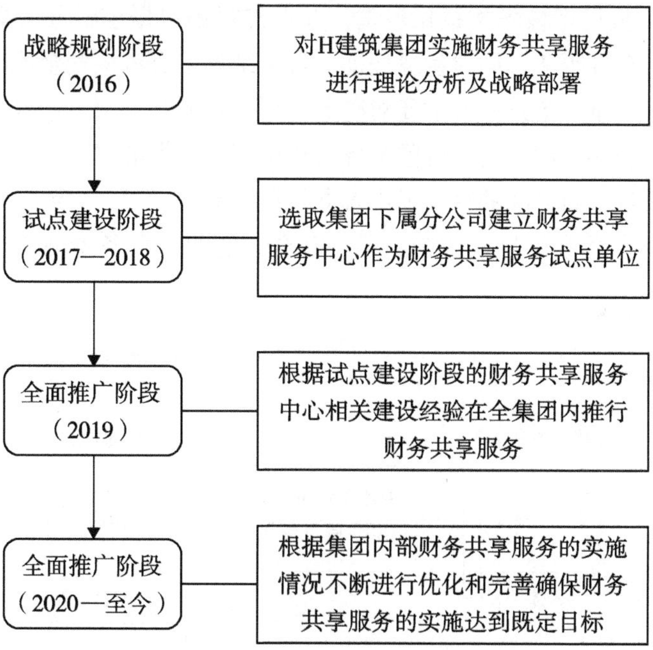

图 10.3　H 建筑集团推行财务共享服务进程图

2019 年，H 建筑集团正式建立集团财务共享服务中心，并在全集团内推行财务共享服务。财务共享服务中心的建设以“行业领先、运营规范、服务高效、管控精益”作为建设目标，力争实现降低企业财务成本，提高财务工作效率，摆脱旧财务管理模式的束缚，全面推进集团内部财务会计向管理会计转型的目标。

H 建筑集团采用了由公司总经理直接管理，下设多个职能部门管理运营的集团管理模式。该模式下，公司总会计师负责管理运营财务共享服务中心。中心在进行日常财务工作的同时，也对总经理直接负责。本质上，公司总部把控公司的一切财务管理权限，并通过财务共享服务中心规范财务工作流程，集中处理各分、子公司和项目部的财务工作。下属子公司及项目部被授予一定程度的基础权限，方便各项目部门开展日常工作。集团管控型模式下的组织结构更有利于实现财务信息的充分交流，促使财务信息在集团内部得到有效传递，及时为公司决策提供财务数据，高层管理人员可以借此精确地看到每个项目部的工作业务量，有效提升了管理效率。

至于财务共享服务中心的内部结构，是以职能为标准，设置财务报账中心、会计核算中心、资金结算中心、系统维护中心，具体组织架构如图 10.4 所示。

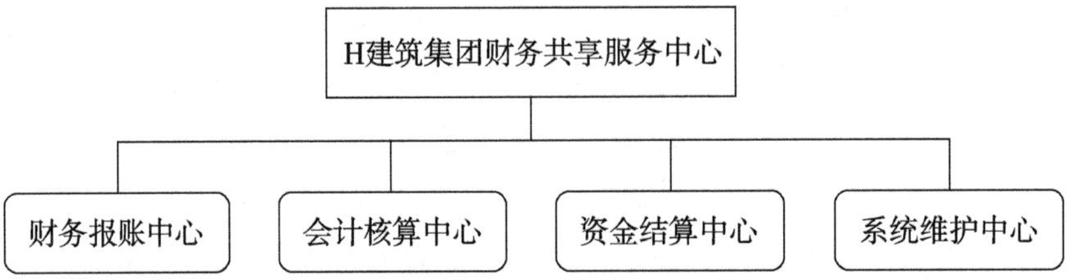

图 10.4　H 建筑集团财务共享服务中心组织架构图

财务报账中心负责审核各类报账申请，并上传报销单据至财务共享服务中心。会计核算中心处理日常会计事务，同时生成凭证。资金结算中心审核资金流动项目，统一管理调度集团内部资金。系统维护中心主要对财务共享平台的各类信息系统进行日常维护与管理。各中心详细的职能分配，将日常的财务工作精简为单据的填写、扫描和上传，为减少各分、子公司以及各个项目部的财务工作人员的数量预留空间，达到降本增效的目的。

H 建筑集团财务共享信息系统构建了一套全新的业务财务管理信息平台，如图 10.5 所示。

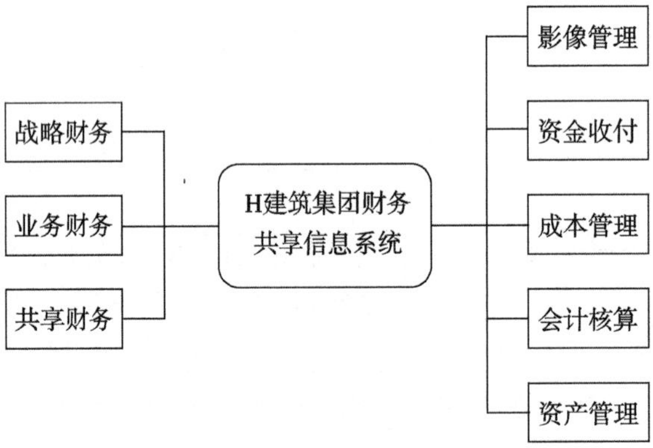

图 10.5　H 建筑集团财务共享信息系统

该系统集战略财务、业务财务、共享财务于一身，构成系统的主要职能。战略财务即实现集团企业向企业管理信息会计化的转型；业务财务即紧密结合集团业务与财务，实现业务与财务的协同；共享财务即实现财务信息的及时共享并记录相关财务信息。H 建筑集团的财务共享信息系统的功能有：影像管理、资金收付、成本管理、会计核算、资产管理。影像管理即扫描实体化财务会计单据并上传至财务共享信息系统；资金收付即实时审核和监控集团企业内所有资金流动；成本管理即对业务合同的成本进行事前、事中、事后管控；会计核算即集中处理大量简单的财务会计工作；资产管理即统一管理集团内部的大型建筑机械设备。

H 建筑集团建立财务共享服务中心后的日常财务工作主要工作流程有：差旅费用报销流程、应付账款流程、应收账款流程。差旅费报销工作在建筑企业的日常财务工作中占据重要位置，其快速性、高效性对集团工作人员的工作积极性有较大影响。H 建筑集团财务共享服务中心的差旅费用报销流程主要有四个步骤，如图 10.6 所示。

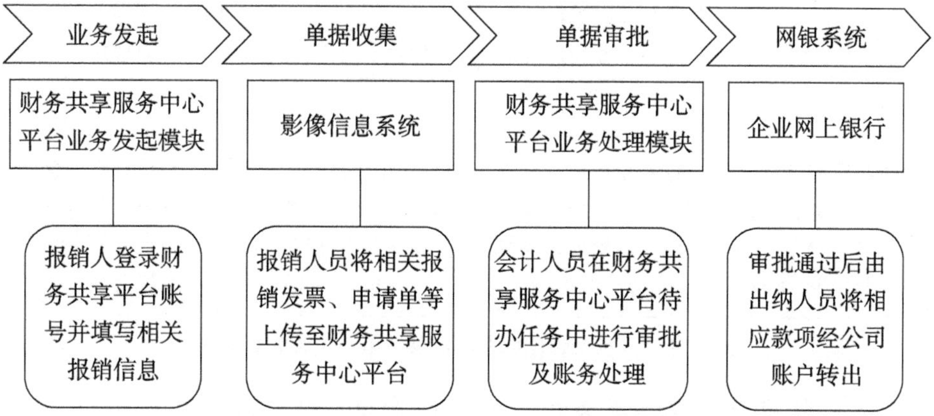

图 10.6　H 建筑集团财务共享服务中心差旅费用报销流程

应付账款流程在 H 建筑集团涉及的具体事项主要为采购材料以及施工队劳务费等。根据企业的实际情况，H 建筑集团财务共享服务中心将应付账款大致分为四个流程，具体如图 10.7 所示。

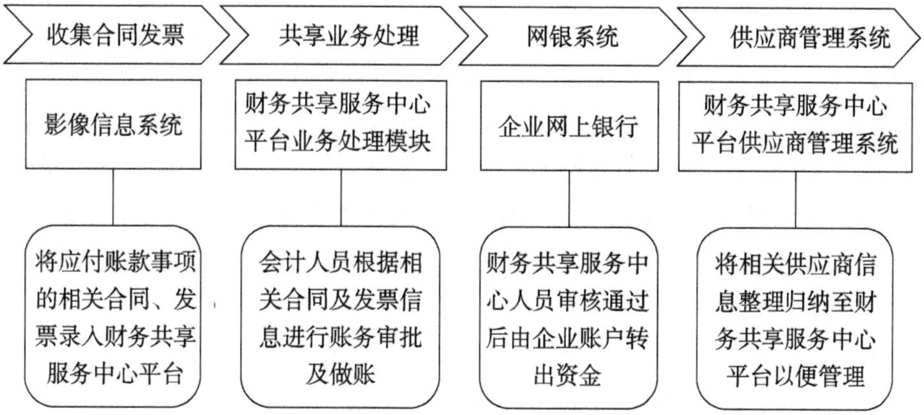

图 10.7　H 建筑集团财务共享服务中心应付账款工作流程

H 建筑集团财务共享服务中心应收账款流程主要涉及承接业主订单所获得的收入，主要流程有：合同签订与管理、发票开具与管理、网银收款、客户对账四个环节，如图 10.8 所示。

合同的签订与管理即签订合同后需将该合同扫描录入合同管理系统，提交财务共享服务中心人员审核，确认合同内容无误；发票开具与管理即根据合同开出相应发票，并进行账务处理；网银收款即涉及网上银行的事务，包括公司账户的管理，在实际业务的操作中，合同中应明确规定业主打款的时间与具体额度，打款时间一般根据工程的进度来确定，例如可在合同上规定，当工程的完工程度为 50% 时，打款额度为除去预付款项的 50%，收款时也应在网银收入信息上做好备注，在确定收到款项后同步在财务共享服务中心平台的账务确认收入；客户对账指通过财务共享服务中心平台定期与客户核对财务信息，以便及时排查账务问题并予以解决。

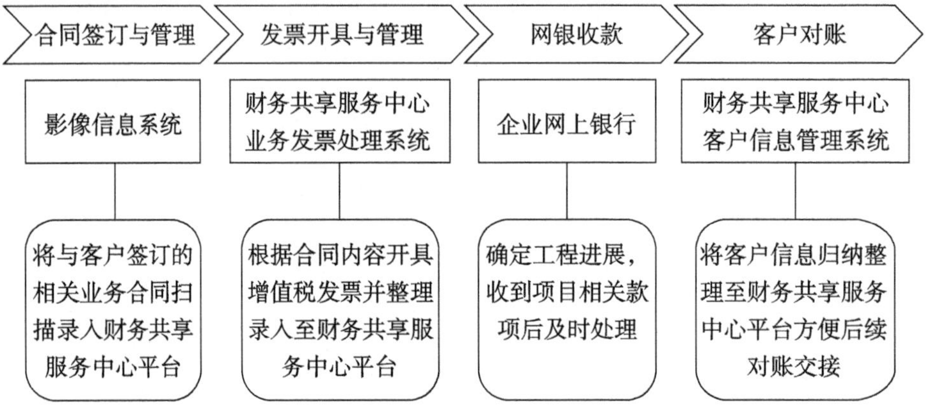

图 10.8　H 建筑集团财务共享服务中心应收账款流程

2. H 建筑集团财务共享服务中心的风险管理现状与现存问题

H 建筑集团财务共享服务中心的风险管理机制是通过明确岗位职责划分、规范财务共享服务中心主要工作流程以及完善财务管理信息系统确立的。H 建筑集团明确了财务共享服务中心的岗位职责，同时进一步统一规范和细化了财务共享服务中心主要工作流程，并串联起财务共享服务中心的各岗位，建设信息技术完善的财务管理平台，整合各财务共享服务中心工作流程板块，统一财务共享服务中心的标准，增强集团管理层对各分、子公司及项目部的财务、业务管控能力，从而降低财务共享服务中心的风险。H 建筑集团财务共享服务中心独立于集团各分、子公司外，集中处理业务和进行财务管理，直接对集团董事会负责，有效提高了管理层对业务财务的检查与监督，实现规模化效益，同时能够集中企业资金，增强资金管控力。H 建筑集团财务共享服务中心还设置了专门的监管稽核部门，主要负责监督管理集团内部日常财务共享工作，确保集团内部人员合法合规地使用财务共享信息系统工作，降低财务共享风险。

与此同时，H 建筑集团财务共享服务中心的机制仍存在一些问题。

首先，财务共享服务中心组织架构不够明确。财务共享服务中心作为独立的财务组织机构，组织架构内部仍存在权责主体及范围不明确、新组织架构适应程度低的问题。H 建筑集团财务共享服务中心的服务对象是集团下属各企业以及项目部财务，服务对象较为分散。在财务共享实际操作过程中如发生问题，易出现无法及时找到权责主体的问题。项目部财务需要汇报相关问题时，若无法及时找到相应负责部门，将较大地影响项目部的工作效率，间接地增加了项目部财务成本，同时增加了组织架构风险。建筑行业财务共享服务中心起步较晚，财务共享服务中心作为新的组织架构模式，H 建筑集团需要一段时间去适应，加上集团规模大、组织架构复杂，大幅增加了适应所需时长，新组织架构的适应程度亦会降低，极大增加 H 建筑集团财务共享服务中心的组织架构风险。

其次，财务共享服务中心的人力资源管理缺乏针对性的激励制度，员工工作机械化，缺乏动力。主要表现有两点：第一，原有的绩效考核方式无法对接财务共享服务模式下的绩效表现，无法对项目部财务人员的工作绩效进行细化，也就无法量化相关绩效指标。财务共享服务中心的人员管理主要采用绩效考核方式实现人员激励，但是财务共享服务中心的工作机制使得大部分复杂的财务工作集中由财务共享服务中心处理，项目部的财务人员仅处理越来越机械化的财务工作，无法达成集团原有考核制度规定的绩效要求，从而导致项目部财务人员工作的积极性降低。第二，缺乏针对性的激励制度不利于项目部财务人员的积极性的提高，也不利于财务人员在企业的长远发展。在财务共享服务意识方面缺乏针对性的激励措施，财务共享服务中心工作人员缺乏目标与方向，也会导致项目部财务人员对该意识的不重视，进而影响财务共享服务中心工作的推进。

再次，流程变革风险控制关键点不足。财务共享服务中心的流程变革风险主要源于流程监管力不足、财务工作流程不流畅以及财务共享服务中心信息系统稳定性不足。其源头在于重组优化财务共享服务中心工作流程中，所设置的管理人员控制关键点不够。H 建筑集团财务共享服务中心集合了项目部各项财务工作流程，面对内容不一的财务工作流程与监管对象不一的流程监管工作，要做到有效监督，就必须具体区分各项财务工作流程的关键要素，这项工作的不足导致流程变革出现风险。再者流程变革完毕之后，H 建筑集团的财务工作流程运行仍有许多操作环节亟待简化，导致财务工作的流畅度不足，而 H 建筑集团并没有针对相关流程进行关键点控制，导致流程变革风险有所增加。同时，在重组优化财务工作流程中，H 建筑集团对相关财务操作流程未进行适当的简化，导致财务工流程作过于烦琐，运行不畅，增加了相关风险。

最后，系统运营存在安全隐患。H 建筑集团财务共享服务中心在财务共享服务中心的财务数据安全上存在运营管理风险。第一，H 建筑集团财务共享服务中心使用由第三方软件开发企业研发的财务共享信息系统，第三方软件开发企业的技术人员负责提供系统维护服务，系统出现相关技术问题时服务响应的时间亦较长，增加了财务数据外泄的风险。第二，项目部财务的管理人员对财务共享账号的保护意识不足，一个员工同时掌握一个部门的财务共享账号的情况较为常见，导致部分财务人员能够独自完成财务工作全流程提交的情况，避开审核流程，极大增加了安全风险。第三，H 建筑集团内部无专门进行数据安全管理的部门，无法及时排查数据安全漏洞，容易出现数据泄露，且较难及时制定止损措施，造成企业经济损失。从集团财务共享服务中心数据安全管理角度看，安全措施是不足够的。

3. H 建筑集团财务共享服务中心的风险识别与防范优化措施

H 建筑集团在开展针对相关风险管理目标进行风险识别的工作前，要先选择一种适合的风险识别方法，选取方法后识别出相关风险因子，具体风险识别流程如图 10.9 所示。

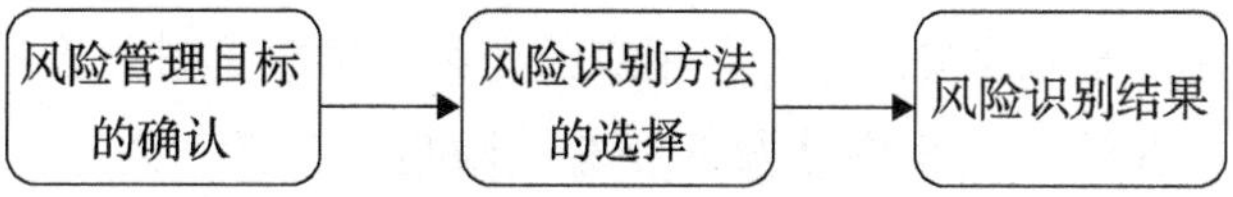

图 10.9　风险识别流程图

常见的风险识别方法有头脑风暴法、德尔菲法、情景分析法等。头脑风暴法存在分析结果具有较强的主观性的缺点；运用情景分析法进行风险识别对设计实施场景的要求较高，否则不具备可操作性，故不适用于本次的风险管理对象 H 建筑集团。集团根据自身特点，需要具有较高客观性、专业性的风险识别分析方法，经过排查选择，H 建筑集团选择了德尔菲法，即通过询问集团财务共享服务中心内部管理人员及风险管理理论专家的方式综合得出相关风险指标。

选定方法后，H 建筑集团财务共享服务中心根据建筑行业企业财务共享服务中心风险的相关文献归纳，整理出以下几类财务共享模式下建筑企业常见风险：组织架构风险、人员变革风险、战略规划风险、流程变革风险、运营管理风险。

集团将这五项财务共享服务中心常见的风险作为一个集合，组织相关专家进行综合分析，从而选出权重占比较高的前四项风险指标进行评价。

经过 25 位业内及理论专家评价后，将上述五项财务共享服务中心风险指标运用德尔菲法进行分析对比，其结果如表 10.1 所示。

表 10.1　运用德尔菲法分析对比统计表

风险类型	认同该指标的专家人数（人）	所占比例（%）
组织架构风险	25	100
人员变革风险	24	96
流程变革风险	24	96
运营管理风险	23	92
战略规划风险	17	68

结果显示：专家认为财务共享服务中心存在的相关风险中组织架构风险、人员变革风险、流程变革风险、运营管理风险是非常重要的。因此本案例对 H 建筑集团财务共享服务中心的风险识别结果即为以上四项风险指标。

专家认为，集团应高度注意组织架构风险。建立财务共享服务中心首先要对 H 建筑集团内部组织架构进行重新构建。这一过程中有可能会出现因组织架构变化而导致相关风险，具体包括：管理制度设置的合理性受限，管理制度是一个框架，框架设置的不合理会增加组织架构风险；组织内部权责不明晰，H 建筑集团财务共享服务中心组织架构内部的权责划分关系到之后财务共享服务中心的管理问题，组织架构的变动容易导致组织内部权责不清，从而增加企业组织架构风险；组织架构变化而已可能导致组织内部沟通不流畅，影响日常工作，同时产生后续风险。

人员变革风险与流程变革风险并列，仅次于组织架构风险，应予以重视。H 建筑集团财务共享服务中心对其人员结构也进行了相应的变革，精简了财务人员的同时对财务人员提出了更高的要求。在这个过程中涉及的相关风险指标包括：财务人员对变革的抵触情绪，由于财务人员已经非常熟悉原有财务操作系统的工作内容，因此在财务共享服务中心运营后需要大量时间去适应新的财务操作流程，难免会心生抵触情绪；财务人员自身发展的迷茫性，新事物的到来必定会有一段时期人员对自身的发展感到迷茫，财务共享服务中心的到来使得财务人员对其工作内容产生困惑，不知道应该如何去适应；财务人员专业能力胜任性，财务共享服务中心对传统财务人员岗位的要求提高了，需要在做好财务工作的同时分析提炼出有价值的财务数据，这就要求财务人员需要具备更高的专业水平以及更好的心态。

H 建筑集团财务共享服务中心的建立需要在原有的财务工作流程上进行优化重组，在这个过程中应充分注意流程变革后的财务工作流程在日常实际操作中是否流畅，因为工作流程运行不流畅会极大增加流程变革风险；系统运行是否稳定，原有财务工作流程集中到财务共享服务中心后，其系统是否能够承受大量财务流程保持稳定运行将在很大程度上影响财务工作的效率，进而影响其流程变革风险；流程监管制度是否有效，H 建筑集团财务共享服务中心流程变革后，相应的流程监管制度也需要进行相应的调整，因此，流程监管制度的有效性对分析评价流程变革风险举足轻重。

最后，专家认为仍需要注意运营管理风险。由于建筑行业企业财务共享服务中心的建立较晚，H 建筑集团财务共享服务中心在日常的运营管理中面临着很多风险因子，这些风险因子的存在会增加运营管理风险，具体包括：运营成本，H 建筑集团财务共享服务中心需要为全集团的财务工作服务，面对如此庞大的需求，其运营成本势必十分巨大，增加了财务共享服务中心的运营管理风险；后续优化成本，财务共享服务中心上线后需要对其进行持续的维护及优化，并且根据集团财务工作实际需要不断增加应用能力，这就需要企业后续投入大量的资金，也会在很大程度上增加其运营管理风险；数据安全，财务共享服务中心为了及时反映企业资金及信息情况，集合了全集团的财务数据，在后续运营管理中其数据的安全与否将极大影响财务共享服务中心的运营管理。

根据分析结果，H 建筑集团从组织架构、人员变革、流程变革与运营管理四个方面，推出了相关改进措施。

（1）组织架构风险防范优化措施

为明确财务共享服务中心组织机构隶属关系，H 建筑集团细化了组织架构，明确各组织部门权责。

H 建筑集团财务共享服务中心下设财务报账中心、会计核算中心、资金管理中心、系统维护中心，由于建筑行业的特性，集团下属项目部分散且数量较多，仅设置四大组织部门会导致组织架构太过空泛。因此可在四大组织部门下针对基层项目部重要的日常财务工作设置细化的工作部门，加强基层项目部与财务共享服务中心的联系，具体如图 10.10 所示。

将 H 建筑集团财务共享服务中心的财务报账中心细化成差旅费用管理中心、工资福利管理中心、材料采购管理中心，这三个管理中心的业务都是建筑行业基层项目部日常财务工作的核心内容。项目部人员因公出差产生的相关费用问题、因工资福利产生的相关问题、采购原材料等采购资金问题有了对应的集中处理主体，避免了权责不清，提高了相关日常常见问题的处理效率。

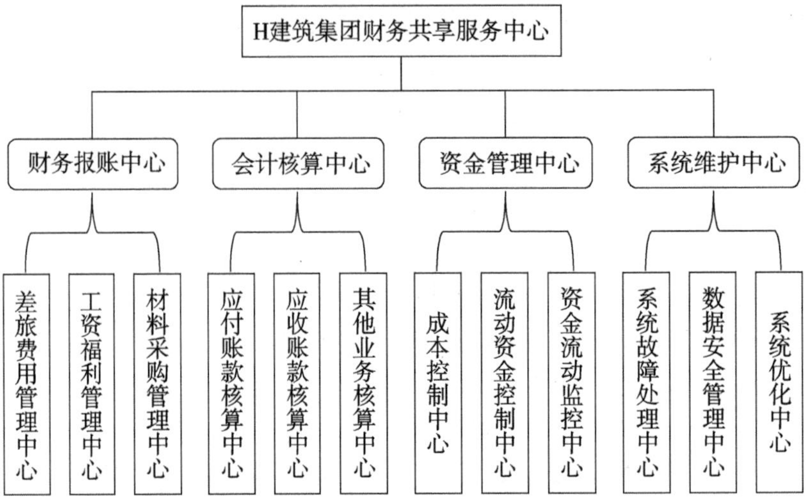

图 10.10　H 建筑集团组织架构细化图

会计核算中心细化成应付账款核算中心、应收账款核算中心以及其他业务核算中心。应付账款核算中心集中处理项目部因应付账款核算相关事项产生的问题。应收账款核算中心集中处理项目部因应收账款核算相关事项产生的问题。其他业务核算中心集中处理项目部因其他财务会计核算相关事项产生的问题。

资金管理中心细化成成本控制中心、流动资金控制中心、资金流动监控中心。成本控制中心主要是对项目部财务成本进行规划和管理。流动资金控制中心主要是确保项目部的流动资金能够维持项目部日常运营。资金流动监控中心主要是对大额资金流动进行监控，确保资金安全。

系统维护中心细化成系统故障处理中心、数据安全管理中心、系统优化中心。系统故障处理中心集中处理财务共享系统在日常运行中出现的相关问题，确保系统故障问题得到及时解决。数据安全管理中心主要是对相关财务数据的下载进行监控，确保集团内部财务数据不被泄露。系统优化中心主要针对项目部提出的相关操作流程进行优化，以及对财务共享系统本身的优化。

H 建筑集团财务共享服务中心组织架构的细化能够明确各部门机构的职责，基层项目部在出现相关财务问题时能及时找到相关责任主体，高效解决相关问题，对 H 建筑集团推进财务共享服务起关键作用，同时降低组织架构风险。

H 建筑集团将组织架构权责及职能权限具体内容整理成册，即财务共享服务中心组织架构详细介绍，清晰界定财务共享服务中心组织架构中各部门的权责内容。同时将财务共享服务中心的各个岗位的职能权限等详细内容编辑成册子——财务共享服务中心岗位职能介绍，详细介绍财务共享服务中心所设置的各个岗位的职能范围。两本册子被列为集团内部新人培训的必要学习内容，并发放至集团内部每一位员工，集团组织员工对相关内容进行学习，并定期对相关内容的掌握情况进行考核，确保集团每位职工对财务共享服务中心的组织架构有一定了解，能在基层项目部需要处理相关日常财务问题时快速找到对应的责任主体。

同时，为提升协调能力，H 建筑集团致力于加强基层项目部之间的交流，基层项目部之间可以定期组织线上财务共享服务中心交流会议，将项目部在日常财务工作中遇到的相关问题，以及如何解决问题的方式与其他项目部进行交流，同时邀请项目部在财务共享工作上有一定成绩的优秀员工进行经验分享，提升各项目部的日常财务工作效率，同时加快财务共享服务的推进；加强基层项目部与财务共享服务中心管理层的交流，除了固定汇报日的沟通交流外，基层项目部可以发起自下而上的交流方式，例如：向财务共享服务中心管理层提出在财务工作流程中的进一步优化建议等。

（2）人员变革风险防范优化措施

H 建筑集团首先完善了财务人员的学习系统。原财务人员的学习系统不完善主要体现在两个方面：第一个方面是新入职人员培训期短，新入职财务人员仅在财务共享服务中心学习两天，观摩财务共享服务中心人员日常财务工作一天，然后被分配至各项目部开展基层财务工作，短时间、非系统的学习导致新入职员工并没有对财务共享服务中心的架构、岗位职能以及自身财务工作有一定的了解；第二个方面是基层项目部没有定期开展针对财务共享服务中心的学习，项目部财务人员只能在使用财务共享信息系统进行日常工作中摸索前进，这样不仅降低了财务工作效率，还会影响财务共享服务的推进，增加人员变革风险。H 建筑集团从上述两个方面入手，建立了系统的新入职人员培训方法，延长培训时间，培训期内详细介绍集团财务共享服务中心组织架构以及各财务岗位职能情况，每位入职人员需在财务共享服务中心学习体验财务共享服务中心的日常工作，并在结束期内设置考核指标，达到指标的员工才能分配至各项目部进行财务工作，成绩优秀的员工可以优先选择想去的项目部，提高入职员工学习的积极性。基层项目部定期举行财务共享服务中心知识竞赛活动以及相关工作经验交流会，引导财务人员不断学习集团财务共享服务中心相关知识，提升财务工作人员的工作能力，推进财务共享服务，降低人员变革风险。

H 建筑集团财务共享服务中心随后建立了科学的人员考核指标。作为新的财务组织机构，原财务系统下的人员考核指标已无法真实反映财务人员的工作状态及工作效率，也不能体现财务人员对财务共享服务的掌握程度，已不适宜直接用于对财务人员进行考核。因此建立科学有效的人员考核指标对 H 建筑集团推进财务共享服务来说至关重要。

针对 H 建筑集团项目部的特性，集团将新的人员考核指标设置成：财务共享业务量、财务共享业务出错量、财务共享学习情况。如图 10.11 所示。

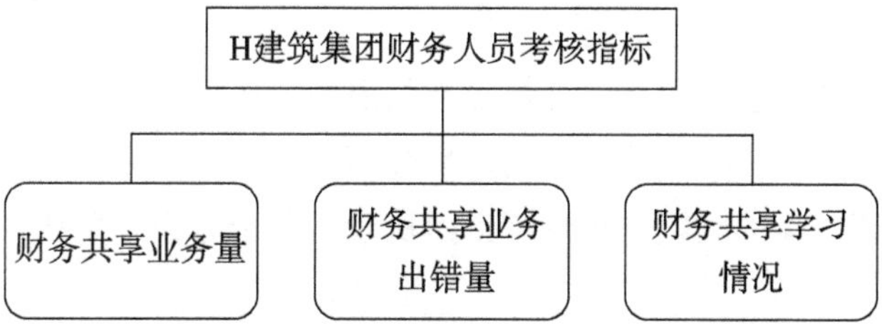

图 10.11　H 建筑集团财务人员考核指标

财务共享业务量分为两种：一种项目部财务人员在一个考核期间所提交处理的业务量，第二种是在一个考核期内，财务共享服务中心审核人员审核的业务数量。财务共享业务出错量是指在日常财务工作中因自身操作或审核失误而产生的财务业务量。财务共享学习情况是指财务人员参加集团总部或项目部举行的财务共享知识学习会议情况，包括参加学习会议的次数以及学习的效果等。用财务共享业务出错量除以财务共享业务量可以得出财务人员在进行日常财务工作的财务共享业务出错率，出错率反映了财务人员对财务共享知识的掌握程度以及财务人员的工作能力。集团将上述考核指标的完成情况纳入年终绩效奖金发放的衡量标准中，以激发财务人员对财务共享工作的积极性，提高财务人员对财务共享的重视程度。同时，考核情况能系统反映出财务人员对集团财务共享知识的掌握程度，便于集团高层针对性制定财务共享学习计划，降低人员变革风险。

此外，H 建筑集团针对财务人员的晋升通道，进行了相关优化。原有的员工晋升考核标准更重视员工的基层工作经验时长与表现。财务共享服务中心建立后，原有的员工晋升考核标准不能满足推进财务共享服务的需要，财务共享服务中心对很多大数据技术、影像扫描技术等高科技设备的使用，对员工技能提出了新要求，若按照原有的晋升考核标准，无法体现出对新技能、新技术的重视，则不利于员工重视财务共享服务的学习，倘若让这些没有熟练掌握集团财务共享服务知识的员工晋升，势必会影响日后财务共享服务工作的进行，也会影响其他员工的积极性，尤其是新员工，可能会与其对职业发展的期望有所偏差，带来人才流失。其他员工可能会认为只要在基层项目上工作的时间足够长就可以晋升。因此应当搭建符合集团财务共享服务推进的员工晋升通道。

将 H 建筑集团财务人员的晋升考核标准由基层工作经验为主变为以基层工作经验为晋升点，对集团财务共享服务的掌握程度为通道的方式。具体如图 10.12 所示。

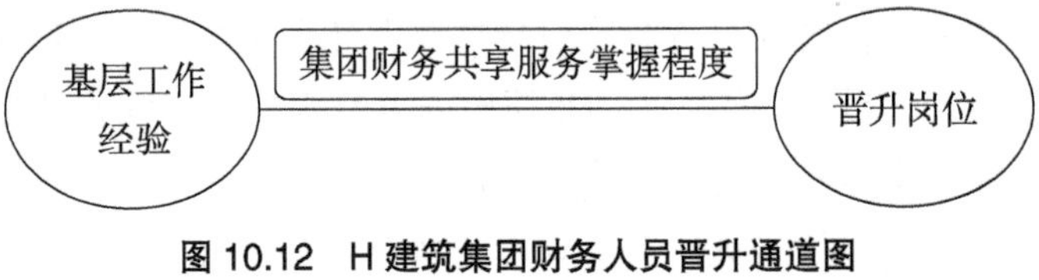

图 10.12 H 建筑集团财务人员晋升通道图

搭建该晋升通道的意义在于将对集团财务共享服务的掌握程度纳入了员工晋升考核范围，不仅能够有效提升员工对财务共享服务的重视程度，也能降低财务共享服务中心的人员变革风险，而且晋升后的员工在拥有基层工作经验的同时也能够更好贯彻落实相关财务共享服务工作，更高效地为企业服务。

（3）流程变革风险防范优化措施

针对财务共享服务中心建立后部分项目部的财务工作人员仍固守旧财务操作系统工作方式、财务工作流程的不统一导致输出的财务数据各不相同的问题，降低了财务数据的质量从而增加流程变革风险的问题，H 建筑集团从以下两个方面入手统一了财务共享服务工作流程。

第一个方面是将日常财务共享服务工作的标准流程以书面的形式出版成册，并下发至集团项目部每个财务人员，要求项目部管理层定期组织相关人员对财务共享服务操作流程进行学习，同时不定期对各项目部的财务工作进行抽查，监督管理项目部财务人员严格按照统一的财务共享服务操作流程进行项目部日常财务工作；第二个方面是建立惩罚机制，对不按照统一的财务共享服务操作流程进行日常工作的财务人员进行处罚，处罚标准可以按照事态的严重程度给予警告、通报、开除等处分，为统一财务共享服务工作流程建立高压线，确保整个集团的财务共享服务工作统一。

同时，H 建筑集团财务共享服务中心为加强系统稳定性，增加流程监控关键点。财务共享平台系统的稳定性会直接影响财务共享服务工作的推进，同时不稳定的财务操作系统也会极大增加其流程变革风险。H 建筑集团是国内首批推行财务共享服务的建筑企业，并且其集团内部规模庞大，财务共享平台需要承受巨大的财务数据冲击，因此在财务共享平台上线后系统极其不稳定，导致财务工作流程进度停滞，甚至出现连续几天无法正常进行日常财务工作流程的情况，降低了项目部财务工作的效率，也增加了系统财务流程变革风险，影响 H 建筑集团财务共享服务工作的推进。因此加强 H 建筑集团财务共享系统的稳定性并且增加流程监控关键点对于降低流程变革风险至关重要。

H 建筑集团建立财务共享系统应急技术团队，有针对性地解决财务共享系统在工作中出现的系统问题，确保日常工作流程畅通。同时定期更新优化财务共享平台，组织技术人员及财务人员定期检测日常工作流程的运行效果，发现问题并及时解决。组织技术人员定期对财务共享系统进行优化，不断完善财务共享平台的功能。此外，对经常出现财务业务错误的工作流程进行重点监控，分析流程问题的成因，增加对应关键点，避免再次出错，同时整理出问题分析报告，开会研究解决方案，确保系统高效运行，财务共享流程运行无阻。

H 建筑集团建立了财务共享服务中心问题反馈—解决机制。H 建筑集团在建立财务共享服务中心后，由于缺乏行业财务共享服务中心经验指导，并且由于项目制管理模式的因素，虽然推行中出现了较多问题，但基层项目部财务共享平台出现的问题很难反馈至集团管理层，大多数情况下是在财务共享服务中心出现问题后，由财务共享服务中心管理层通过开会解决问题，基层项目部财务人员则是等待问题解决，这种自上而下的问题解决方式仅仅是在问题发生后的补救措施，同时解决问题所耗费的时间成本也是很大的，降低了财务共享服务中心的工作效率，并且增加了流程变革风险。因此建立问题反馈—解决机制十分必要，具体做法如图 10.13 所示。

第一步，由 H 建筑集团基层项目部财务人员在进行日常财务工作时发现相关问题，将其记录下来。第二步，由各基层项目部财务人员对相关问题进行分析讨论，找出问题的关键点。第三步，针对问题的关键点提出可行性的建议，并整理出分析报告。最后一步，将分析报告提交至财务共享服务中心管理层，由管理层决策，并优化财务共享服务工作流程，从根源上解决问题。这样的问题反馈—解决机制可以做到在问题出现之前优化相关工作流程，也能够增强项目部财务人员财务共享服务工作的参与感，完善财务共享服务工作流程，降低流程变革风险。

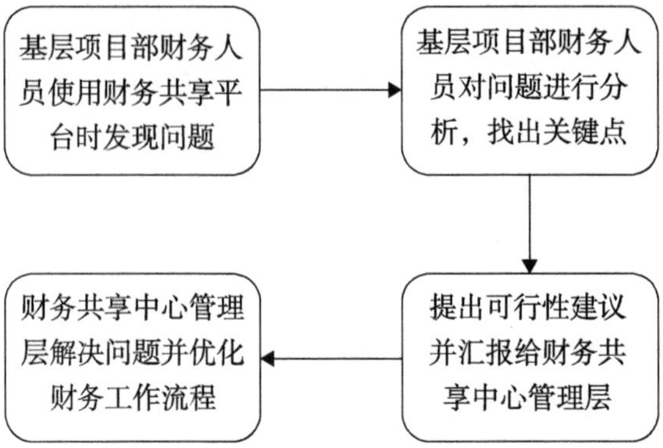

图 10.13　问题反馈—解决机制图

（4）运营管理风险防范优化措施

H 建筑集团财务共享服务的推行，整个集团的财务数据都需要在财务共享平台进行数据的输入和输出，财务人员可通过财务共享账号获取财务数据。但是鉴于 H 建筑集团项目部的管理模式，容易出现基层项目部人员通过使用权限高的财务共享账号进行登录，从而获取相关财务数据的问题，若财务数据泄露，对集团造成较大损失。因此为了确保财务共享服务中心财务数据的安全，建立数据安全管理中心势在必行。

H 建筑集团财务共享服务中心的数据安全管理中心的工作内容主要包括以下三点：确保财务共享账号的安全、发布财务数据异常流动警告、加强宣传财务数据安全知识。

在确保财务共享账号安全方面，提升财务共享账号密码的设置难度，并定期提醒集团财务人员进行密码修改，设置财务共享账号异地登录提醒，对不经常登录财务共享账号的电脑 ID 进行记录并及时通知当事人。绑定财务共享账号与所属员工的手机号码，确保财务共享账号每一次登录财务人员都能及时掌握登录信息，保障财务共享账号安全。

在监控财务数据异常流动方面，加强对财务数据异常下载及上传的监控，及时停止异常的财务数据上传并迅速找到相关责任人，并通知财务共享服务中心管理人员。对于财务数据的异常下载也应当及时查询该共享账号的权限，及时制止不符合权限的共享账号并迅速锁定，同时通知财务共享服务中心管理人员，对其进一步调查及处分。

在加强宣传财务数据安全知识方面，H 建筑集团财务共享服务中心将数据安全知识整理成册，对可能出现的财务数据安全问题进行详细的阐述并提出相关解决方案，定期组织相关财务人员学习，同时制定惩罚机制。集团不定期对财务人员进行安全知识抽查，加强财务人员对财务数据安全的重视程度，引导财务人员自觉保护集团财务数据安全。

H 建筑集团财务共享服务中心的运营管理风险的主要来源还包括运营成本及后续优化成本，但是持续运营及优化财务共享服务中心是必不可少的，因此 H 建筑集团并不能贸然降低维护财务共享服务中心日常运行的成本。相应地，应考虑增加收入去对冲成本的增加，进而达到降低运营管理风险的目的。H 建筑集团通过积极扩展财务共享服务中心的增值业务，从而降低运营管理风险，并且在集团战略规划上扩展企业其他业务收入来源，增强企业核心竞争力。具体而言，集团可以发展财务共享服务咨询业务，为一些想要建立自身财务共享服务中心，推行财务共享服务的建筑企业提供相关经验咨询业务；也向同行业企业提供财务共享服务。由于 H 建筑集团财务共享服务中心已经迈向了平稳发展期，可以在财务共享服务中心下建立一个扩展业务部门，主要面向建筑企业中想要实行财务共享服务却没有足够研发资金的企业，为它们提供财务共享服务从而收取服务费。扩展财务共享服务中心的增值业务不仅能够增加企业收入，降低运营管理风险，也能丰富企业获取利润的方式，提高企业竞争力。

10.2.2　其他企业财务共享服务中心风险防范案例

1. S 集团财务共享服务中心

S 集团是从事桥梁建筑科学技术研究、勘察设计、项目施工、机械制造于一体的大型工程建筑企业。随着企业规模扩大，产业多元化，出于集团发展的战略需要，企业对公司内部的财务要求更加严格，拥有强大的数据汇总功能的财务共享中心便显得尤为重要。第一，财务共享服务中心通过统一的标准化管理模式可以实现母、子公司的统一管理，使整个公司的核算系统更加规模化。第二，经济业务有统一的核算标准，并将流程规范到财务共享服务中心，加强了财务管理内部控制，尤其是资金的控制。基于财务共享平台，使信息得以顺畅交流，集中有效地解决了信息分散、内容失真等问题。同时财务数据的共享使业务财务数据有效融合，为企业管理者提供有依据的决策支持。第三，企业的经济业务活动均体现在会计处理上，财务流程的标准统一将促使下属公司的财务工作更加规范，从而促进集团整体财务管理水平提升。综上，S 集团决定成立财务共享服务中心。

S 集团的财务共享服务中心由 S 集团牵头、下属重要子公司联合组建，基本思路是统筹共建、强化互补。由 S 集团研发平台，前端接入重要业务信息系统，如物资管理、成本核算、机械设备管理、税务资金管理等，财务共享平台将数据流直接推给财务共享服务中心，使财务共享服务中心成为“数据池”。同时 S 集团在硬件上提供资源保障，确保财务共享中心平台的成功设立。组织架构方面，S 集团财务共享中心隶属于 S 集团财务部，下设收付业务科、资产费用科、收入成本科、总账报表科、业务监察科、资金结算科、票据管理科、呼叫中心和综合办公室。制度和管理方面，财务共享服务中心分别拟定了各项机构与岗位职责标准，同时制定了经营管理、绩效考核、专业轮岗、培训学习、呼叫中心、稽核及管理等各项工作流程为主要内容的管理体系，形成了财务共享平台管理方案。

但是，S 集团财务共享服务中心内部控制也存在较多问题。归纳起来，主要有内部组织架构较为简单导致的责权不明、人力资源管理不完善导致的人员压力较大、无独立的风险管理部门、缺乏针对性的风险管控能力、风险管控机制薄弱、内部监督不足等。此外亦存在信息沟通渠道不畅通、业务流程不顺畅等问题，从而增加了财务共享服务中心的组织、人员与流程风险。

针对上述问题，S 集团财务共享服务中心的风险控制优化方案主要从改善内部环境、建立健全风险评估机制、加强控制活动、健全内部控制管理体系入手。首先，优化组织架构的层次，以制度形式明确权责，加强人力资源管理，加强对人员的业务培训并优化考核机制，完善控制系统，持续优化业务流程。同时强化信息平台的软件建设，保证沟通渠道畅通。更重要的措施是针对风险管控方面，设立财务共享服务中心风险管理科，专门负责财务共享服务中心出现的风险问题，明确财务共享服务中心建立风险管理科的目标，配合集团风险管理部门牵头的内部控制项目建设小组的工作，制定出财务共享服务模式下的内部控制制度。同时预判财务共享服务中心可能出现的风险并制定有针对性的措施，日常向集团总部的风险管理部门报告，定期排查风险因素。

2. A 企业财务共享服务中心

A 企业是 1950 年成立的建筑企业，业务范围涵盖众多基础建设领域，包括铁路、公路、市政、房建、城市轨道交通、水利水电、机场、港口码头等，同时实施多元化战略，在勘察设计与咨询、工业设备和零部件制造、房地产开发、矿产资源开发、高速公路运营等业务方面亦有涉猎。A 企业有四十多家二级下属分公司，其中特大型施工建筑公司十多家、大型工业制造和科研开发公司三家。为解决集团独立法人多、产业集群规模扩大和多元化产业扩张对财务工作的高要求和新挑战，A 企业成立了财务共享服务中心，旨在解决财务管控难度大、资金风险存量大、业务标准难以统一等现实问题。

A 企业的财务共享服务中心是以财务资金为主，集人力资源、生产经营、市场开发、风险管理、综合管理等企业所有经济业务活动为一体的综合服务中心。其影响辐射到业务前端，下沉到所有成员单位。其信息系统由影像传输系统、综合报账系统、业务综合处理系统组成。A 企业成立财务共享服务中心后，重塑了原有财务部门组织架构，使得财务部门更注重账表、预算等管理型工作，逐步成为业财融合型企业，加快了企业财务管理转型。

虽然成立财务共享服务中心后，A 企业短期内财务绩效得到了一定的正向效果，盈利能力和营运能力亦有所提升，但偿债能力和成长能力仍需加强。短期看来，实施财务共享服务中心长远效应仍需观望，还需进一步完善财务共享服务中心模式，故 A 企业亦在风险防范上作出了一定的尝试。

首先，A 企业完善了财务共享服务中心流程与信息建设，提升了应付账款流程的规范性。A 企业应付账款流程则因为涉及付款的确认，其方式包括工程款类挂账支付、物资类挂账支付、设备租赁类挂账支付等，相对比较复杂，应注意事项较多。例如对于物资类挂账支付来说，应注意采集发票信息，包括实体发票的接收和扫描，目的是需要提取发票关键信息作为后期处理依据。提取发票信息有两种方式，一是在供应商管理系统中录入后直接选取，另外一种是通过发票影像扫描传输至数据业务处理中心，过程中有一定的数据传输风险。因此，在审核过程中，应特别注意核查影像信息是否在采集过程中将发票信息、付款信息、账务信息等全部准确录入，支付审批流程是否完整流转等。对比无误后，单据将进入综合报账系统中完成相关账务处理。前期系统性应付流程处理完成后，该笔付款资金将在资金结算支付流程中发起，该笔可以在应付账款模块中导出网银接口标准的支付数据，通过网银或者银企直连线上操作，避免发生重复付款；支付完成后，通过供应商管理系统及时告知供应商，并接受其银行回单查询。从中可见，A 企业的应付账款管理流程操作对准确性和规范性要求极高，不规范的操作可能导致一系列财务风险问题。为规避风险，A 企业应严格规范业务提交和付款业务操作流程，加入特定保函上传节点，定期更新并设置预警提示时间，且在操作手册中依据单据业务类型制订统一付款流程中附件审核标准要求。另外对于员工业务操作水平要求也设定阶段性的评价机制，安排季度性考核，以有效提高员工审核处理单据的准确性和积极性。

其次，加强数据信息库的处理及维护，保障日常工作时间处理单据的准确性、安全性和可靠性，严防黑客攻击引起财务数据信息泄露，优化应用软件智能化设计，避免频繁出现业务操作环节卡顿，提升财务共享服务操作水平。

再次，建立风险分析与应对体系，完善财务风险评估体系。A 企业财务共享服务中心系统以共享中心信息平台为基础，并依托自身财务数据构建成立风险评估预警相关体系，及时有效对财务数据异常指标进行评估和分析，为企业进行后续风险评估提供方向。利用信息系统建立数据模型，在数据达到一定的指标时，会自动对应出风险信息类别，传输至风险管理部门并生成相应的风险评估报告。当出现重大风险类别时，也可同时传输至企业高层管理部门。

第 11 章　财务共享的未来发展

11.1　财务共享理论与实务的拓展

11.1.1　财务共享理论基础与实务发展

1. 财务共享理论基础

德尔文（Devon）认为实施财务共享服务的关键主要在以下方面：企业使命与客户目标一致、企业知识管理水平不断提高、财务及业务流程标准化以及科学合理的绩效考评等。实施的关键要素在于：共享服务使命与客户目标一致，以实现企业战略规划为目标，强化目标的落地执行，实现成本有效控制、效益持续提升；财务及业务流程标准化，流程标准化涉及所有流程人员的操作习惯和操作感受，改变管理习惯和操作习惯需要一个长期过程；不断提高知识管理水平，具有前瞻性思维和先进的知识转化能力，构建全面的知识架构体系；建立科学合理的绩效考评机制，引导业务质量、效率不断提升。

2. 财务共享实务发展

近年来，财务共享服务中心建设正呈现快速增长的趋势。在对业务范围的调查中显示，费用报销、应付账款、总账、应收账款、现金结算和财务报告作为排名前六的财务流程，被各企业优先纳入财务共享服务中心的业务范围。2017 年，ACCA 与中兴财务云、通用电气公司共同发布的《中国共享服务领域调研报告》显示，在影响运营管理的关键要素方面，高达 80% 的企业更关注业务处理质量、业务处理时效、服务满意度，关注业务处理成本的占 45.1%，关注企业盈利水平的仅占 8.8%，由此可以说明现阶段的财务共享服务中心建设更关注运营质量的提升而不是运营成本。基于业财融合的财务共享服务中心建设实践，将财务管理的规范性融入业务管理各环节，通过业务流程和财务流程的有效对接，推动管控重心前移、业务管理规范，实现以核算促管控、以资金控制成本的目标，为业财融合的财务共享服务中心建设提供了有效路径。国内外财务共享服务模式，在理论上均把“加强管控”“创造价值”作为财务共享服务模式应用的发展方向。

财务共享服务中心的业务范围，集中于与管理决策相关度较低、发生频繁且易标准化的财务核算流程，包括费用报销、采购到付款、订单到收款、成本核算、固定资产核算、总账到报表等。ACCA 与中兴新云、上海财经大学联合开展“中国共享服务领域”调研显示，除了核算流程，36% 的财务共享服务中心还承担了资金结算、发票管理、纳税申报等财务工作。财务共享服务中心从核算共享逐渐向资金共享、税务共享一体的方向发展。

智能财务发展过程中存在的一些问题值得关注。宏观上缺乏统一的专业指导，各自为战，部分财务共享平台存在财会与业务隔离和信息孤岛，难以实现业财融合，没有很好地解决共享后向管理转型的问题。同时，平台与上下级财会机构的管理职能交叉不清，平台的职能和价值并不能得到有效发挥。专业化分工和组织设计与流程匹配是共享服务中心在进行内部组织架构设计时应当主要考虑的因素。组织架构设计是共享服务中心的效率保障，智能平台、财务转型基础和总部财务管控方式是共享服务中心的主要定位。大多数共享服务中心属于公司总部财务部门的下属组织单位，但共享服务中心应当具有一定的独立性，这样有利于增加管理灵活性，提高运营效率，实现企业的价值创造。应当保持财务共享服务中心与战略财务和业务财务之间的协作关系，建立有效的沟通合作机制，进一步推动企业财务转型，帮助企业进行有效的经营管理，将数据变为信息和价值，推动企业的发展。

流程再造与优化是共享服务中心的核心能力，是服务效率提升、持续优化的重要保障。

对财务共享服务中心而言，无论是业务变化、问题导向、绩效要求，还是系统优化，都不可避免地会带来流程再造的需求。信息技术是财务共享服务中心数字化转型的动力。一方面，共享服务的高效运营需要互联互通的系统平台支持，信息系统的架构、功能以及与业务系统、其他财务系统的集成，是系统规划的重要内容，关系着财务共享服务中心能否实现端到端流程效率与流程自动化的提升；另一方面，数据的价值得到了共享服务中心的空前关注，从企业经营数据的采集、处理到分析利用，财务共享服务中心利用财务信息化的创新，更有能力将数据转化成信息、凝结成知识，最后形成企业自身的智慧，这也是财务的价值实现。

运营管理是财务共享服务中心持续发展的引擎，基于流程管理的重组和优化，财务共享服务中心得以使共享模式标准化、规模化、高效化的优势不断凸显。

运营管理中最重要的一环是高素质财会人员，高素质员工是财务共享服务中心的主要承载者，推动共享服务建设与企业员工能力培养相结合，是提高企业人力资源利用效率的重要途径。智能财务的发展涉及我国千万财会人员转型，是一次由传统财会向管理服务型财会的转变，高素质的财会人员使得财务共享的作用、地位和价值全面提升，为集团企业管理和社会经济发展提供高质量服务。

11.1.2　拓展财务共享服务的意义

成熟的财务共享服务中心承担了企业或企业集团内部大多数分子公司、分支机构的财务基础业务。成熟运营的财务共享服务中心业务标准化程度高、运营管理体系规范，能够释放更多人力从事更高附加值的工作，促进财务转型，推动企业价值提升。大数据正在也必将对研发、设计、制造、供应链、营销、服务等价值链的各个环节进行创新、优化和提升，并重构企业智慧。在未来，大数据将成为提升机构和公司竞争力的有力武器。企业与企业的竞争已经演变为数据的竞争，重视数据资源的搜集、挖掘、分享与利用，已成为当务之急。成熟运营的财务共享服务中心，从交易数据采集、财务处理到数据分析，流程自动化程度较高，应用了商旅系统、供应商协同平台、增值税进项发票管理系统、增值税销项开票系统、合同管理系统、电子报账系统、电子影像系统、电子档案系统、资金管理系统、银企互联等信息系统。信息技术的应用极大地提升了财务共享服务中心的业务效率和服务能力，并推动财务共享服务中心向企业“数据中心”转型。财务共享服务中心能够成为企业的数据中心，是因为企业经营过程中的所有信息都会以财务数据的形式呈现。同时，大数据提供的全方位、多视角的信息使企业的财务决策和经营战略更加贴合企业，能够有效提高企业的经营效率。财务共享服务中心的价值并非主要体现在降低成本上，而是通过共享的流程化、自动化和集约化优势，将企业财务管理资源释放至更有价值的业务活动中。

成熟运营的财务共享服务中心，业务标准化程度高，组织内部按照流程、业务模块分工明确，保证了服务质量，有利于最佳实践的推广。

成熟运营的财务共享服务中心，有完整的运营管理机制，包括绩效管理体系、全面质量管理、流程优化机制等，有利于财务共享服务中心的稳定运营和持续改进。

财务共享服务中心内涵外延价值拓展仍处在探索阶段，从决策支持、风险控制、人才培养三个方向提供增值服务，在加强内部价值链管理的基础上，通过与银行、税务等外部参与者的信息化联通，拓展全价值链管理能力；积极拓展外部市场，推动财务外包服务中心建设，由内向型服务组织向外向型、创效型服务组织转型，为财务共享服务中心价值拓展提供了探索方向。

11.2 财务共享模式下的业财融合

移动互联网信息技术的发展与普及，倒逼企业经营者通过数字化信息迅速发现经营问题，并做出经营决断。传统财会工作难以渗透到企业的业务领域，产业与财富的融合也势必给新时期的企业管理者带来思想的创新。

近几年来，业财融合是财务转型阶段被财务界热议的话题，业财一体化成为企业信息化建设的重点。ERP 系统的普及给业财一体化的实现提供了条件，但 ERP 系统以财务为核心，信息化更强调“管控”，这导致业财一体化项目往往不重视对业务的赋能。同时，信息化时代的企业管控更强调流程化作业，相对比较固化，因此，ERP 系统重点是保证经营计划的合理性、业务流程的稳定性和财务数据的准确性。

很多企业内部经营活动可能远离外部市场，使得业务部门普遍缺乏经营活动分析能力。财务智能化可以促使 ERP 系统赋能业务，促使大部分企业经营活动实现业财一体化和财务共享核算，也可以丰富经营分析的功能，加之信息化时代的系统建设采用项目制，也在一定程度上导致企业智能化管理和业财一体化项目的自我进化。

11.2.1 业财融合面临的挑战

数字化时代的新挑战主要体现在人才、流程、技术和信息四个方面。

① 人才：数字化复合型、流通型人才，主要是管理会计人才的培养成为迫切的需求。

② 流程：业财一体化流程的智能场景应用，推动财务管理智能化升级和一体化建设。

③ 技术：智能新技术的应用要求财务人员打通 IT，建立财务 IT 翻译器职能，财务信息化管理要专业化、常态化。

④ 信息：业财融合使信息得以快速实时响应，利用数据建模进行预测，打通数据资产中心的变现渠道。

数字化时代需要复合型、流通型的人才。这要求财务人员不仅要熟悉业务、清楚财务，更重要的是要能够掌握智能化财务管理信息系统，明白什么样的业务场景造就什么样的智能财务数据、流程和信息，明白数据和信息是核心竞争力，技术和流程是企业管理的核心要素。

11.2.2　业财融合的含义

面对新时代的新挑战，业财融合的含义也正在发生变化。从字面意思上理解就是：财务要懂业务，业务要懂财务，要融为一体，要互相参与。最好的方式是将财务和业务放在同一流程上进行财务核算，共享同一数据和系统，以此促进数据共享和统一财务指标。在思维方式和工作方法上，智能化可以促进业务与财务进行彻底融合，当财务流程打通的时候，应该从业财融合方向去建立财务共享服务中心，即业财融合是一种共享思维方式，需要顶层设计来推动。这一切清楚地表明业财融合是一个生态，在这个生态中存在多种多样的场景，多种多样的价值链，对业财融合的理解是一个不断探索的过程。重新认识业财融合，需要建立业财融合的生态观，这既是顶层设计，也是基础架构；既是管理理念，也是工具方法。

业财融合不只是业务和财务的融合，而是要打通企业全场景的生态链，将财务管理方式和人员融入业务活动，实现业务与财务数据、业务处理流程和信息系统的全面共享与融合，以提升企业应对复杂多变环境的能力，实现高效敏捷决策。

如图 11.1 所示，实现业财融合的关键是数据、流程和系统的全面共享融合。

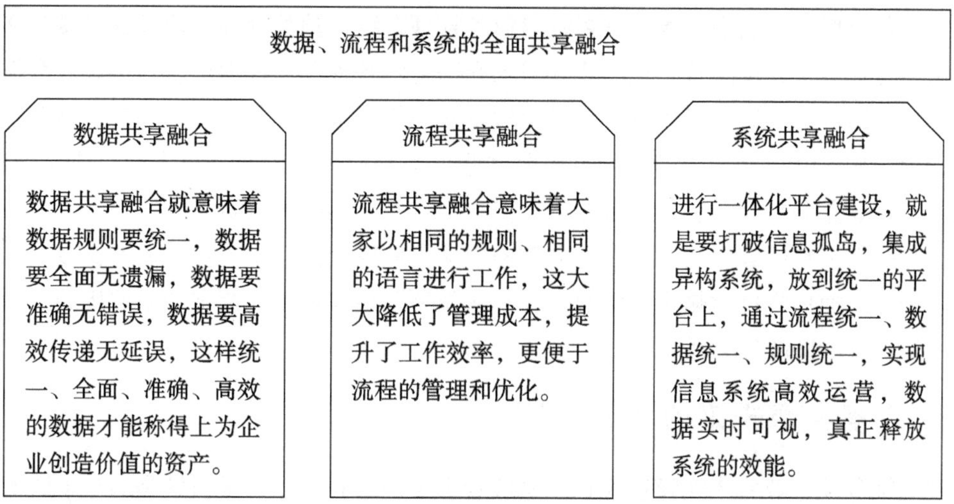

图 11.1　业财融合的关键

首先，企业的业务财务基本数据要融合，以确保提供供应商主数据，充分分析客户主数据，了解人力资源主数据，实现统一设立人岗匹配规则，建立全业务流程的统一标准。其次，流程也是共享融合的。在实务中，业财融合流程取决于企业发展的阶段，但是，终极目标是要穿透到最前端的业务流程，穿透上下游供应商和客户，穿透产业链。最后，系统的共享融合对组织和流程的融合能够形成很好的助力，核心仍然是形成数据流程系统的合力，为组织变革和管理水平提升赋能。

11.2.3 数字化时代业财融合系统方案

1. 实现财务流程和业务流程同步化

再造公共服务类企业的财务流程与业务流程的契合关系，通过业务与财务核算的高度匹配和及时融合，实现前端业务流程的网络化，解决业务流程和财务流程之间的脱节现象。例如，在经济业务发生时，首先处理实时业务凭证数据，以原始凭证为依据，自动生成记账凭证、财务账簿和会计报表，实现业务信息和财务信息在业财融合中的一致性、同步性和完整性。

2. 统一数据标准和业务系统软件

按照财务管理要求，结合企业现有的信息化基础，制定规范化、统一化的基础设置规范，实现各业务板块财务数据的标准化。数据标准化将为实现多组织的数据集中管理和分析奠定良好的基础，同时，整合各业务系统软件，实现同一板块业务系统的统一，在数据标准和各业务系统软件统一后，再将业务系统与财务系统对接融合。通过规范的管理流程，制定相关的系统制度，加以系统的信息集成，调整相关的信息设置，为企业提供准确的数据信息，将大数据系统与财务数据对接，从而达到有效的事先预测、计划与决策程序，实现事中控制。

3. 通过业财融合实现财务智能分析

推进业财融合，实现财务管理系统与业务管理系统、预算管理系统等的对接。在传统财务指标的基础上，按照差异化的业务需求准确提供各种业务数据信息，将业务数据与业务活动紧密结合，并进行财务分析，以此对企业内部经济活动数据进行加工、整理，分析了解管理层所关注的企业经营指标。以公共服务类企业中的供热企业为例，业财融合后，可以通过智能化分析其购热量、售热量、应收采暖费、实收采暖费、收费率、客服工单等指标，并根据换热站或者用热小区，自动进行横向和纵向的基于财务数据的比较，以帮助决策者全面快速地掌握供热企业经营状况，从而便于决策者及时制定和采取措施，提升企业的经济效益和防范经营风险的能力。

11.3 财务共享未来的六个转变

共享服务是企业集中式管理模式在财务管理中的最新应用，其目的是通过一种有效的运作模式来解决大型集团公司财务职能建设中的重复投入和效率低下的弊端。财务共享服务在集团财务管理方面的应用主要是将集团下属公司的各种财务流程集中在一个特定的平台完成，通常包括财务应收、应付、总账、固定资产、现金管理等的处理。这种模式在提高效率、控制成本、加强控制、信息共享、提升客户满意度以及资源管理等方面，都会带来明显的效果。同时，借助信息技术的先进成果，财务共享服务将在未来实现以下六个方面的转变（见图 11.2），将使得集团财务管理更具现实意义。

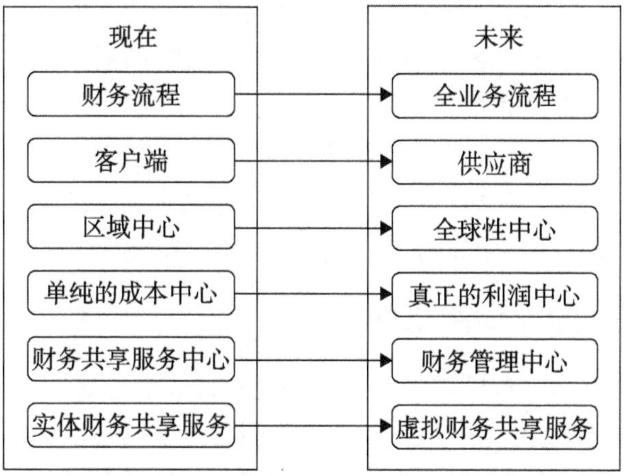

图 11.2　财务共享服务未来的六个转变

11.3.1　从财务流程到全业务流程的持续改进

由于企业业务领域的拓展、组织结构的变化、战略目标的转变，流程管理不可能一次完成，而是一个持续性的过程。这就需要在财务共享服务中心内部建立不断进行自我优化的机制，从而实现作业流程的持续评估、改进和提升，以满足公司成本、战略、合规性上的要求，避免由于流程等相关内容不能适应变化导致财务共享服务质量的下降。财务共享服务中心业务流程的持续改进同样可以通过细节改进、流程再造的方式实施。但无论通过何种方式落实，财务共享服务中心的持续流程改进的目标不能脱离企业整体对于公司战略、成本、效率或者合规性方面的要求。同时，持续改进也给财务共享服务中心尤其是管理者团队提出了较高的要求，管理者不但需要具有改进变革流程的技能技巧，更重要的是要有持续改进的意识、敏锐的洞察力及坚定的信念去推进一项项改革。因此，财务共享服务中心需要为此配置合适的管理团队去不断推进持续改进工作。

财务流程的持续优化无法与企业的业务流程完全分割开来，财务流程或多或少会涉及业务流程，这也正是通过财务共享服务中心达到集团管控目标的重要手段之一。无论是会计核算作业的集中、资金结算的集中，还是财务信息的集中，都迫使企业的业务流程、业务系统实现集中化的管理。这就使原本分散的风险处于集中、可控的状态。由此，无论业务前端意愿如何，企业都会在不知不觉中带来一系列业务流程的改变。

11.3.2　从客户端到供应商的全过程转变

随着地域概念的模糊，IT 系统不断完善，尤其是基于互联网的电子商务广泛使用，财务共享服务中心的功能将进一步扩展，作用也将逐渐扩展到从客户端到供应商的全过程，继续注重企业信息流的管理，使得管理层更快捷地获得高质量的业务数据。

财务共享服务的规模化效应，更多地体现在端对端的作业方面。员工完全实现自助报销，基层的财务部门在这个过程中不再承担主要的职责，而是完全由财务共享服务中心来完成。当然，这要求财务的处理流程尽量简化，财务系统的操作界面非常友好。另外，如果想要进一步实现会计核算向业务前端甚至是供应商的延伸，离不开便捷的支持服务。例如，财务共享服务中心可以为企业提供商旅服务等拓展性的服务。这些服务使得企业的任何一项经济活动的结果直接体现在会计核算系统中。员工在出差过程中发生的供应商选择、付款、审批等环节，完全处于后台运作，不需要企业员工的直接参与。此外，企业建立供应商门户也是典型的财务共享服务向供应商延伸的应用。供应商通过企业供应商门户可以实现和财务共享服务中心之间的直接信息交互，大幅减少中间流程环节。

11.3.3 从区域中心向全球性中心发展

财务共享服务的全球化布局对西方国家来说是过去而不是未来，建设一个区域的财务共享服务中心还是全球性中心，取决于企业集团的发展战略。财务共享服务在西方兴起之初就是带着全球化的动机出发的，很多大型跨国企业集团会建立一个全球统一的财务共享服务中心，解决其全球的会计核算操作。或者它们会分别在美洲、欧洲、亚洲建立洲际财务共享服务中心，让更多的员工享受财务共享服务的便捷。随着中国地区财务共享服务管理理念、信息系统、业务流程的提升与改进，依托地区成本优势，以及英语及日韩语系人才储备的逐步充足，中国地区在跨国集团全球选址中地位逐步提升。但对于中国企业来说，财务共享服务的全球化布局仍然是一个新的课题，也是未来发展的重要内容之一。

在谈到中国财务共享服务中心向全球化发展的话题时，从为何需要面对全球化、全球化最大的挑战在哪里、全球化布局的核心策略如何以及成功的技术要素四个方面来展开探讨。

1. 中国财务共享服务中心为何需要面对全球化

实际上，对西方国家的财务共享服务中心来说，全球化的动机是非常容易理解的。由于人工成本的差异，在西方国家基础劳动力稀缺、人力成本高昂的背景下，采用离岸业务处理或者近岸业务处理的方式，将财务流程全球化运营能够获得显著的成本效益。在中国的具有语言背景和财务专业背景的硕士生，起步待遇是月薪 1 000 美元左右，这个成本在美国至少要达到 2 ~ 3 倍，甚至更高的水平。

但对于中国企业来说，并不需要通过全球化的部署来降低人力成本，中国境内的差异化选址本身就能达到同样的效果。那么到底是什么在驱动中国财务共享服务中心向全球化发展呢？以下几个因素值得考虑。

（1）中国企业的全球化布局需要海外的财务服务支持

今天，中国企业海外布局的步伐仍然在加速，全球化中典型的企业如华为、中兴、联想、海尔等都在全球范围内积极展开布局，如华为、中兴在人口百万以上的国家设置了分公司、子公司或办事机构。如此大量的海外机构，若依靠分散式的财务支持，一方面成本高昂、效率低下，另一方面会出现人员难以配置到位的局面。通过建立面向全球的财务共享服务中心，能够很好地解决此类问题。如华为早期在海外部署了多个财务共享服务中心，分片区支持海外的财务共享作业，中兴早期也部署过多达八个海外财务共享服务中心进行财务支持。而当前通过国内统一的全球共享服务中心的建设，将海外业务逐步转回，进一步提升了全球化支持能力。

（2）中国企业需要面对越来越多的海外商业的财务服务支持

另一个场景，中国企业早已不再是简单地自己和自己做生意。在全球化的环境中，越来越多的企业将商务贸易拓展到全球范围。在这种情况下，即使在海外没有大量的业务机构，也必须要面对价值链的全球化，也就是说需要面对大量的海外供应商、客户和金融机构。在这一背景下，对财务的要求也上升到了新的高度。即使在国内财务共享服务中心展开如火如荼建设的大环境下，对海外财务业务流程的支持还是相对基础和落后的，涉及全球化的系统建设、流程的对接对传统财务来说始终是个痛点。而财务共享服务中心的建立和成熟，使中国企业能够站在一个比较高的起点重新来审视这个问题，通过依托新技术和流程的运营升级，来支持海外商业的高速发展。

（3）中国财务共享服务中心转入商业化外包服务后自身的全球布局

最后一个场景是针对那些有志于将自身转型为服务外包商，并且放眼全球的财务共享服务中心来说的。服务外包是财务共享服务中心一个重要的功能拓展方向。国内的市场环境由于缺少价差，并不利于财务共享服务中心转型服务外包后的大量业务承接，而放眼全球，去承接海外企业的财务共享服务业务可能是更为可行的路径。这就要求此类财务共享服务中心要去构建全球化的服务能力。

2. 中国财务共享服务中心全球化最大的挑战在哪里

中国财务共享服务中心进入全球化进程后，并不是一路光明，对我们来说，全球化这件事情和西方国家相比，成功和失败的经验都少了很多，并且也由于各方面因素面临不少的挑战。我们从不同国家差异化的监管政策、语言和文化差异、时差、初始设立成本四个方面来谈谈中国财务共享服务中心全球化的挑战。

（1）不同国家差异化的监管政策

中国财务共享服务中心走向海外的时候，并不能简单地复制国内财务共享服务中心成熟的模式。在全球范围内，不同国家的监管存在极大的差异。实际上，中国本身就是监管显著差异于其他国家的代表案例。因此，当中国财务共享服务中心带着在国内特殊环境中形成的运营流程和运营模式走向海外的时候，会发现很多场景已经不再适用，需要根据每个国家差异化的实际情况来进行流程和作业规则的再设计。如有的国家对于数据、单证的出境有限制，那么在海外设置跨国的区域作业中心就可能存在问题。当然，好的事情是全球范围内在会计准则上是趋同的，这让我们可以将更多的精力放在其他监管领域。

对于差异化监管政策的消化需要有一个循序渐进的过程，也可以借助第三方的服务机构来快速形成这样的能力。

（2）不同国家的语言和文化

对于中国的企业来说，另一个重要的挑战是语言和文化问题。中文并不是世界语言，当我们走向海外的时候，必须要具备多语言能力。从长远来看，在海外设立的财务共享服务中心可以考虑通过本地化的方式来解决，通过雇用本地员工来解决区域语言问题。但是，在财务共享服务中心设立的初期，需要由国内团队进行初始化的业务流程整合，这些工作需要进行大量的语言沟通。因此，在设立海外项目团队时，应当考虑到语言因素，选择语言基础较好的人员参与项目。此外，由于海外一个区域内还存在英语以外多小语种的情况，在海外进行本地化部署的时候，同样要关注对差异化语言人员的配置。

另一个问题是文化问题，在财务共享服务中心走向海外时，中国的文化和其他国家或地区存在很大的差异。在海外设立财务共享服务中心时，需要关注当地文化，避免出现文化冲突，并进而影响运营效率。

（3）不同国家的时差问题

时差是客观存在的，这就使得我们在部署全球化的财务共享服务中心时一方面要充分利用时差带来的优势，另一方面也要面对时差的挑战。对时差的利用，在部署全球财务共享服务中心时可以按照时区进行设计，达到的效果是 24 h 内至少一个时区有财务共享服务中心在运作。这样的好处是对于有不间断要求的业务流程，可以实现全球范围的运营衔接，通过互联网的调度，保障 24 h 的业务不间断运营。

时差带来的挑战则在于两个方面。一方面，如果中国企业设置了中央团队来支持全球的各个财务共享服务中心，那么中央团队是没有办法进行 24 h 的运营支持的，这样对部分和中国时区间隔较大的地区的服务支持就会比较困难。另一方面，如果仅仅在中国设立财务共享服务中心来面向全球提供运营服务，那么如何应对全球的时区差异？很可能需要通过倒班的方式进行多班次设计，来覆盖对海外的支持。这种情况下，对员工的身体素质要求较高，人员管理上会存在一定的挑战。

因此，根据自身的模式需要应对好时差问题，对后续财务共享服务的顺畅运营有所帮助。

（4）初始设立时期的高昂成本

最后，需要关注的是在海外设立财务共享服务中心初时可能会面临的高昂成本。

一方面，中国企业面临的问题和西方国家企业正好是相反的。由于海外的人力成本较高，它们通过在印度、中国设立财务共享服务中心来降低自身成本，而对于走出去的中国企业来说，是要在成本更高的国家设立财务共享服务中心，这与国内财务共享服务中心相比，人力资源成本会显著上升。

另一方面，在海外设立财务共享服务中心需要进行前期的基础设施投资。通常中国企业在海外办事处或分、子公司的规模并不很大，而财务共享服务中心的设立通常需要有较大面积的职场，这也是一部分较高的成本。

此外，在前期的流程调研过程中，会涉及国际的大量差旅投入。从国内财务共享服务中心派出人员赴海外出差，这些也会增加初始设立的成本。

当然，完成初始设立过程后，总体成本能够达到一个相对稳定的水平。

3. 中国财务共享服务中心全球化布局的核心策略

中国财务共享服务中心在进行全球化布局的时候需要有一个在前期充分规划和论证的过程。从中国走向世界并不是一件简单的事情，中国企业完成财务共享服务中心的全球化布局通常需要数年的时间，在这个过程中需要考虑海外中心设立的定位和数量、选址、建设路径等一系列核心策略问题。尽管在中国建设财务共享服务中心也会有类似的策略考虑，但相比起来，同样的问题拿到全球视角来看会变得更加复杂。

（1）部署全球财务共享服务中心的定位和数量策略

在全球范围设置财务共享服务中心首先要考虑的是定位和数量的问题。这也会对后续的选址策略造成很大的影响。

对于财务共享服务中心来说，通常可以考虑设立地域中心、流程中心、灾备中心等几种形式。地域中心是指每个中心服务于几个国家或片区，但每个中心处理完整的业务流程。对于流程中心来说，每个中心会面向全球提供服务，但其仅承担一个或几个业务流程，全球范围内的多个中心共同完成对全流程的服务。而对于灾备中心来说，每个中心都是面向全球和全流程的，任务在各个中心之间进行随机分配，各个中心起到互相备份的作用。当然，在实务中，并不是简单地选择某一类中心定位，有可能是多种模式的混合使用。

那么，对于中国企业来说，该如何定位以上几种中心？中国企业在现阶段的全球化布局中，还没有能力大规模地应用流程中心和灾备中心，走出去的时候，核心目标在于要解决地域服务问题。在这种情况下，建议优先考虑将全球财务共享服务中心定位为地域中心，这样能够快速地对一个片区形成有力的财务支持。在地域中心布局完成的基础上，再进一步考虑将高度标准化的业务流程进一步集中，形成流程中心，流程中心进一步分配任务，再形成灾备中心。

从这个角度来看，刚刚起步走出去的中国财务共享服务中心需要根据自身的业务区划来考虑设立中心的数量，具体情况各个公司会有差异。

（2）部署全球财务共享服务中心的选址策略

在明确了财务共享服务中心的定位后，需要考虑的便是选址的问题。

首先，看地域中心。地域中心的选址可以考虑将具有共同文化、语言特征的国家整合。如可以在北美片区、拉美片区、非洲片区、欧洲片区等区域内设立中心。对于在某个区域内设立的财务共享服务中心来说，要进一步评估细节的影响，如一个国家的人力成本和人力资源的数量、语言对整个片区的覆盖程度等。同时，选址国家的政治安全情况也非常重要，如果选址在发生动乱的国家，会造成难以承受的损失。

地域中心对中国企业来说，和西方国家有一点是不一样的。西方国家在亚太地区设立财务共享服务中心时，通常将印度作为主要的选址地点，将中国作为补充。中国企业在印度设置财务共享服务中心的必要性大大下降，往往可以考虑直接用中国本土的财务共享服务中心覆盖整个亚太地区。

其次，如果能够进一步向流程中心迁移，则说明某一项业务具有高度的标准化和互联网运营能力。在这种情况下，建议中国企业优先考虑在中国本土设立流程中心，并将业务向国外进行转移。但最终，还需要在海外保留一定的灾备中心，对国内的业务流程进行灾备和时区的互补。

（3）部署全球财务共享服务中心的路径

在全球范围内部署财务共享服务中心很难做到一蹴而就，往往需要经历一个漫长的过程。因此，在设立中心之初需要考虑建设路径问题，做到有序进退。

从国内已经完成此项工作的财务共享服务中心来看（如华为、中兴等），通常采用的路径是先在海外部署，再逐步回收至国内。这个路径很可能是现在和未来对要走出去的中国企业相对较好的选择。

在海外进行财务共享服务中心布局的过程中，大致有两条路径。一条路径是按照国家逐个建立，在每个国家设立时均一次性完成所有流程的实施。可以先设立一个片区中心，再逐个完成片区内国家的业务转移。也可以考虑多片区并行部署的模式。另一条路径是在片区内按流程来实施，一个流程在多个国家同时进行迁移，完成一个流程后再实施下一流程，最终完成整个片区内国家所有流程的迁移工作。这两条路径相较而言，按国家顺序设立更好，可以减少迁移过程中的变革风险和机会成本。

在后期，如需将海外的业务再转移回国内，则可以适度加快进程。由于一个片区内的业务流程已经相对成熟稳定，可以以片区为单位进行转移，转移过程则可以考虑基于流程来进行，一次单个流程或多个流程。由于属于海外中心向国内中心转移，各个国家的业务用户可以较少地感知到这个变化过程。

财务共享服务中心的全球化过程需要做好策略的准备，好的策略选择将帮助中国企业更加轻松地实现全球化布局。

4. 中国财务共享服务中心全球化成功的技术要素

在有了清晰的部署策略后，实现全球化，还需要技术的支持。全球财务共享服务中心的建立，需要背后有一个能够支持国际化的信息技术平台。这种平台和仅仅处理国内业务的财务管理信息系统有较大的差异，需要有一些特别的技术要素，主要包括多语言的支持、多币种的支持、多时区的处理和文化差异的支持。

（1）多语言的支持

对于支持财务共享服务的业务系统来说，需要能够支持多语言。通常情况下，信息系统中需要至少支持中英双语，如果在一些特定语言地区有较大的业务，也应当对相应地域的语言进行支持。对于系统来说，可以通过字典的方式来简单解决。也就是说，将当期中文系统中的所有语言用词建立字典，并进行多语种的对照翻译，而不同的用户可以自由切换语言类型，进入相关语言界面的作业系统。这种方式实现起来相对简单，但需要注意的是，很多时候国内软件厂商的翻译过于机械，和海外用户的实际用词习惯并不相同，这在很多时候会造成用户的不解或困惑。建议要求专业人士进行系统的多语言翻译，避免出现中国式外语的尴尬情况。

（2）多币种的支持

对于支持全球业务的财务管理信息系统来说，多币种的支持是必需的。对于多币种来说，一方面要支持海外国家使用非人民币作为本位币处理的业务模式，另一方面要支持人民币作为本位币，其他币种作为外币的业务处理，这种情况主要是支持中方人员外派海外时进行报销的业务。

对于前者来说，实现起来相对容易，业务逻辑上和人民币作为本位币的情况没有实质差别，仅仅在单据模板上将币种进行设置即可。对于后者来说则需要涉及外币折算等业务处理，对支持外币的相关报账单据要进行特别的设计。

（3）多时区的处理

对于信息系统来说，通常情况下，采用在 1 ~ 2 个点集中部署、全球使用的模式。如果在国内进行部署，海外使用，会面临服务器时区的问题。由于报账处理中涉及大量的时间的处理，处理不好会导致系统逻辑问题。通常在 B/S 架构（browser/server，浏览器 / 服务器模式）下，浏览器中进行单据处理使用的都是服务器时间，在海外存在时差的情况下，在浏览器中显示的和业务处理的时间与实际业务在海外发生的时间就会不一致。

因此，对于全球财务共享服务中心的支持系统来说，需要在技术上进行时区的调整处理，使得在不同时区进行业务处理的时间均能够体现北京时间和当地时间两套数据，并根据不同的场景使用不同的时间数据。

（4）文化差异的支持

最后，还需要考虑信息系统对于不同国家之间文化差异的支持。实际上，国内的各类财务报账单据的设计是考虑中国国情的，如差旅费单据往往是将一段时间的行程进行分类合计报账。而对于海外国家来说，就会存在不同的文化习惯。例如，不少西方国家企业很少采用合并报账的模式，而是对每笔经济事项进行如实的还原，通过对过程的描述（如对每笔交通行程、每晚住宿的描述等），由经济事项驱动财务核算。又如，海外很多国家并没有中国如此复杂和严谨的发票管理要求。

这种文化上的差异，需要对财务管理信息系统从根本上进行差异化的设计，如针对海外设置符合其文化特征的报账表单等。这些改变是中国财务共享服务中心真正从服务角度做出的改变，如果仅仅是把国内的单据模式强行复制到海外，会引发国家之间的文化冲突。

中国财务共享服务中心走向全球是一个系统化的工程，对很多已经和即将走向全球的企业来说是一个必然的方向。

财务共享服务未来的发展形态是多样的，与先进的技术也会有高度的融合。对于企业财务共享服务中心来说，应当积极开拓思路，进行知识和技术储备，提升自身的创新能力，积极地拥抱未来。

11.3.4　从单纯的成本中心到真正的利润中心

从财务共享服务中心运营的方式来看，可以包括企业内部运营、外部独立经营以及内外部结合运营三种形式。其中，企业内部运营的财务共享服务中心的客户多为集团子公司或下属分公司，根据其业务的不同特点和要求，抽取共性内容设计通用标准方案，并在此基础上进行方案补充设计，以满足客户个性需求。外部独立经营是指面向市场的专业共享服务供应商，它可以从企业集团的财务共享服务中心分化出来，也可以在成立之初就定位于独立经营的共享服务机构。内外部结合运营由内部运营演变而来，拥有成熟的企业内部运营基础和客户资源，具有较强的抗风险和盈利能力。企业可以通过内部共享服务市场化的方式，向内外部出售服务、转让或外包财务共享服务中心业务，从而实现服务收费和经营获利，使财务共享服务中心以灵活化、利润化的方式最大限度地满足市场需求和企业切身利益，发挥经济实体的功效。

对于大型企业集团而言，提供外包服务，不仅可以满足自身财务共享服务的需求，而且可以充分利用已经建设的财务共享服务中心，进一步扩大业务范围、降低运营成本。事实证明，一个良性运营的财务共享服务中心，将从内部的官僚机构逐渐变为服务机构，从成本中心变为利润中心，最终成为企业创造新价值的独立经济实体。要想成为集团公司的一个利润中心，而且要真的为企业带来利润，对于一个财务共享服务中心来讲并不是一件容易的事。这要求它在内部运营的时候，积累丰富的运营经验；建立完全的内部成本核算体系，同服务的下属子公司或分公司签订服务水平协议，对所提供的服务计价管理；通过一系列的措施降低运营成本，只有运营成本足够低，财务共享服务中心才能够考虑从事外包业务，否则没有竞争优势，真正走向市场，对于财务共享服务中心的管理人员也提出了更高的要求，他们不仅需要专业知识、管理经验，更为重要的是需要具有市场营销、成本控制的能力。财务共享服务中心的经营不再是通过服务补偿成本，而是通过服务赚取利润。它面临着外部咨询机构、外包服务供应商的竞争。当然，本行业的专业知识和技能也会使他们具有明显的竞争优势。

对于中小型企业而言，由于财务共享服务中心的初始投入成本较大，很可能存在后期赚取的利润低无法弥补初始投入的问题。在这种情况下，中小企业可以选择将部分业务外包，享受财务共享服务所带来的成本降低和服务提升的优势。这也为成熟的财务共享服务中心提供了市场。为了满足不同规模企业经营需要，财务共享服务未来的另一发展趋势是共享服务模式和外包模式的并存。

11.3.5 从财务共享服务中心到财务管理中心

财务共享服务中心的建立，将企业的会计核算职能剥离出来，使得财务会计与管理会计区分得更加清晰。但是，仅仅将二者分开并非最终目的，财务共享服务中心的最终目标是使二者各司其职，充分发挥出各自的作用，使财务工作在企业发展过程中发挥举足轻重的作用。

为此，不妨提出大胆的设想：将财务共享服务的设计理念应用于管理会计的领域，对管理会计中的操作流程进行进一步的再造，成立企业的财务管理中心。这个设想无论从方法上还是技术上都不存在障碍。

在探索财务共享服务如何支持管理会计的建设和发展之前，我们先来看看财务共享服务和管理会计之间的关系。首先，对管理会计概念的认知是比较复杂的，通常有广义的概念和狭义的概念。从狭义的管理会计角度来看，管理会计的重点在于收入分成、成本分摊、多维度成本盈利管理，以及由此形成的相关业务应用。广义管理会计的概念，学术界、企业实践等不同的领域都有自己的理解。在广义概念的管理会计下，经营分析、全面预算管理、成本管控，甚至财务共享服务都被纳入其范围。因此，从管理会计的广义概念来看，财务共享被视作管理会计的一个构成部分。

再从更深层次的角度去理解，财务共享服务本身还可以为管理会计的全面建设和推进发挥重要作用。另外，财务共享服务中心本身也可以利用管理会计工具进一步加强对自身的管理。

（1）财务共享服务能够为管理会计进行数据积累

财务共享服务中心的建立为管理会计的发展起到了极大的推动作用。在传统财务模式下，很容易造成财务数据的孤岛。分散式的会计运营甚至系统建设，使得数据难以有效地归集，特别是对于管理分析所需要的在会计核算以外的信息采集更是薄弱的。财务共享服务模式的建立需要作业的集中，间接地推动了信息系统和数据的集中化管理。

在共享服务模式下，管理会计能够更为容易地获取数据，并展开数据应用。此外，管理会计还可以作为数据应用的需求方，给财务共享服务中心提出需求来进行会计核算以外的补充数据采集。管理会计是基于数据的输入进行处理再应用的过程，如果缺乏数据，会出现巧妇难为无米之炊的状况，而数据质量的不足（如数据口径的不统一、数据维度的不丰富）会造成垃圾进垃圾出的尴尬局面。

财务共享服务出现在丰富数据维度和数据量的基础上，能够进一步规范数据加工的质量，并进行数据形成流程的标准化管理，这就为管理会计提供了更为可靠的数据质量。从这一点上来说，财务共享服务为管理会计奠定了优质的数据基础，和传统财务模式相比是一个重大的进步。

（2）财务共享服务能够为管理会计的作业流程提供直接的人力支持

作为更深入一些的参与方式，财务共享服务中心还可以为管理会计的作业流程提供更为直接的人力支持。

管理会计的落地是需要由大量基础工作穿插在流程中来进行的。从源头的数据规范，到数据的获取、数据的加工分析、管理会计报表的编制出具，直至最终的数据发布和数据应用。在整个过程循环中，并不是所有的工作都需要具备复杂工作技能的员工来执行应用。将部分的基础作业型的流程环节剥离，转移到财务共享服务中心来执行，将有效降低管理会计的实现成本，并提升管理会计的执行效率。

对财务共享服务中心来说，适合参与到管理会计流程中的内容主要是在数据的加工处理和基础报表的编制环节。由于管理会计的寻源和数据口径的定义还存在一定的复杂性，因此建议由管理会计团队来执行。在基础报表出具后的更为复杂的管理会计报表，甚至报告的发布，存在和业务场景的结合，这部分也应当由管理会计团队来完成。二者中间的过程，则适合交给财务共享服务中心来处理。

财务共享服务中心在系统对接输入基础管理会计数据后，根据管理会计团队作业手册中设定的数据加工规范对数据进行加工处理，并在数据检查后进行相关基础数据报表的编制和发布。在这个过程中，财务共享服务中心需要使用具有一定数据加工和数据处理技能的员工来参与管理会计工作，需要能够掌握必要的数据加工处理软件。如果使用了专业工具，还需要进行必要的技能培训。但总体来说，对此类员工的技能要求并不是很高，但又略高于处理传统财务流程的员工。

此外，在对管理会计流程中作业人员的管理上，需要为其设置相对独立的作业空间，对工作环境进行有效的安全控制，如禁止 USB（universal serial bus，通用串行总线）数据拷贝、设置门禁进出、设置监控等，这都是为确保数据安全需要增加的必要准备。

财务共享服务中心对管理会计的人力支持一方面能够为管理会计降低成本、规范管理发挥作用，另一方面有利于财务共享服务中心员工的职业发展，让有能力的员工可以参与到更为复杂的作业流程中，从而获得双赢的局面。

（3）财务共享服务能够在成本管理领域为管理会计提供支持

财务共享服务中心在管理会计的分支领域——成本管理方面也能够发挥重要的作用。传统的成本管理往往依赖分支机构的管理，从而高度依赖分支机构财务的管理水平和管理态度。分散式的管理也使得成本费用的管控能力不足。

财务共享服务模式下，分散式的成本费用管控得以集中。由于财务共享服务中心能够基于统一的审核标准和成本管控规范执行作业，这使得成本费用管理中的风险能得到更为有效的管理和控制。

此外，对于财务共享服务中心来说，一方面，可以通过前置的流程参与其中，如借助在功能拓展中所提到的商旅服务等工具，更为深入地进行成本费用的前置化管理；另一方面，财务共享服务中心还能够充分依托自身所掌握的数据，对成本费用展开管理分析，从中发现优化和改进的方向，再基于自身的服务运营来加强对问题的改进。

财务共享服务中心在成本费用的管控方面更多的是扮演管理会计工具的身份和角色，与管理会计的协同能够将企业的成本管控水平提升一个台阶。

（4）财务共享服务在交易定价和成本管理中对管理会计的使用

财务共享服务并不是单方向地服务于管理会计，管理会计的工具也能够应用在财务共享服务管理中。

财务共享服务在大的领域中属于运营管理的范畴。对于财务共享服务中心来说，需要密切关注自身的运营成本和服务定价。在这一领域，管理会计体系中的重要工具——作业成本法能够发挥重要的作用。而作业成本法中针对运营管理，可以更多地考虑使用估时作业成本法来进行成本和定价管理。

传统的作业成本法往往动因复杂，业务调查和数据处理过程非常烦琐耗时，这导致不少尝试作业成本法的企业最终都难以坚持。估时作业成本法是哈佛教授罗伯特·卡普兰、罗宾·库珀和史蒂文·安德森共同提出的，卡普兰教授也是平衡计分卡的提出者。估时作业成本法的核心是简化了作业动因，基于对作业流程和流程环节的分析，将每个作业环节的耗时作为成本分配的核心，因此也往往被人理解为是基于时间动因的作业成本法。因为看起来并不深奥复杂，所以这种简化的思路为其广泛落地应用带来了可能。在实践检验的过程中，感受最深的是这种方法在处理以流程为基础的运营成本分摊时尤为有用，并且能够在运营过程中衍生出管理收益，如对闲置产能的发现、对服务定价的支持、形成运营绩效量化评估等。在各行业中，以金融行业应用的收益最为显著。对财务共享服务中心亦适合使用该方法进行成本和定价评估。

针对估时作业成本法的内容，此处不做展开，财务共享服务中心的运营管理团队可以进行深入研究后，引入这种方法，对自身的分环节运营成本进行更为清晰的分析，并找到成本改进的方向。同时，基于分环节的成本分摊和作业量的匹配，可以进行定价优化，获得业务部门对定价模型的认同，从而提升共享服务中心整体的管理水平和服务水平。

可以看出，财务共享服务中心和管理会计存在一定的关联，也存在一定的双向互补的可能。实践中，这种相互融合的过程还在进一步探索和尝试中。相信未来二者的融合协同可以获得更为深入的突破，从而实现对于财务工作的二次剥离，使财务工作更多的是集中化、标准化的作业，大大提升财务数据的完整性。从财务共享服务中心到财务管理中心的转变将实现对财务共享服务的延伸与完善，也将有助于财务的决策支持能力的提升。

11.3.6　从实体财务共享服务到虚拟财务共享服务

持续的成本节约是财务共享服务中心赖以生存的根本。当办公场所的选择、人力成本已经没有降低的空间，互联网技术的发展使人们大胆地想到了虚拟财务共享服务中心。

共享服务中心的虚拟化，即虚拟共享服务。随着 ERP 系统的完善和互联网技术的发展，使财务共享服务中心不再集中在某一个地点，而是分布于世界任何地方变得可行，使虚拟财务共享服务中心的设立变得现实。

虚拟财务共享服务中心的员工可以分布在全球，从而突破了语言障碍，解决了招募优秀人才难、成本压力大等问题。虚拟财务共享服务中心的某些服务和功能不设在同一个地点，而是利用全面电子化、网络化实现成员之间的工作沟通和联系。通过互联网成立财务共享服务中心，财务共享服务中心的服务内容、服务标准以及对服务人员的用人要求都会通过网络清晰地传递给每一个想要加入的成员，这些成员不限国家、地域、性别、年龄，只要通过了一系列的网上测评之后，就可以成为虚拟财务共享服务中心的员工。此时人们的工作就是在一个派工池里获取一天的工作量，并在规定的时间按照标准来完成，而不必在乎在家里还是在咖啡厅办公。

参考文献

[1] 财政部关于全面推进管理会计体系建设的指导意见（财会〔2014〕27号）[EB/OL]. 中华人民共和国财政部门户网站，2014-10-27.

[2] 财政部关于印发《企业会计信息化工作规范》的通知（财会〔2013〕20号）[EB/OL]. 中华人民共和国财政部门户网站，2013-12-6.

[3] 陈剑，梅震 . 构建财务共享服务中心——管理咨询→系统落地→运营提升 [M]. 北京：清华大学出版社，2017.

[4] 陈婧超 . 财务共享与会计转型 [M]. 北京：新华出版社，2021.

[5] 陈平 . 财务共享服务 [M]. 成都：西南财经大学出版社，2022.

[6] 陈涛涛 .H 建筑集团财务共享中心的风险防范研究 [D]. 东华理工大学，2023.

[7] 鲁倩 . 基于财务共享中心 A 建筑企业财务绩效分析 [D]. 三峡大学 .2023.

[8] 鲁华萍 . 建筑施工企业财务共享中心内部控制研究 [D]. 武汉纺织大学 .2021.

[9] 郭晓梅 . 智能技术驱动下的财务共享模式创新与应用实践研究 [M]. 大连：东北财经大学出版社，2022.

[10] 黄士明，余定德，邱立华，等 . 谈怎样做好可行性研究报告中的财务分析 [J]. 工程建设与设计，2014（03）：132-133.

[11] 贾丽 . 财务共享及智能财务理论与发展研究 [M]. 北京：中国商业出版社，2023.

[12] 贾小强，郝宇晓，卢闯 . 财务共享的智能化升级——业财税一体化的深度融合 [M]. 北京：人民邮电出版社，2020.

[13] 旷国安 . 对数字化经济中企业财务智能化转型的思考 [J]. 中国商界，2023（10）：160-162.

[14] 李婉丽，雷永欣，闫莉作 . 企业管理会计与财务管理现代化发展 [M]. 北京：中国商务出版社，2022.

[15] 刘乃芬 . 智慧财务共享未来智能技术驱动下企业财务共享体系建设与应用研究 [M]. 长春：吉林人民出版社，2022.

[16] 鲁倩 . 基于财务共享中心 A 建筑企业财务绩效分析 [D]. 三峡大学，2023.

[17] 马丽敏，杜春丽 . 企业财务共享模式构建的策略与应用研究 [M]. 长春：吉林科学技术出版社，2021.

[18] 马玉凤 . 综合项目管理（ERP）在公路工程项目中的应用 [J]. 工程建设与设计，2018（08）：231-232.

［19］潘良 . 管理会计在建筑施工企业中的应用探讨［J］. 工程建设与设计，2020（11）：6–8.
［20］全国标准化原理与方法标准化技术委员会 . 标准化工作指南 第 1 部分：标准化和相关活动的通用术语：GB/T 20000.1—2014［S］. 北京：中国标准出版社，2015.
［21］任振清 . 财务数字化转型［M］. 北京：清华大学出版社，2022.
［22］唐莉，臧黎霞，孙雪梅 . 财务共享构建与管理实践［M］. 长春：吉林人民出版社，2022.
［23］王定祥，吴炜华，李伶俐 . 数字经济和实体经济融合发展的模式及机制分析［J］. 改革，2023（07）：90–104.
［24］王庆宇 . D 集团财务共享中心建设研究［D］. 东北财经大学，2023.
［25］王竹林 . 浅析会计信息失真的原因及其解决办法［J］. 工程建设与设计，2002（06）：52–53.
［26］吴秀曼 . 财务管理［M］. 北京：中国轻工业出版社，2015.
［27］徐文妮 . 大数据背景下的财务共享中心建设研究［M］. 长春：吉林人民出版社，2021.
［28］徐燕 . 财务数字化建设助力企业价值提升［M］. 广州：华南理工大学出版社，2021.
［29］徐志敏，邵雅丽 . 云计算背景下的财务共享中心建设研究［M］. 长春：吉林人民出版社，2019.
［30］杨洋，周欣宇 . 数字经济背景下企业财务管理模式转型［J］. 现代企业，2023（04）：32–34.
［31］姚永红 . 财务管理［M］. 成都：西南财经大学出版社，2019.
［32］用友网络科技股份有限公司 . 企业数字化：目标、路径与实践［M］. 北京：中信出版集团，2019.
［33］张能鲲，张军 . 业财一体化：从应用路径到顶层战略规划［M］. 北京：机械工业出版社，2023.
［34］张庆龙，董皓，潘丽靖 . 财务转型大趋势基于财务共享与司库的认知［M］. 北京：电子工业出版社，2018.
［35］张庆龙 . 中国财务共享服务中心典型案例［M］. 北京：电子工业出版社，2016.
［36］张一兰 . 智能财务时代［M］. 长春：吉林大学出版社，2020.
［37］中兴新云 .《2020 年中国共享服务领域调研报告》［R］. http://www.ztccloud.com.cn/headline/5fe9349f2343c90d8b3875bc/，2020–12–28.
［38］朱竞 . 会计信息化环境下的企业财务管理转型与对策［M］. 北京：经济日报出版社，2019.

后　记

我国的众多企业经过了多年的积极探索和借鉴国内外的先进经验，终于在摸爬滚打与交流合作中逐渐引入了财务管理新模式，财务共享平台是一种服务于财务集中管理工作的新路径和新模式。目前，财务共享平台主要适用于规模级别较高，分、子公司比较多的上市公司、集团公司和跨国公司。财务共享平台是否具有先进性，仍然在不断摸索和探索研究中，国内的发展情况与西方国家企业和理论界相比稍显稚嫩和迟缓。

财务共享服务模式是通过严密考察和了解实业界现实需要而研究出的财务管理新模式，财务管理的根本目的就是服务于经营业务，只有真正为企业经营管理业务服务才可以尽到财务的职责。我国传统的财务管理体系往往存在财务核算管理与经营业务管理相脱节的问题，阻碍了财务管理工作发挥作用，建立财务共享平台为业财融合奠定了基础，财务共享服务中心成功地打通了财务管理信息和业务信息相连的桥梁。企业高层管理者为了对企业业务经营的流程、规范、制度和执行能够实现及时监控，促使企业在传统经营模式下业务、管理、核算等三大业务管理流程的深度融合，彻底改变了各业务流程相互隔绝的状态。财务信息之所以能够及时利用，经营业务进程之所以能够顺利进行，是因为财务共享服务已成为推动经营业务顺利拓展的力量之源。